AF355061

El crédito documentario
y el mensaje SWIFT

Luis Sánchez Cañizares

Colección: GESTIONA
Director: David Soler

EL CRÉDITO DOCUMENTARIO Y EL MENSAJE SWIFT
1.ª edición, 2018
2.ª edición, 2022

© 2018, 2022, Luis Sánchez Cañizares
© de esta edición, incluido el diseño de la cubierta, ICG Marge, SL

Edita: Marge Books
Brutau, 160 - 08203 Sabadell (Barcelona)
Tel. 931 429 486 – marge@margebooks.com
www.margebooks.com

Edición: Núria Gibert
Compaginación: Mercedes Lara
Impresión: Safekat, SL (Madrid)

ISBN edición impresa: 978-84-15340-38-6
ISBN edición digital: 978-84-18532-42-9
Depósito Legal: B 13919-2022

Esta obra tiene carácter exclusivamente informativo y su contenido no podrá ser invocado en apoyo de ninguna reclamación o recurso.

Ni el autor ni el editor asumen la responsabilidad de la información, opinión o acción basado en dicho contenido, con independencia de que se haya realizado todos los esfuerzos posibles para asegurar la exactitud de la información que contienen sus páginas.

El papel empleado en este libro no ha sido blanqueado con cloro elemental (CI_2).

A mi mujer Salvi
y a nuestras hijas Rocío y Carmen,
por tanto.

Índice

El autor

Luis Sánchez Cañizares, catedrático de Organización y Gestión Comercial, licenciado en Investigación y Técnicas de Mercado y diplomado en Ciencias Empresariales, imparte clases de formación profesional desde 1989.

Actualmente ejerce como profesor de Medios de pago internacional y otros módulos del ciclo formativo de grado superior de comercio internacional en el IES Príncipe de Asturias de Lorca (Murcia).

Miembro del Comité Español de la Cámara de Comercio Internacional (ICC), desde febrero de 2019. Asesor de formación en el Centro de profesores y recursos de Lorca (1995-96) y profesor en la Universidad de Murcia (2004-2015), en los departamentos del Instituto de Ciencias de la Educación (ICE) y de Comercialización e Investigación de Mercados, e impartiendo clases en el Curso de Aptitud Pedagógica (CAP) y en el Máster del Formación del profesorado.

Participa en la elaboración del currículo del Título de Técnico Superior en Comercio Internacional en el ámbito de la Comunidad Autónoma de Murcia (Orden de 20 de diciembre de 2013 Consejería de Educación, Universidades y Empleo).

lsanchezca@yahoo.es
https://www.linkedin.com/in/lsanchezca/
www.mediosdepagointernacional.es
https://www.youtube.com/mediosdepagointernacional

Agradecimientos

La realización de este libro ha sido posible gracias al apoyo incondicional de mi compañero y amigo Alfonso Cabrera Cánovas, quien siempre ha creído en este proyecto y a través de sus consejos y experiencia me ha ayudado a hacerlo realidad.

Asimismo, deseo agradecer a María Huertas García Murcia su ayuda en la traducción de los mensajes SWIFT y en la redacción de consultas en inglés realizadas a expertos, y a Mabel Figueruelo, responsable de Comunicación SWIFT Iberia, por facilitarme el contacto con responsables de SWIFT que han contestado a las cuestiones planteadas acerca de la última versión de los estándares.

Mi agradecimiento va también a mis alumnos, que tanto me han aportado en el desarrollo de los contenidos de este libro, y a todos aquellos usuarios de Linkedin que me han ayudado con sus respuestas tanto en los foros como en las consultas directas que les he realizado.

Recursos en internet

Ponemos a su disposición algunos materiales de apoyo en la web de Marge Books para dar continuidad a la lectura de este libro.

Materiales audiovisuales y gráficos

- Canal de vídeos en YouTube, a cargo del autor, con información especializada.
- Cronograma de las etapas de una operación de crédito documentario (pág. 68, figura 4.1)
- Orden de emisión de un crédito documentario (banco emisor) (pág. 78, figura 4.5)
- Fases de un crédito documentario transferible (pág. 170, figura 7.2)

Test de autoevaluación

Esta prueba de autoevaluación está dividida en cinco áreas temáticas, con un total de 75 preguntas, que permiten evaluar si una persona está preparada para gestionar correctamente un crédito documentario.

www.margebooks.com

Prólogo

El comercio internacional está sujeto a mayores riesgos que el nacional y se ve afectado por la lógica desconfianza entre las partes, vendedora y compradora, de una operación comercial. La empresa vendedora quiere tener la seguridad de que cobrará su mercancía y la compradora que recibirá lo que está adquiriendo. Para atenuar la desconfianza y ofrecer seguridad se utiliza el crédito documentario.

Actualmente, la internacionalización ya no es una alternativa, la competencia es global y cualquier empresa debe desarrollar sus operaciones en escenarios internacionales. Como consecuencia de ambas realidades podemos afirmar que el crédito documentario es un instrumento imprescindible en el proceso de internacionalización de la mayoría de las empresas.

Sin embargo, en muchas ocasiones, se producen errores o incongruencias en la gestión del crédito documentario desde la negociación inicial de sus condiciones, su apertura, el aporte de documentos y hasta su liquidación final que generan costes o disputas comerciales.

Muchos de estos errores simplemente vienen derivados de la complejidad técnica y formal del crédito documentario que se emite bajo normas internacionales y del que las partes (vendedora y compradora) acaban recibiendo su reflejo en formato SWIFT con una estructura muy técnica de campos y códigos que en muchos casos no se comprende o no se sabe interpretar el alcance de su contenido.

Este manual es, sin duda, una obra definitiva que viene a arrojar luz sobre cómo se debe gestionar correctamente el crédito documentario, evitar errores y adecuarlo a las características específicas de cada operación de comercio exterior.

El autor, uno de los mayores expertos en la materia que trata esta obra del que tengo el honor y placer de ser compañero docente desde 1996 y al que profeso sincera amistad, es un excelente profesor con gran experiencia y conocimiento sobre cómo las empresas y los bancos interactúan en el crédito documentario. Ha sabido plasmar todo su conocimiento de esta materia (y la pasión que transmite en sus clases, elemento indispensable para enseñar) en este manual que es una obra cumbre entre los manuales de comercio exterior y en concreto sobre el crédito documentario, del que se ha publicado muy poco y, en mi opinión, nada comparable con este libro.

La obra incluye numerosos casos prácticos en los que se analizan las variantes del crédito documentario, su reflejo en el mensaje SWIFT y cuestiones que harán reflexionar al lector para entender los principios que deben guiar una correcta gestión del crédito documentario.

El detalle técnico del manual es minucioso debido a que el crédito documentario se emite bajo unas normas internacionales muy específicas (UCP 600 y otras) sobre las que el autor explica su alcance, consecuencia y reflejo en el mensaje SWIFT. De esta forma, los lectores podrán entender el formato del mensaje SWIFT, el significado del contenido de cada campo y cuándo se cumplimentan unas u otras en función de lo acordado en el contrato de compraventa, siendo el crédito documentario su medio de pago y con el que debe estar perfectamente sincronizado.

Estoy convencido de que esta guía va a convertirse desde su publicación en una herramienta imprescindible para empresas exportadoras e importadoras, personal de banca, profesores y alumnos de comercio exterior y, en general, para cualquier persona interesada en cómo gestionar correctamente un crédito documentario.

La envergadura de esta obra produce sincera admiración y el convencimiento de que, por fin, existe un manual para aprender a gestionar correctamente el crédito documentario, hecho que redundará en beneficios para todas aquellas empresas que apliquen los conocimientos, recomendaciones y precauciones que el autor ha volcado en el mismo.

Enhorabuena al autor por esta magnífica obra y gracias de parte de los muchos que vamos a aprender de ella.

Alfonso Cabrera Cánovas

El crédito documentario
y el mensaje SWIFT

Capítulo 1

Los documentos en las operaciones documentarias

1 Importancia de los documentos en las operaciones documentarias

La base en la que se sustenta una operación documentaria son los documentos, que precisamente generan el término «documentario»; si no los hubiera, se denomina operación simple.

Los **medios de pago documentarios** son aquellos en los que el movimiento de fondos se realiza mediante el intercambio de documentos comerciales o financieros, que confieren la posesión de las mercancías en operaciones de compraventa internacional. Los principales medios de pago documentarios son la orden de pago documentaria, la remesa documentaria y el crédito documentario. Por tanto, los documentos son el núcleo de la operación ya que el beneficiario de la instrucción de pago (la parte exportadora) no puede conseguir que el banco le pague (acepte o negocie) si no es contra entrega de los mismos (figura 1.1).

Figura 1.1. Funcionamiento de los medios de pago documentarios.

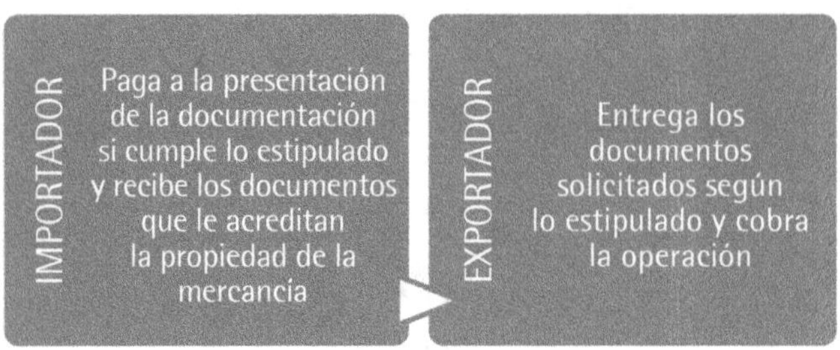

Figura 1.2. **Compromisos adquiridos por la parte importadora y la exportadora.**

La importancia de los documentos radica en la seguridad que aportan a las partes implicadas en la operación. Los documentos representan la mercancía objeto de la compraventa e indican el propietario de la mercancía, el origen y destino de la misma, así como otras características necesarias sobre las operaciones de compraventa.

En las operaciones documentarias intervienen una parte importadora y una exportadora (figura 1.2):

- La **importadora** se compromete a pagar a la presentación de la documentación solicitada, siempre y cuando sea presentada en el tiempo y la forma acordadas, y sea correcta de acuerdo a lo indicado en las instrucciones de la operación.

- La **exportadora** se asegura de recibir el importe de la venta, tan pronto como entregue los documentos solicitados en el momento y el modo acordados en las instrucciones de la operación.

2   Características de los documentos

Además de acreditar los derechos de posesión sobre las mercancías en las operaciones documentarias, los documentos:

- Demuestran la **existencia de un contrato:** de compraventa, seguro, transporte u otro.
- Prueban el **cumplimiento de las condiciones** del contrato: el origen de la mercancía, coberturas de seguro, fecha de entrega de la mercancía al transportista, etc.
- Informan del **precio,** según el peso y la calidad, entre otras variantes.

En las operaciones con crédito documentario, también conocido como carta de crédito, los errores en los documentos pueden encarecer el precio pactado en la operación.

3 Función de los documentos

Los documentos de una operación documentaria se clasifican según la función que ejercen:

- **Función demostrativa.** Son los que constituyen una prueba de la existencia del contrato. Por ejemplo:

  - Factura comercial internacional: evidencia la existencia de un contrato de compraventa.
  - Carta de porte CMR, en el transporte internacional por carretera; conocimiento de embarque marítimo o B/L (del inglés *bill of lading)*, etc.: prueban la existencia de un contrato de transporte.
  - Certificado de seguro de transporte.

- **Función probatoria.** Es una prueba de que se han cumplido ciertas condiciones establecidas en los contratos de compraventa, tales como:

  - Fecha de entrega de la mercancía al transportista, que viene indicada en el documento de transporte.
  - Origen de las mercancías, que viene probado en el certificado de origen. Cuando se acude a una cámara de comercio a sellar el certificado, se está informando de que la mercancía es de origen comunitario.
  - Certificado de seguro de transporte.

- **Función informativa.** Determinados documentos informan sobre el precio a pagar por la mercancía (factura), cómo ha sido empaquetada (lista de embarque) y qué peso tiene (certificado de peso), entre otra documentación.

- **Función aduanera.** Documentos necesarios para el despacho de las mercancías, tanto en origen como en destino.

- **Función de posesión.** Documentos que acreditan la posesión de la mercancía. Por ejemplo, quién tiene los originales del conocimiento de embarque que acredita la posesión de la mercancía y le da derecho a retirar la mercancía ante el transportista.

4   Quién elige los documentos

Por normal general, la parte importadora debe elegir los documentos que le permiten hacerse con la propiedad y el control de la mercancía objeto de la operación comercial (documentos comerciales, aduaneros, de control sanitario, de inspección, etc.).

Puede ocurrir que la parte exportadora tenga dificultades para obtener algún documento solicitado y que no sea esencial para la operación. Por ello se recomienda que las partes intercambien las instrucciones por correo electrónico, de tal forma que ambas estén de acuerdo en los documentos a presentar. Estos documentos van a ser los que necesita la parte importadora para hacerse cargo de la mercancía en el momento y el modo acordados.

Es recomendable que en el contrato de compraventa, además del medio de pago, se mencione la lista de los documentos a presentar.

5   Qué documentos se solicitan

El importador debe solicitar aquellos documentos que le den la **posesión de la mercancía,** y que le permitan reclamar a la compañía de seguros en caso de siniestro. Entre estos también debe incluir los documentos o certificados que le requieran las autoridades aduaneras, sanitarias, etc. A menudo, algunos documentos obligatorios dependen de las regulaciones de los países afectados.

Los requisitos que imponen las aduanas –y cuyos trámites recaen generalmente sobre el importador– implican disponer de los documentos más habituales: factura comercial, lista de contenido o *packing list,* y certificado de origen (no preferencial o preferencial para conseguir una rebaja arancelaria, tipo EUR-1, FORM-A, etc.). Es probable que también se soliciten certificados sanitarios, certificaciones técnicas y otros justificantes.

Como se ha indicado anteriormente, las partes deben ponerse de acuerdo a la hora de decidir los documentos de la operación de compraventa.

El exportador debe cumplir un mínimo de **requisitos para exportar.** Dependiendo del tipo de mercancía, es posible que la aduana le solicite licencia de exportación. Normalmente, los documentos necesarios para exportar suelen ser una factura proforma con valor estadístico, en caso de muestras, o con valor comercial si es una venta.

Si el envío contiene muestras sin valor comercial o de bajo valor, la aduana no emite ningún tipo de documento aduanero. En caso que el envío contenga mercancía con valor comercial, la aduana emite un documento único aduanero (DUA).

Este documento también es necesario para solicitar la deducción del impuesto sobre el valor añadido (IVA). Para ello, la factura comercial debe indicar claramente la descripción detallada de la mercancía y el importe en euros.

El exportador siempre deberá tener en cuenta lo siguiente:

- Verificar que puede obtener todos los documentos solicitados.
- Confirmar aspectos formales de los documentos.
- Valorar el tiempo y el coste que le supondrá contar con la documentación exigida.

6 Análisis de los documentos por parte de los bancos

El método más generalizado de revisión de documentos por las entidades bancarias es la teoría de **cumplimiento estricto,** según la cual han de cumplir y hacer cumplir a las partes lo indicado en las instrucciones de la operación (instrucciones remesa, crédito documentario, etc.), sin hacer juicios de valor sobre el contenido de los documentos.

Existen diferentes autores y fallos judiciales que indican que el banco debe seguir las instrucciones recibidas para exigir el pago, aunque si los documentos cumplen con los requisitos de la operación se pueden permitir defectos insignificantes, que no permitirían el rechazo de algún documento, ya que debe considerarse la documentación en su conjunto, lo que se denomina **cumplimiento sustancial.**

En esta línea, las **Reglas uniformes relativas a las cobranzas** y las **Reglas y usos uniformes relativos a los créditos documentarios,** conocidas respectivamente como URC 522 y UCP 600, establecen una menor rigurosidad y un cierto relajamiento en la teoría del cumplimiento estricto.

> «Los bancos no asumen obligación ni responsabilidad alguna respecto a la forma, suficiencia, exactitud, autenticidad, falsedad o valor legal de documento alguno (…)» (art. 13 URC 522).

> «El banco designado que actúe conforme a su designación, el banco confirmador si lo hiciere y el banco emisor deben examinar cualquier presentación para determinar, basándose únicamente en los documentos, si en apariencia dichos documentos constituyen o no una presentación conforme» (art. 14 UCP 600).

Las UCP 600 dedican gran parte de su articulado a los documentos en los créditos documentarios (normas para el examen de los documentos, documentos discrepantes, errores contenidos sobre los distintos documentos, etc.). En el capítulo 4 se analiza la práctica bancaria sobre revisión de documentos en los créditos documentarios.

7   Clases de documentos

Los principales documentos en el comercio exterior son:

- **Documentos financieros.** Son las letras de cambio, cheques, pagarés o cualquier otro instrumento análogo utilizado para obtener el pago. Los documentos financieros son aquellos que dan lugar solo al movimiento de fondos como contraprestación de las mercancías o servicios entregados en su momento.

  Estos documentos son extendidos por el exportador o por el importador y pueden ser a la vista o a plazo.

- **Documentos comerciales.** Se consideran los siguientes:

  - Factura proforma (incluye las condiciones de entrega, de pago, etc. y, en ocasiones, sustituye al contrato).
  - Factura comercial (informa del precio a pagar por la mercancía).
  - *Packing list* (es la lista detallada del contenido de cada bulto de una operación de exportación). Es recomendable y muy útil disponer de este documento en las aduanas. Normalmente, la lista de contenido ya incluye el peso de los productos, pero en algunos casos se exige aparte el certificado de peso.

- **Documentos de transporte.** Documentos en los que se especifican las condiciones del transporte, el origen de la mercancía y el destino de las mismas. El contratante es el exportador o el importador en función de las condiciones que se estipulen en el contrato de compraventa (o lo que es lo mismo, en función de las reglas Incoterms).

- **Documentos de seguro.** Evidencian la existencia de un seguro de transporte para las mercancías, describen el seguro contratado y definen los derechos de las partes, al indicar los riesgos cubiertos y el valor asegurado.

  - Póliza de seguro (es un contrato de seguro propiamente dicho, puede ser póliza de seguro individual o abierta).

- Certificado de seguro (acredita la existencia de una póliza de seguro y contiene los datos básicos de esta: el número de póliza y la cobertura o riesgos asegurados).

- **Documentos aduaneros y fiscales.** Se trata de los documentos utilizados para el cumplimiento de requerimientos específicos del país del importador sobre las mercancías que entran en el país. A veces pueden presentar cierta complejidad, ya que no existen modelos estandarizados y cada país puede tener los propios ajustados a los requerimientos de su legislación.

  La aduana siempre requiere los documentos comerciales, factura y *packing list*. En algunos casos, la factura debe cumplir distintos requisitos (factura aduanera o consular).

  Los documentos aduaneros y fiscales son:

  - Declaración de valor DV1 (declaración de valor y origen de las mercancías).
  - Factura consular (es un visado de la factura comercial que se realiza en un consulado).
  - Factura certificada o legalizada (en España se puede legalizar facturas en las cámaras de comercio).
  - Certificado de origen (acredita el origen de las mercancías, es necesario a efectos de cálculo de derechos aduaneros). Hay algunos modelos específicos, como el FORM-A, para países del sistema de preferencias generalizadas (SPG), o el EUR-1, para países con acuerdos comerciales que permiten un tratamiento arancelario preferencial. El certificado de origen ordinario lo emiten las cámaras de comercio; el resto de certificados de origen son emitidos por organismos aduaneros.
  - Certificado sanitario (garantiza que los productos alimentarios analizados son aptos para el consumo humano o animal). En España, este certificado lo emite el Ministerio de Sanidad.
  - Certificado Soivre (acredita el control y la inspección de una serie de productos alimentarios objeto de comercio exterior, y se exige como garantía del cumplimiento de las normas de calidad, especificaciones comerciales y de aquellas concernientes a envases y embalajes). En España, lo emite el Servicio Oficial de Inspección, Vigilancia y Regulación de las Exportaciones (SOIVRE), dependiente de la Secretaría General de Comercio Exterior, del Ministerio de Economía, Industria y Competitividad.
  - Certificado fitosanitario (certifica que la mercancía no contiene determinadas plagas o insectos). Lo emite la autoridad oficial del país del exporta-

dor (normalmente el ministerio de agricultura). Cada vez más, es habitual que se requiera, en concreto, el certificado de fumigación de palés (norma NIMF15).[1]

— Certificado técnico de cumplimento de normas (se aplica a determinados productos, como teléfonos móviles, medicamentos, combustibles y otros).

- **Documentos auxiliares.** La aduana puede requerir otros documentos complementarios en función de la mercancía transportada. Los principales son:

  — Certificado de inspección (se trata de una inspección previa al embarque o IPE). Lo emiten empresas especializadas en asesoría y asistencia de riesgos de actividades comerciales y son solicitados por el importador para garantizar que la mercancía que se le envía es acorde a lo contratado.

  — Certificado de lista negra (acredita que tanto el buque como la mercancía que transporta o el remitente de la misma no están boicoteados por ningún estado u organismo).

  — Certificado *kosher* (acredita que el producto alimentario transportado cumple con las exigencias de la ley judía y que es «apto» o «apropiado», es decir, *kosher)*. Esta certificación se obtiene a través de la Federación de Comunidades Judías de España (FCJE).[2]

  — Certificado halal (acredita que un producto agroalimentario, cosmético o sanitario cumple los requisitos exigidos por la ley islámica para ser consumido por la población que sigue la religión musulmana y que, por tanto, está permitido según los preceptos del Corán). Esta certificación se obtiene a través del Instituto Halal.[3]

  — Otros documentos: autorización administrativa global de exportación, certificado de cuota y certificado de pedigrí, entre otros. En función del país al que se exporta se pueden solicitar otro tipo de documentos; por ello siempre es conveniente asesorarse, especialmente si es fuera de la Unión Europea (UE).

---

[1] En la web del Ministerio de Agricultura y Pesca, Agricultura y Medio Ambiente (MAPAMA) se pueden consultar los países que exigen la norma NIMF15: http://www.mapama.gob.es/es/agricultura/temas/sanidad-vegetal/embalajes-de-madera-nimf-15/paises-que-exigen-nimf-15/.

[2] Véase más detalles en el apartado sobre la kashrut de la FCJE y cómo obtener el certificado en http://www.fcje.org/certificacion-kosher/.

[3] Véanse detalles en la web del Instituto Halal, entidad autorizada en España y México, para emitir certificados halal: http://www.institutohalal.com/garantia/.

8 Búsqueda de información sobre documentos necesarios para operaciones internacionales

8.1 Access2Markets[4]

Esta plataforma proporciona información a empresas exportadoras e importadoras sobre el contenido de acuerdos de libre comercio firmados por la UE con sus socios, como por ejemplo la lista de productos que se benefician de aranceles de exportación e importación más bajos, detalles sobre impuestos, reglas de origen, requisitos técnicos de productos, procedimientos aduaneros y estadísticas sobre flujos comerciales relacionados con productos específicos.

Access2Markets es una herramienta para orientar mejor a las empresas. El portal brinda información detallada sobre el flujo de mercancías en importación y exportación, al agrupar los servicios y recursos que hasta ahora han sido proporcionados por los distintos portales a disposición de las empresas operadoras –Trade Helpdesk y Market Access Database (MADB)–. En el portal Access2Markets, de hecho, se combinan múltiples funciones, tales como la identificación de las reglas de origen, los aranceles de aduanas, procedimientos aduaneros específicos y estadísticas de los flujos comerciales, entre otras.

Gestionado por la Dirección General de Comercio de la Comisión Europea (DG Trade), el sitio web incluye seis secciones principales: normas de origen, acuerdos comerciales, barreras comerciales, estadística, historias de la empresa y ayuda para pymes. En las mismas se puede encontrar explicaciones, tutoriales y preguntas frecuentes para ayudar a profesionales, con o sin experiencia, a analizar los beneficios del comercio con cada uno de los socios comerciales de la UE, así como una descripción general de las leyes de la UE sobre productos y servicios, detalles de contacto para aduanas y otras autoridades públicas tanto en los distintos Estados miembros como en países terceros.

Asimismo se incluye una herramienta de autoevaluación, ROSA (siglas de *rules of origin self-assessment),* dedicada a las reglas que definen la «nacionalidad económica» de un producto, conocidas como «reglas de origen». Las empresas también pueden encontrar información para comprender las bases de la importación/exportación de servicios, así como información para invertir o participar en licitaciones internacionales.

---

[4] Se puede ampliar información en: https://www.mediosdepagointernacional.es/documentos/access2markets

8.2 Requisitos documentales para la importación a la UE

Las mercancías para importación dentro de la UE se clasifican mediante el código del arancel integrado de las Comunidades Europeas denominado TARIC (acrónimo de TARifa Integrada Comunitaria). El TARIC está integrado por la nomenclatura arancelaria (compuesto por capítulos, partidas y subpartidas) y los derechos arancelarios (el gravamen asignado a cada una de las partidas y subpartidas).

TARIC, el arancel integrado de las Comunidades Europeas

El TARIC está basado en la nomenclatura combinada, en la que unas diez mil posiciones (codificadas con ocho cifras) constituyen la nomenclatura de base para el arancel aduanero común, así como para las estadísticas del comercio exterior de la UE y del comercio entre sus Estados miembros. Además, el TARIC contiene subdivisiones complementarias, y unas dieciocho mil posiciones (codificadas con dos cifras suplementarias o un código adicional). En la figura 1.3 se pueden apreciar los distintos niveles de código:

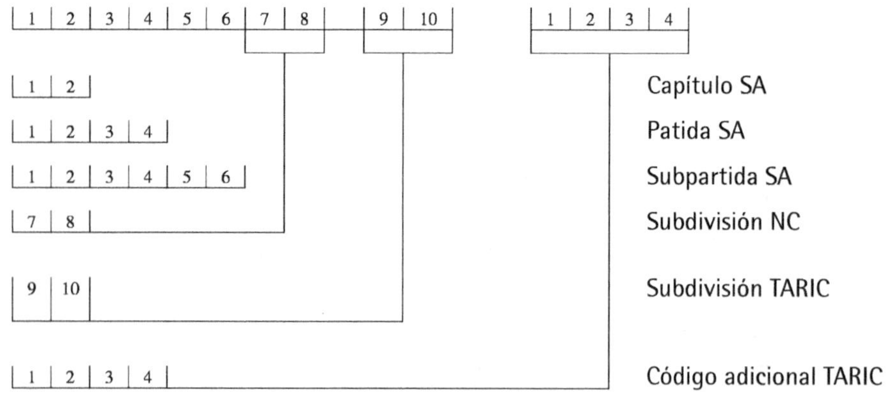

NC: nomenclatura combinada; SA: subdivisión adicional.
Fuente: Diario Oficial de la Unión Europea C103/1, 30.4.2003.

Figura 1.3. Estructura de los códigos y de los códigos adicionales TARIC.

Para consultar el arancel y los documentos que se aplican a cada mercancía para su entrada en la Unión Europea, hay que utilizar la web **Consultas TARIC,** la base de datos de la Dirección General de Fiscalidad y Unión Aduanera de la Comisión Europea (figura 1.4).

Tal como hemos indicado anteriormente la plataforma Acces2Market también es una fuente oficial de información sobre aranceles, normas de origen, requisitos de importación (generales y específicos), estadísticas y explicación detallada de los distintos apartados (figura 1.5).

Veamos un ejemplo de búsqueda de información necesaria para realizar una operación de importación de camisas (figura 1.6).

A través de Access2Markets, se pueden obtener todos los requisitos de importación del producto:

- Los procedimientos de importación y los trámites y disposiciones específicos aplicables a los productos importados en el país de destino seleccionado.
- Las autoridades nacionales competentes en ámbitos como la salud y las medidas higiénicas para plantas y animales.
- Procedimientos aduaneros y modelos de los documentos exigidos.

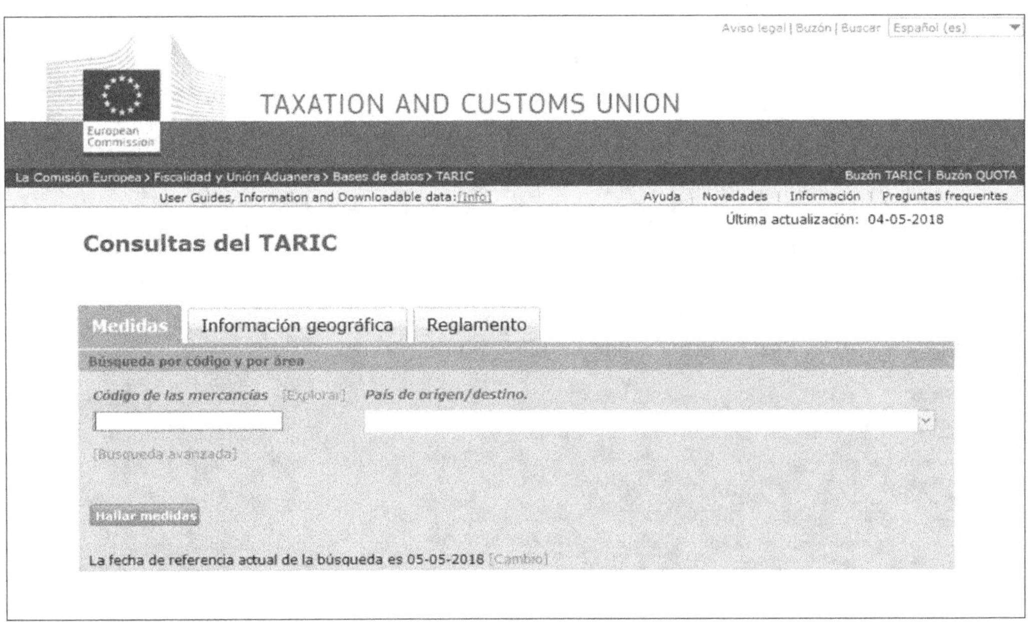

Figura 1.4. El sistema de consultas TARIC.

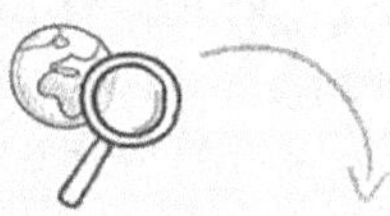

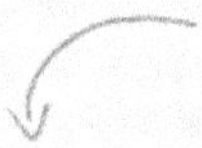

Figura 1.5. Cuatro pasos para la importación de un producto.

Muestra resultados de búsqueda de 6205.20.0010 desde México a España

Producto identificado con éxito

Explorar la lista completa de mercancías

Prendas y complementos (accesorios), de vestir, excepto los de punto — 62

Camisas para hombres o niños — 62 05

De algodón — 62 05 20

Estampadas a mano, según el procedimiento "batik" — 62 05 20 00 10

Importar a la UE

Resultados para el código de producto 6205.20.0010 de México a España

Aranceles

Normas de origen

Impuestos

Requisitos de importación ∧

Panorama

General ∨

Específicos ∧

Etiquetado de textiles

Restricción al uso de ciertas sustancias químicas en productos textiles y de cuero

Normas técnicas para equipos de protección personal.

Voluntario - Etiqueta ecológica para productos textiles

Estadísticas de flujos comerciales

Cómo leer los resultados

Requisitos de importación

Última actualización: 31 marzo 2022

Esta sección presenta:

- Procedimientos de importación y trámites y disposiciones específicos aplicables a los productos importados en el país seleccionado.
- Las autoridades nacionales competentes en ámbitos como la salud y las medidas higiénicas para plantas y animales.
- Procedimientos aduaneros y modelos de los documentos exigidos.

Requisitos del producto

Información sobre las normas y los requisitos de la UE aplicables a cada producto.

Cómo leer los resultados

Figura 1.6. Importación de camisas desde México.

La información de estas webs debe contrastarse, verificarse y concretarse con el representante aduanero y con el propio exportador, para incorporarlas en el contrato de compraventa y en las condiciones del medio de pago documentario.

8.3 Requisitos documentales para la exportación

En el caso de exportaciones fuera de la UE, los requisitos documentales se pueden consultar también en Acces2Markets (figura 1.7).

5 pasos hacia la

exportación

de un producto

Antes de empezar: ¿Está dispuesta su empresa a comerciar?

1 **Encuentre un mercado y un comprador**

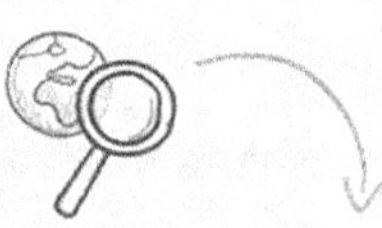

Compruebe las condiciones de exportación en la UE y los requisitos de importación en su mercado de destino **2**

3 **Prepare la venta y organice el transporte**

Prepare los documentos para el despacho de aduana en la UE **4**

5 **Prepare los documentos para el despacho de aduana en el país al que va a exportar**

Lista de control

Figura 1.7. Cinco pasos para la exportación de un producto.

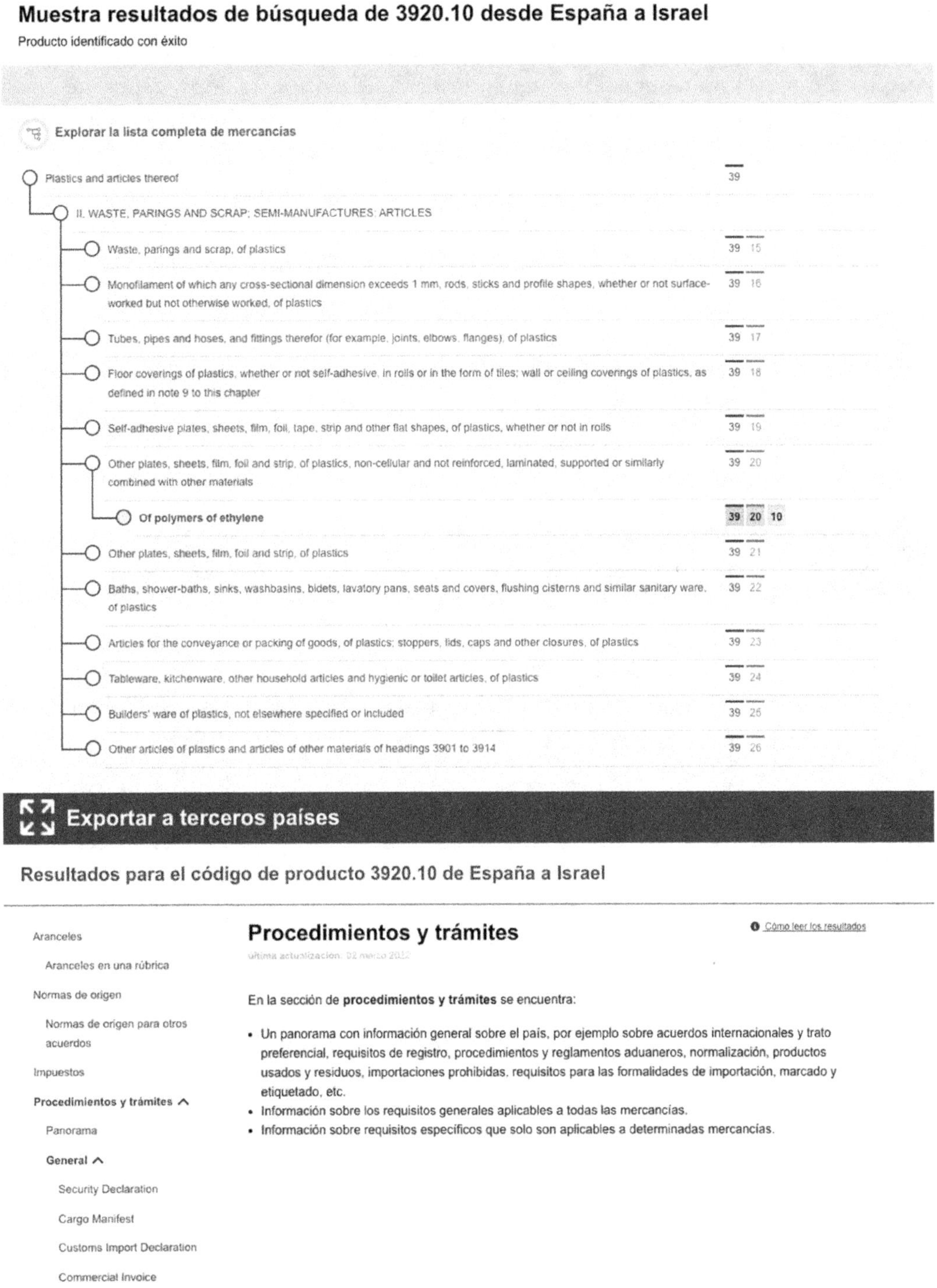

Muestra resultados de búsqueda de 3920.10 desde España a Israel

Producto identificado con éxito

Explorar la lista completa de mercancías

Plastics and articles thereof	39
II. WASTE, PARINGS AND SCRAP; SEMI-MANUFACTURES; ARTICLES	
Waste, parings and scrap, of plastics	39 15
Monofilament of which any cross-sectional dimension exceeds 1 mm, rods, sticks and profile shapes, whether or not surface-worked but not otherwise worked, of plastics	39 16
Tubes, pipes and hoses, and fittings therefor (for example, joints, elbows, flanges), of plastics	39 17
Floor coverings of plastics, whether or not self-adhesive, in rolls or in the form of tiles; wall or ceiling coverings of plastics, as defined in note 9 to this chapter	39 18
Self-adhesive plates, sheets, film, foil, tape, strip and other flat shapes, of plastics, whether or not in rolls	39 19
Other plates, sheets, film, foil and strip, of plastics, non-cellular and not reinforced, laminated, supported or similarly combined with other materials	39 20
Of polymers of ethylene	39 20 10
Other plates, sheets, film, foil and strip, of plastics	39 21
Baths, shower-baths, sinks, washbasins, bidets, lavatory pans, seats and covers, flushing cisterns and similar sanitary ware, of plastics	39 22
Articles for the conveyance or packing of goods, of plastics; stoppers, lids, caps and other closures, of plastics	39 23
Tableware, kitchenware, other household articles and hygienic or toilet articles, of plastics	39 24
Builders' ware of plastics, not elsewhere specified or included	39 25
Other articles of plastics and articles of other materials of headings 3901 to 3914	39 26

Exportar a terceros países

Resultados para el código de producto 3920.10 de España a Israel

Aranceles

Aranceles en una rúbrica

Normas de origen

Normas de origen para otros acuerdos

Impuestos

Procedimientos y trámites ∧

Panorama

General ∧

Security Declaration

Cargo Manifest

Customs Import Declaration

Commercial Invoice

Procedimientos y trámites

última actualización: 02 marzo 2012

En la sección de **procedimientos y trámites** se encuentra:

- Un panorama con información general sobre el país, por ejemplo sobre acuerdos internacionales y trato preferencial, requisitos de registro, procedimientos y reglamentos aduaneros, normalización, productos usados y residuos, importaciones prohibidas, requisitos para las formalidades de importación, marcado y etiquetado, etc.
- Información sobre los requisitos generales aplicables a todas las mercancías.
- Información sobre requisitos específicos que solo son aplicables a determinadas mercancías.

❶ Cómo leer los resultados

Figura 1.8. **Exportación de plásticos a países fuera de la Unión Europea.**

Por ejemplo, supongamos una operación de exportación de plásticos (figura 1.8), Access2Markets proporciona la información de los documentos que exige la aduana para introducir la mercancía en el país (despacho de importación), así como todo lo relativo a aranceles, normas de origen, impuestos, procedimientos y trámites (generales y específicos), estadísticas, obstáculos al comercio, etc.

En cuanto a procedimientos y trámites (generales y específicos), la herramienta ofrece:

- Un panorama del país con información sobre la situación del comercio, reglamentaciones técnicas sobre las normas, procedimientos de evaluación de la conformidad, etc.
- Información sobre los procedimientos de importación en el país de destino, como los procedimientos aduaneros y los modelos de documentos exigidos.
- Información específica del producto, incluido el régimen comercial aplicable.

Ejemplo

La empresa **Confituras, SA,** de Madrid, va a comprar una máquina para la fabricación de mermelada. Ha encontrado un proveedor en **India**[5] que tiene la máquina que reúne las características que necesita. Antes de cerrar el contrato, la empresa compradora quiere conocer los requisitos documentales que va a necesitar para cerrar la operación comercial.

---

[5] Es un ejemplo: el caso se puede aplicar a cualquier país del mundo, pero teniendo en cuenta el país se utilizan unas bases de datos u otras.

Capítulo 2
Generalidades y sujetos que intervienen en un crédito documentario

1   Introducción

Cuando en las relaciones comerciales entre países, las personas o empresas que realizan la compraventa no se conocen entre sí, es lógico que exista una cierta desconfianza entre la parte compradora y la vendedora.

- **El comprador (importador)** quiere tener la seguridad de que recibirá los productos adquiridos en la fecha y las condiciones estipuladas.

- **El vendedor (exportador)** quiere tener la seguridad de que le pagarán en el momento acordado, una vez haya entregado el producto en la fecha y en las condiciones que se hayan pactado.

Para eliminar posibles riesgos y conciliar los intereses de las partes que intervienen en una operación de compraventa internacional se utiliza el crédito documentario, ya que sus características permiten satisfacer sus necesidades.

2   Normativa aplicable

El crédito documentario es un convenio o contrato bancario, no contemplado por los sistemas normativos de los países. Por ello, la Cámara de Comercio Internacional (CCI), publicó en Viena (1933), un conjunto de disposiciones llamadas Reglas de Viena, que tuvo una gran aceptación a escala mundial (nueva *lex mercatoria*).[1] Posteriormente, se efectuaron revisiones y adaptaciones. Estas reglas son las **Reglas y usos uniformes relativos a los créditos documentarios,** cuya última revisión, publicación 600 de la CCI, entró en vigor en el año 2007, conocidas habitualmente como Reglas UCP, actualmente **UCP 600.**

En cuanto a la naturaleza de estas reglas, los tratadistas coinciden en no considerarlas como una ley sobre créditos documentarios, ni como un tratado internacional. Desde su origen, constituyen una convención entre asociaciones de bancos que se han adherido a ellas para las aperturas de créditos que hacen por cuenta de sus clientes.

Las Reglas UCP contienen una serie de obligaciones y derechos para los bancos emisores de créditos documentarios que han sido recogidas de la práctica bancaria, su obligatoriedad no solo deriva del uso de las mismas, sino también y sobre todo de la adhesión, en cuanto que esta las convierte en cláusulas obligatorias para las partes compradora y vendedora, en normas jurídicas cuyo valor reside en la voluntad de estas para acatarlas.

La Comisión de Técnicas y Prácticas Bancarias de la CCI es la que se encarga de publicar las sucesivas versiones de las Reglas UCP, contando para ello con un grupo de trabajo formado por expertos de distintos países.

Las UCP 600 son de aplicación a cualquier crédito documentario, incluyendo en la medida en que les sean aplicables las cartas de crédito contingente cuando el texto del crédito indique expresamente que está sujeto a estas reglas.

Obligan a todas las partes, salvo en lo que el crédito modifique o excluya de manera expresa (art. 1 UCP 600).

En el año 2002 se publicó un suplemento, denominado eUCP, dedicado a aquellos créditos en que se había eliminado totalmente el texto impreso en papel, por emitirse de forma electrónica. En julio de 2019 entró en vigor su versión 2.0, cuyo contenido figura como suplemento de la publicación UCP 600.

El contenido de las UCP 600 ha sido completado con una publicación sobre la **Práctica bancaria internacional estándar,** conocida por sus siglas en inglés **(ISBP).** Las ISBP se concibieron como una relación inteligente de procedimientos a seguir en el examen de los documentos presentados dentro de una carta de crédito. No son sustitutivas de las Reglas UCP, que siguen como texto de referencia, sino que las ISBP demuestran cómo se deben integrar las reglas en la práctica diaria. Las ISBP se

---

[1] Históricamente la denominación *lex mercatoria* ha sido utilizada para identificar a un conjunto normativo de carácter supranacional, desligado del poder o capacidad de los estados para dictar normas, con autonomía e independencia respecto a los ordenamientos estatales, y que es considerada la norma apropiada para la regulación de las relaciones económicas internacionales. *Fuente:* Maximiliano Rodríguez Fernández, «Reconocimiento de la *lex mercatoria* como normativa propia y apropiada para el comercio internacional» *Revista Mercatoria,* Universidad Externado de Colombia, 2012.

publicaron por primera vez en 2002 y se han convertido en una inestimable ayuda para los profesionales que han de crear o examinar documentos presentados en un crédito documentario. La última revisión de 2013 es la guía para examinar documentos según las prácticas acordadas por los comités nacionales de la CCI.

Debido a la gran complejidad de las operaciones con créditos documentarios, las Reglas UCP se completan progresivamente con otras publicaciones de la CCI, como son:

Reglas de la CCI relacionadas con créditos documentarios

- Reglas y usos uniformes relativos a los créditos documentarios (UCP 600). Publicación 600 (2007)

- Suplemento UCP 600 para presentaciones electrónicas eUCP 2.0 (2019)[2]

- Práctica bancaria internacional Estándar *(International Standard Banking Practice)*. Publicación 745 (2013)

- Usos internacionales relativos a los créditos contingentes ISP98. Publicación 590 (1998)[3]

- Reglamento DOCDEX[4]. Reglamento de peritaje de la CCI para la solución de controversias en materia de instrumentos documentarios. Publicación 872 (2015)

- Reglas uniformes para los reembolsos interbancarios relacionados con los créditos documentarios (URR). Publicación 725 (2008)

También han generado práctica las numerosas aclaraciones decididas por la propia Comisión de Técnicas y Prácticas Bancarias de la CCI, los peritajes sometidos al **DOCDEX** y los grupos de expertos de los diferentes comités nacionales, sin olvidar

---

[2] Descarga disponible en: https://www.mediosdepagointernacional.es/credito-documentario/normativa-aplicable

[3] A partir de noviembre 2021, ya no se pueden incorporar en un mensaje MT 700, se incorporarían en un MT 760 relativo a garantías bancarias.

[4] En la web de la CCI, se puede descargar la publicación: https://iccwbo.org/publication/icc-docdex-rules-english-version/. Descargar reglas en español: https://cms.iccwbo.org/content/uploads/sites/3/2016/11/2015-DOCDEX-Rules-in-Spanish-version.pdf.

las sentencias judiciales de los diferentes países que han aplicado las Reglas UCP y las interpretaciones a cada caso concreto.

3   Concepto de crédito documentario

El crédito documentario es un instrumento de pago que apertura un banco (emisor del crédito) a solicitud de un ordenante (importador), para que si se cumplen las condiciones establecidas (presentación de documentos en fecha estipulada), dicho banco pague al beneficiario (exportador).

- Es una operación bancaria en la que al abrir el crédito documentario, el banco emisor queda obligado de modo irrevocable ante el beneficiario siempre y cuando este cumpla las condiciones del crédito.

- El banco emisor queda obligado a:

  - Pagar o aceptar una letra de cambio (honrar).
  - Autorizar para que en su nombre dicho pago, aceptación o negociación lo haga otro banco, contra entrega de documentos.

En las UCP 600 se define crédito documentario como: «Todo acuerdo, como quiera que se denomine o describa, que es irrevocable y por el que se constituye un compromiso cierto del banco emisor para honrar una presentación conforme» (art. 2 UCP 600).

En la mayoría de los casos, la secuencia normal que se produce en el desarrollo de un crédito documentario responde al esquema de la figura 2.1.

Honrar[5] significa:
- **Pagar a la vista,** si el crédito es disponible para pago a la vista.
- **Contraer un compromiso de pago diferido** y pagar al vencimiento, si el crédito es disponible para el pago diferido.
- **Aceptar una letra de cambio** o «giro» librada por el beneficiario y pagar al vencimiento si el crédito es disponible para aceptación.

---

[5] Art. 2 UCP 600, Definiciones.

> **Presentación conforme**
> Es la presentación de documentos con los términos y las condiciones del crédito, con las disposiciones aplicables a estas reglas y con la práctica bancaria internacional.

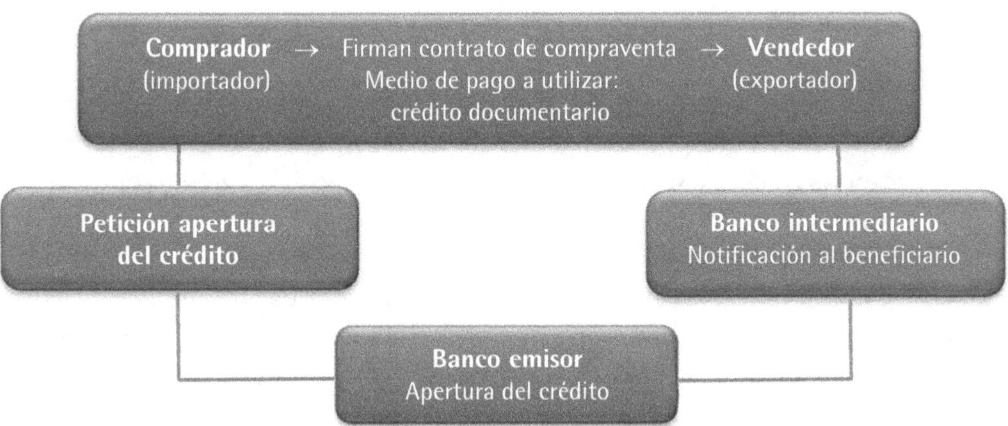

Figura 2.1. **Fases de apertura de un crédito documentario.**

4 Definiciones e interpretaciones

Las Reglas UCP dedican los artículos 2 y 3 a definiciones e interpretaciones que incluyen los términos más significativos utilizados en las mismas, así como los conceptos que requieren ser interpretados.

A lo largo de este libro se analizan estos artículos, así como los referentes a transferencia, reembolsos y eUCP 2.0

5 Sujetos que intervienen en una operación de crédito documentario

5.1 *Sujetos principales*

En toda operación de crédito documentario intervienen necesariamente tres sujetos: ordenante, banco emisor y beneficiario.

Las definiciones de cada sujeto que interviene en la operación son las descritas en el artículo 2 de las UCP 600.

- **Ordenante** *(applicant):* es la parte a petición de la cual se emite el crédito.

Es la empresa importadora o compradora de la mercancía. Ha firmado con la vendedora (exportadora o beneficiaria) un contrato de compraventa de mercancías en el que se indica que el medio de pago es un crédito documentario, y cursa las oportunas instrucciones a su banco para que lleve a cabo dicha apertura a favor de la beneficiaria.

Se compromete en firme con el banco emisor a pagar, siempre y cuando la beneficiaria cumpla lo estipulado en la solicitud de apertura (presente los documentos según las instrucciones dadas). Como obligado final, debe reembolsar al banco emisor cuantas cantidades o gastos anticipe.

- **Banco emisor** *(issuing bank):* es el banco que emite el crédito a petición de una persona física o jurídica ordenante, o por cuenta propia.

Es la entidad bancaria que **emite el crédito** en función de las instrucciones recibidas del ordenante, siendo el primer obligado a honrar el crédito contra la presentación, en tiempo y forma, de los documentos exigidos, por tanto, **asume como propia la obligación de pago** ante el beneficiario.

«El banco emisor está irrevocablemente obligado a honrar desde el momento en que se emite el crédito» (art. 7b UCP 600).

El banco emisor, **antes de proceder a la apertura** del crédito documentario, debe analizar en profundidad los **riesgos de la operación.**

«El banco emisor se compromete a reembolsar al **banco designado** que ha honrado o negociado una presentación conforme y que ha remitido los documentos al banco emisor. El reembolso del importe correspondiente a una presentación conforme, al amparo de un crédito disponible para aceptación o pago diferido, es pagadero al vencimiento, tanto si el banco designado ha pagado anticipadamente o ha comprado antes del vencimiento como si no lo ha hecho. El compromiso del banco emisor de reembolsar al banco designado es independiente del compromiso del banco emisor frente al beneficiario» (art. 7c UCP 600).

> **Banco designado**
> Es el banco en el que el crédito es disponible, o cualquier banco en el caso de un crédito disponible con cualquier banco (art. 2 UCP 600). El banco designado es el banco donde se presentan los documentos o, lo que es lo mismo, el banco donde es utilizable el crédito.

- **Beneficiario** *(beneficiary):* es la parte a favor a la que se emite el crédito.

Es la empresa exportadora o vendedora de la mercancía. Ha firmado con la compradora (importadora u ordenante) un contrato de compraventa en el que se indica que cobrará a través de un crédito documentario. Recibirá las instrucciones (condicionado del crédito), que deberá cumplir para cobrar el importe de la operación.

> Una vez abierto el crédito documentario, la empresa **exportadora (beneficiaria)** envía la mercancía a la **importadora (ordenante)** y los documentos que la representan al **banco emisor** del crédito, que efectúa el pago solo si se ha presentado correctamente la documentación.

El banco emisor o el banco confirmador, según los términos de la apertura, le efectuará el pago o, en su caso, negociará los documentos o aceptará giros siempre que se hayan cumplido las condiciones exigidas en el condicionado del crédito.

5.2   Otros bancos en la relación documentaria

- **Banco intermediario** *(intermediary bank):* el banco emisor suele estar ubicado en el país del importador, lo que da lugar a que una compleja cadena de bancos asuman funciones en su nombre (notificar, confirmar, honrar y negociar). En estos casos, en la operación de crédito documentario interviene un cuarto sujeto ubicado en el país de la empresa exportadora, el banco intermediario *(intermediary bank)* (fig. 2.2).

  En la práctica habitual solo participa un banco intermediario o como mucho un segundo, que puede asumir las funciones derivadas de la relación documentaria, y que recibe distintas denominaciones según los compromisos asumidos.

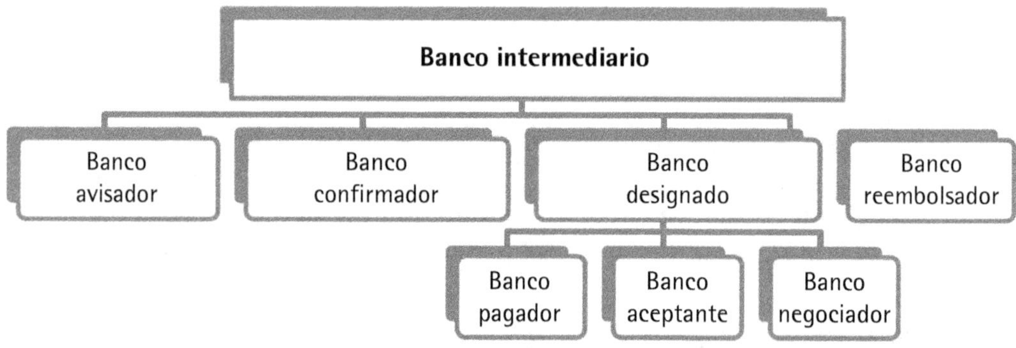

Figura 2.2. Cadena de bancos que pueden intervenir en una operación de crédito documentario y banco reembolsador.

- **Banco avisador** *(advising bank):* es el banco que notifica el crédito a petición del banco emisor (art. 2 UCP 600).

Banco avisador
Banco que notifica la apertura del crédito documentario al beneficiario

Hay que tener en cuenta que notificar un crédito documentario no implica necesariamente asumir cualquiera de las restantes funciones como confirmar, pagar, aceptar o negociar, pero puede ser requerido para efectuar cualquiera de ellas o simplemente para notificar el crédito. La **notificación y modificación de créditos** están reguladas por la UCP 600:

«El banco avisador notifica la apertura o modificación de un crédito documentario sin ningún compromiso de honrar o negociar» (art. 9a UCP 600).

Autentifica la clave o firmas del mensaje de apertura o modificación, enviando copia al beneficiario; además, se ocupará de la gestión de los documentos.

«Al notificar el crédito o la modificación, el banco avisador está indicando que ha establecido, a su satisfacción, la aparente autenticidad del crédito o de la modificación, y que la notificación refleja fielmente los términos y condiciones del crédito o de la modificación recibida» (art. 9b UCP 600).

«El banco avisador puede utilizar los servicios de otro banco, "segundo banco avisador" para notificar al beneficiario el crédito o cualquier modificación (…)» (art. 9c UCP 600).

«El banco que utilice los servicios de un banco avisador o de un segundo banco avisador para notificar el crédito debe utilizar el mismo banco para notificar cualquier modificación» (art. 9d UCP 600).

«Si un banco recibe la petición de notificar un crédito o una modificación que decide no hacer, debe informar de ello, sin demora, al banco del cual recibió el crédito, la modificación o la notificación» (art. 9e UCP 600).

«Si el banco recibe la petición de notificar un crédito o una modificación, pero no puede establecer a su satisfacción la aparente autenticidad del crédito, la modificación o la notificación, debe informar de ello, sin demora, al banco del que aparentemente recibió las instrucciones (…)» (art. 9f UCP 600).

Asimismo, el banco avisador –que confía en la garantía del banco emisor y en la solvencia del beneficiario– puede conceder a este un anticipo o descontar (negociar), si los documentos presentados cumplen el condicionado del crédito (presentación conforme).

- **Banco confirmador** *(confirming bank):* «es el banco que añade su confirmación a un crédito con la autorización o a petición del banco emisor» (art 2 UCP 600).

> **Banco confirmador**
> Asume como propias las obligaciones del banco emisor

Los **compromisos del banco confirmador** están regulados por la UCP 600.

«Siempre que los documentos requeridos se presenten al banco confirmador o a cualquier otro banco designado y constituyan una presentación conforme, el banco confirmador debe honrar o negociar sin recurso el crédito» (art. 8a UCP 600).

«El banco confirmador está irrevocablemente obligado a honrar o negociar desde el momento en que añade su confirmación al crédito» (art. 8b UCP 600).

«El banco confirmador se compromete a reembolsar a otro banco designado que ha honrado o negociado una presentación conforme y que ha remitido los documentos al banco confirmador. El reembolso del importe correspondiente a una presentación conforme al amparo de un crédito disponible para aceptación o pago diferido, es pagadero al vencimiento tanto si otro banco designado ha pagado anticipadamente o ha comprado antes del vencimiento como si no lo ha hecho. El compromiso del banco confirmador de reembolsar a otro banco designado es independiente del compromiso del banco confirmador frente al beneficiario» (art. 8c UCP 600).

Confirmación
Es el compromiso firme del banco confirmador, que se añade al del banco emisor, para honrar o negociar una presentación conforme.

Al aceptar la solicitud de confirmación, el banco confirmador asume como propios (y con independencia del banco emisor) todos los compromisos adquiridos por este ante el beneficiario.

Si el banco intermediario **no acepta la solicitud de confirmación,** debe informar al banco emisor, sin demora, y podrá notificar el crédito sin su confirmación.

En la confirmación silenciosa, compromiso del banco avisador se refrendará con la empresa beneficiaria a través de un contrato en el que se indique el compromiso de dicho banco.

Confirmación silenciosa

Existe confirmación silenciosa cuando el banco avisador, a solicitud del beneficiario y en atención a la confianza que le merece, accede a confirmar el crédito sin haber sido autorizado para ello por el banco emisor. Esta confirmación suele entenderse como protección frente al riesgo-país y a los riesgos de insolvencia del banco emisor.

La confirmación silenciosa no está amparada por las UCP 600.

- **Banco designado** *(nominated bank):* «es el banco en el que el crédito es disponible, o cualquier banco en el caso de un crédito disponible con **cualquier banco** *(any bank)*» (art. 2 UCP 600).

Banco designado

Lugar de presentación de los documentos

La **designación** está regulada por las UCP 600.

«A menos que el banco designado sea el banco confirmador, la autorización a honrar o negociar no impone ninguna obligación a dicho banco designado para que honre o negocie, excepto cuando dicho banco designado lo acepte expresamente y así lo comunique al beneficiario» (art. 12a UCP 600).

Es posible que el banco designado sea diferente del banco emisor, del banco confirmador e incluso un banco distinto del avisador, o que todas las funciones correspondan a un solo banco.

Las UCP 600 también advierten que «un crédito disponible en un banco designado es también disponible en el banco emisor» (art. 6a UCP 600).

Banco designado	**Banco pagador:** es el banco designado por el banco emisor para pagar o comprometerse a pagar en la fecha establecida (No tiene obligación de pagar salvo que sea también banco confirmador)
	Banco aceptante: es el banco designado por el banco emisor para que acepte instrumentos de giro emitidos por el beneficiario (No tiene obligación de aceptar salvo que sea también banco confirmador)
	Banco negociador: es el banco designado por el banco emisor para el descuento de efectos girados contra el mismo u otro elegido por este

Tabla 2.1. Nomenclatura del banco designado según la utilización del crédito documentario.

Según la **forma de utilización** establecida en el crédito, el banco designado recibe distintos nombres, que se definen en la tabla 2.1.

«Al designar a un banco para que acepte un giro o adquiera un compromiso de pago diferido, el banco emisor autoriza a dicho banco designado a pagar anticipadamente o a comprar el giro aceptado o el compromiso de pago diferido adquirido por dicho banco designado» (art. 12b UCP 600).

Negociación

Es la compra por parte del banco designado de giros librados (por un banco distinto del banco designado) o documentos al amparo de una presentación conforme, anticipando o acordando anticipar fondos a la empresa beneficiaria el mismo día o antes del día hábil bancario en que el banco designado deba ser reembolsado (art. 2 UCP 600).

- **Banco reembolsador** *(claiming bank):* «es el banco autorizado por el banco emisor para que atienda las peticiones de reembolso que le efectúe el banco que honre o negocie una presentación conforme» (art. 13 UCP 600).

  Los reembolsos interbancarios están regulados, además de por las UCP 600, por las reglas de reembolsos interbancarios o URR:

  «El banco al que se ha instruido o se ha autorizado para atender el reembolso de acuerdo con una autorización de reembolso emitida por el banco emisor» (art. 2 URR 725).

> **Banco reembolsador**
> Autorizado para atender reembolsos

El banco reembolsador **no forma parte de la cadena de bancos que intervienen en el crédito documentario,** ya que es el banco que se utiliza para que el banco designado pueda obtener el reembolso de los pagos efectuados por la utilización del crédito.

Los reembolsos pueden surgir porque:

- Se acuerda liquidar el pago de la operación objeto de la compraventa a través de una moneda distinta a los países que intervienen en la operación.
- La empresa beneficiaria quiere recibir el crédito documentario a través de su banco, teniendo que solicitar el reembolso al corresponsal del emisor.

Cuando interviene el banco reembolsador se pueden utilizar las UCP 600 para los aspectos relativos a los reembolsos o aplicar a dichos aspectos las URR (publicación 725). El uso de estas reglas deberá quedar reflejado en el condicionado de apertura.

6 Crédito documentario *versus* contrato de compraventa

Las UCP 600 (art. 4) señalan que el crédito, por su naturaleza, es una **operación independiente de la venta** o de cualquier otro contrato en el que pueda estar basado. Los bancos no están afectados ni vinculados por tal contrato, aun cuando en el crédito se incluya alguna referencia a este.

El beneficiario no puede, en ningún caso, hacer uso de las relaciones contractuales existentes entre los bancos o entre el ordenante y el banco emisor.

Si las condiciones estipuladas en el crédito se han cumplido, el banco designado está obligado a honrar o negociar, independientemente de que el ordenante le indique al banco cualquier incidencia relativa a la operación.

El banco emisor debería desaconsejar cualquier intento del ordenante de incluir, como parte integral del crédito, copias del contrato subyacente, de la factura proforma o similares.

Los ordenantes de un crédito documentario deben tener en cuenta que adjuntar el contrato o la factura proforma como parte integral del crédito documentario sirve de escasa protección a las mercancías o a los estándares de calidad de las mismas.

6.1 *La trilogía contractual del crédito documentario*[6]

El concepto de trilogía contractual del crédito documentario tiene gran importancia para una correcta comprensión de su funcionamiento, y de las responsabilidades, derechos y deberes de las partes que intervienen en la operación.

Hemos visto las **fases de apertura** de un crédito documentario (figura 2.1) y los sujetos que intervienen en la operación, básicamente –aunque se ha visto que suele intervenir un banco intermediario– **tres partes,** como se aprecia en la figura 2.3.

La trilogía contractual consiste en los tres contratos[7] que celebran las partes. Son diferentes, están relacionados entre sí, pero son totalmente independientes, hasta el punto de estar explícitamente prohibida la vinculación entre ellos. En la figura 2.4 se muestra cómo el crédito documentario se descompone en tres relaciones o líneas (contratos) que representan los compromisos adquiridos entre las partes de un crédito documentario.

Al analizar el esquema, vemos que los compromisos de las partes son:

- *Primer compromiso entre dos partes (compradora/vendedora)*
  La operación 1 nace derivada de un contrato de compraventa entre la parte compradora (ordenante) y la vendedora (beneficiario), por lo que existe un contrato base para este medio de cobro que es el propio contrato de compraventa, origen de la operación y punto de partida para el crédito documentario.

- *Segundo compromiso en dos partes (banco emisor/ordenante)*
  En la operación 2, el banco emisor emite el crédito documentario, haciendo como suya la deuda de ordenante.

[6] Para ampliar información, véase el artículo de José Francisco Soriano Hernández, relativo al crédito documentario, en Boletín ICE 2693. Junio 2001.

[7] En la práctica son dos contratos, el contrato de compraventa y el contrato de crédito documentario, pero con este último se establece un vínculo jurídico entre el emisor del crédito documentario y el beneficiario.

Figura 2.3. **Sujetos principales de un crédito documentario.**

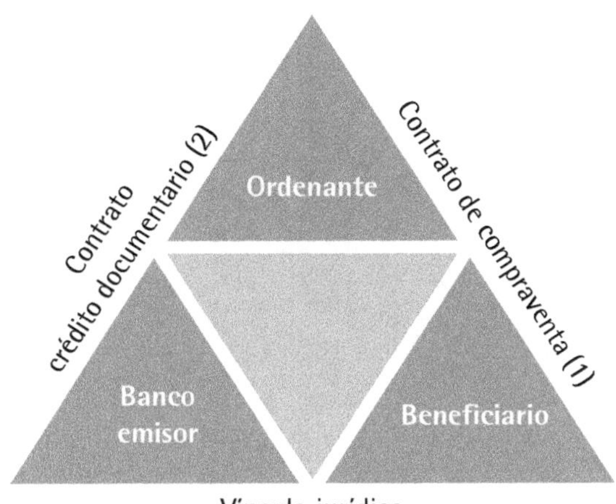

Figura 2.4. **Esquema de la trilogía contractual del crédito documentario.**

- *Tercer compromiso en dos partes (banco emisor/beneficiario)*
  Por último, la operación 3 identifica el compromiso del banco emisor, que debe hacer frente a los pagos derivados del crédito documentario frente al beneficiario, siempre que cumpla los términos y condiciones del crédito.

Trilogía contractual

Tres contratos, tres partes (compradora, vendedora y banco emisor), dos a dos, entre sí independientes, pero íntimamente relacionados.

Capítulo 3
El mensaje SWIFT de la categoría 7

1   El mensaje SWIFT

Con el término SWIFT (siglas de *The Society for Worldwide Interbank Financial Telecomunications*, Sociedad para las Comunicaciones Interbancarias y Financieras Mundiales) se conoce al sistema de mensajería interbancario que utiliza la mayoría de los bancos del mundo para enviar mensajes. Su función es proporcionar un sistema seguro de intercambio de información entre bancos.

SWIFT es una sociedad cooperativa sin ánimo de lucro creada en Bélgica en 1973 con el objetivo de facilitar el intercambio de las transacciones financieras internacionales mediante la utilización de mensajes con formatos estandarizados, basados en un sistema de comunicación rápido y seguro. Con este procedimiento se intercambian transacciones interbancarias (órdenes de pago, remesas, créditos documentarios, mensajes en formato libre, etc.).

En 1983, a través de las Reglas y usos uniformes relativos a los créditos documentarios (conocidas como UCP 400), se modificó la referencia a los medios de transmisión de los créditos documentarios introduciendo el término «teletransmisión», que permitía el uso de sistemas de comunicación más avanzados, como el propio SWIFT.

Las revisiones posteriores, UCP 500 de 1993 y UCP 600 de 2007 –actualmente en vigor–, indican que la transmisión por un medio de telecomunicación debidamente autenticado es el instrumento operativo del crédito.

> «Una teletransmisión autenticada de un crédito o de una modificación se considerará el instrumento operativo del crédito o la modificación, y cualquier confirmación posterior por correo no se tendrá en cuenta» (art. 11a UCP 600).

Actualmente, SWIFT está formado por 11.000 instituciones financieras de 200 países y funciona ininterrumpidamente las 24 horas del día y los siete días de la semana.

El sistema SWIFT opera con varios tipos de mensajes. **Los mensajes de la categoría 7 se usan para crédito documentario y garantías,** e incluyen mensajes de emisión, preaviso, modificación, notificación a un tercer banco y transferencia, entre otros.

La seguridad del sistema SWIFT confluye en cuatro objetivos:

- **Confidencialidad.** La información solo es revelada a personas autorizadas.
- **Integridad.** Puede confiarse en que la información es completa, precisa y valida.
- **Disponibilidad.** Se puede acceder a la información y los servicios asociados cuando se necesitan.
- **Confianza.** Todo individuo autorizado a usar el sistema es digno de confianza.

Las ventajas del uso de SWIFT son las siguientes:

- Estandarización de los procesos.
- Rapidez en la transmisión de la información.
- Eliminación de errores debido a interpretaciones.
- Aumento de los niveles de seguridad (mensajes encriptados y claves de autentificación).

El principal motivo por el cual SWIFT suele ser conocido es por los códigos de los bancos, que son los que se utilizan para realizar o recibir una transferencia internacional, si el banco es miembro de SWIFT. **Cada banco tiene un código internacional ISO 9632 que lo identifica en el sistema.**

> El código SWIFT de un banco está formado por el **código del país,** el **código del banco** y una serie de **datos adicionales,** tales como la localización o el tipo de sucursal.[1]

---

[1] En el sitio en internet de SWIFT se puede ampliar información: https://www.swift.com/swift_in_spanish.

2 Código BIC

BIC (de *bank identifier code,* código de identificación bancaria) es el código que permite identificar de forma única a cada entidad bancaria y sus oficinas o sucursales. Dado que método de transferencia que usa es el código SWIFT, suelen usarse ambos términos como sinónimos.

Ejemplo

Veamos algunos ejemplos de código BIC:

- **Código BIC de Lorbank[2]**
  LORB = entidad de crédito
  ES = país
  MM = oficina central del negocio (MM es Madrid)
  XXX = oficina principal
  El BIC resultante es **LORBESMMXXX**

- **Código BIC de Banco Sabadell**
  BSAB = entidad de crédito
  ES = país
  BB = oficina central del negocio (BB es Barcelona)
  XXX = oficina principal
  El BIC resultante es **BSABESBBXXX**

- **Código BIC de Barclays**
  BARC = entidad de crédito
  GB = país
  22 = oficina central de negocio (22 es Londres)
  XXX = oficina principal
  El BIC resultante es **BARCGB22XXX**

Para hacer una transferencia internacional, **no es necesario conocer el número exacto de oficina,** basta con no poner los últimos tres números que identifican al banco (y entonces se trataría de un SWIFT de ocho caracteres) o añadir XXX.

---

[2] Lorbank es la denominación del banco ficticio que se utiliza en esta obra para los ejemplos y casos prácticos.

El código BIC consiste en ocho u once caracteres alfanuméricos con el siguiente significado:

- Código de **entidad de crédito:** son *cuatro caracteres* identificativos de la institución financiera a escala mundial.
- Código de **país:** son *dos caracteres* que identifican al país (o territorio geográfico) donde está ubicada la unidad central de negocio de la entidad de crédito.
- Código de **localidad:** son *dos caracteres* identificativos de la región o ciudad donde está ubicada la unidad central de negocio de la entidad de crédito.
- Código de **oficina:** son *tres caracteres* que identifican una determinada sucursal o departamento de la institución financiera (generalmente estos no se ponen o se indica XXX, para referirse a la oficina principal).

3   Partes de un mensaje SWIFT

La configuración del mensaje SWIFT es la siguiente:

- **Cabecera** *(header)*. Figuran el banco ordenante *(basic header)*, el banco receptor *(application header)*, el tipo de mensaje, la prioridad, la hora de envío y la hora de recepción (figura 3.1).

- **Cuerpo del mensaje o bloque de texto.** Constan los campos específicos de cada mensaje (figura 3.2). Algunas características comunes son:

  - No todos los campos son obligatorios, también los hay voluntarios.
  - Los campos cuyo contenido es una entidad aparecen con una letra minúscula y hay varias opciones. Por ejemplo, el campo 41a da las opciones A o D, siendo A el identificativo bancario (BIC) y D el nombre y dirección del banco.[3]
  - Algunos campos solo permiten determinadas opciones y otro son de formato texto con el conjunto de caracteres x o z (figuras 3.4 y 3.5).

- **Parte final del mensaje** *(trailer)*. Puede añadirse por los usuarios o por el sistema, ya sea para el control del mensaje o para indicar situaciones especiales.

---

[3] Véase más adelante información ampliada y gráficos sobre los campos SWIFT.

```
MESSAGE MT 700: ISSUE OF A DOCUMENTARY CREDIT
BASIC HEADER: LORBESMMXXX LORBANK
DATE: 20-10-20XX 11:20 SES-ISN: 0000 000000 PRIORIDAD: N
APPLICATION HEADER: BACHCLRMXXX BANCO CHILENO CHILE SANTIAGO
DATE: 20-10-20XX 14.15:04 SES-OSN: 0000 000000 APLICACION: F
```

Figura 3.1. Muestra de una cabecera de mensaje SWIFT.

```
SEQUENCE TOTAL        27   1/1
FORM OF DOCUMENTARY CREDIT   40A IRREVOCABLE
DOCUMENTARY CREDIT NUMBER  20   KPRINCIPE01234
DATE OF ISSUE        31C XX1020
APPLICABLE RULES   40E UCP LATEST VERSION
DATE AND PLACE OF EXPIRY  31D XX1125 SPAIN
APPLICANT            50   EMPRESA MURCIANA, S.L.
                    AVDA. JUAN CARLOS I 18
                    LORCA, 30800 MURCIA, ESPANA
BENEFICIARY   59   COMERCIAL XXX LIMITADA
                    CHACABUCO XXXX
                    VALPARAISO CHILE
CURRENCY/AMOUNT        32B: CURRENCY EUR AMOUNT     16.560
```

Figura 3.2. Cuerpo de un mensaje SWIFT.

Si es un tráiler incluido por la persona usuaria:

- **MAC** (código de autenticación del mensaje): se calcula a través de una clave intercambiada con el destinatario (figura 3.3).

- **PDE** (emisión de duplicados): es agregado por la persona usuaria si considera que el mensaje fue enviado previamente.

Si es un tráiler incluido por el sistema:

- **CHK** *(checksum):* se calcula sobre el contenido del mensaje para su integridad.

- **DLM** (mensaje retrasado): aparece cuando el mensaje se emite con prioridad urgente y se entrega 15 minutos más tarde de su envío; o también si tiene una prioridad normal y se entrega más tarde de 100 minutos.

- **PDM** (posible mensaje duplicado): lo agrega el sistema cuando detecta un posible mensaje duplicado.

```
CONFIRMATION INSTRUCTIONS 49   WITHOUT
INSTRUCTIONS TO THE PAYING/ACCEPTING/NEGOTIATING BANK   78
      + AGAINST RECEIPT DOCUMENTS IN ORDER WITH THE CREDIT TERMS AND
CONDITIONS, AND AT MATURITY DATE FIXED, WE WILL COVER TO THE PAYMENT AS PER
THEIR INSTRUCTIONS

SENDER TO RECEIVER INFORMATION   72Z   ADVISE SAME VIA, WHEN YOU NOTIFY
                                       THIS L/C TO BENEFICIARY

          MAC 0000000
          CHK AFCBEB85096B
```

Figura 3.3. Cuerpo de un mensaje SWIFT con código de autenticación del mensaje (MAC).

4 Tipos de mensaje SWIFT

Los mensajes financieros, también conocidos como **mensajes FIN,** se agrupan en categorías de acuerdo con su primer dígito. Cada categoría de mensaje está formada por distintas subcategorías, como se puede apreciar en la tabla 3.1.

En este manual trabajaremos con las subcategorías de MT7xx.

5 Categoría 7 de mensajes SWIFT

La emisión, modificación, reembolso, aviso de reservas y otras operaciones relacionadas con el **crédito documentario** se hacen a través de mensajes SWIFT de la categoría 7.[4]

Todos los mensajes de la categoría 7 tienen la misma estructura general, que se corresponde con la de la tabla 3.2. El formato corresponde a una tabla de cinco columnas y una serie de campos alfanuméricos que proporcionan toda la información sobre la transacción.

Veamos uno a uno qué significan los elementos del mensaje:

- **MT 7XX.** Indica el tipo de mensaje, su nombre y número. Por ejemplo, *MT 700 Issue of a Documentary Credit* significa que se trata de una emisión de crédito documentario.

---

[4] Adaptado a los estándares SWIFT 2018, en *Standards. Category 7- Documentary Credits and Guarantees. For Standards MT* (a partir de noviembre 2018).

1xx - Transferencias de clientes y cheques	– MT103 Transferencia a favor de cliente – MT110 Aviso de cheque – MT111 Paralización del pago de un cheque – MT1xx
2xx - Transferencias de instituciones financieras	– MT202 Transferencia a favor de un banco – MT 202 COV [este mensaje es adoptado exclusivo como cobertura de MT103] – MT2xx
3xx - Operaciones de cambio extranjero, préstamo, ...	– MT3xx
4xx - Remesas documentarias	– MT400 Aviso de pago de una remesa – MT410 Acuse de recibo de una remesa – MT412 Aviso de aceptación de una remesa – MT4xx
5xx - Valores	– MT5xx
6xx - Sindicaciones	– MT6xx
7xx - Créditos documentarios y garantías	– MT700 Emisión de un crédito documentario – MT705 Preaviso de un crédito documentario – MT707 Modificación de un crédito documentario – MT7xx
8xx - Mecanismos especiales de pago: cheques de viaje	– MT8xx
9xx - *Cash management* y estado de cuentas	– MT9xx

Fuente: SWIFT.

Tabla 3.1. Tipos de mensaje SWIFT.

MT 7XX				
Rango *Status*	**Etiqueta** *Tag*	**Nombre del campo** *Field name*	**Contenido/opciones** *Content/options*	**Núm.** Nº

Tabla 3.2. Formato de campos SWIFT.

- **Rango** *(status)*. Indica si el campo es obligatorio (O) o voluntario (V). En inglés, *mandatory* (M) u *optional* (O).
- **Etiqueta** *(tag)*. Identifica el campo mediante un código alfanumérico (campos y subcampos).
- **Nombre del campo.** Contiene la descripción del campo para cada mensaje de este tipo.
- **Contenido/opciones.** Identifica la longitud permitida del campo y sus características. En la tabla 3.3 se ofrecen algunos ejemplos.
- **Núm.** Identifica el número de orden del campo para mensajes de este tipo (tabla 3.4).

La cumplimentación de los diferentes campos de los mensajes se debe hacer conforme a las reglas que están contenidas en los estándares SWIFT.

Los mensajes de la categoría 7 permiten la transmisión de las diferentes operaciones relacionadas con el crédito documentario, tanto con respecto a los beneficiarios como a todos los bancos de la cadena.

En la tabla 3.5 se muestran distintos mensajes de esta categoría.

2n	Hasta dos dígitos
3!a	Exactamente 3 letras mayúsculas
4*35x	Hasta 4 líneas de hasta 35 caracteres cada una
16-64h	Al menos 16 y hasta 64 caracteres hexadecimales

Fuente: SWIFT.

Tabla 3.3. Ejemplos del campo contenido/opciones.

MT 700 Issue of a documentary credit				
Status	**Tag**	**Field name**	**Content/options**	**Núm.**
M	27	*Sequence of total*	1!n/1!n	1
M	40A	*Form of documentary credit*	24x	2
M	20	*Documentary credit number*	16x	3
O	23	*Reference to pre-advice*	16x	4
M	31C	*Date of issue*	6!n	5

Fuente: SWIFT.

Tabla 3.4. Estructura de un mensaje MT 700, en inglés.

Tipo de mensaje	Función	Descripción
700/701	Emisión de un crédito documentario	Términos y condiciones de emisión del crédito
705	Preaviso de crédito documentario	Informa de las principales características del crédito documentario, cuyos detalles seguirán a continuación
707/708	Modificación de crédito documentario	Informa de las modificaciones en los términos y condiciones del crédito
710/711	Aviso a tercer banco del crédito documentario	Notificación al segundo banco avisador
720/721	Transferencia de crédito documentario	Informa de la transferencia de un crédito
730	Acuse de recibo de mensaje de crédito documentario	Notifica el recibí del crédito
732	Aviso aceptación discrepancias	Avisa que los documentos recibidos con discrepancias han sido aceptados
734	Aviso de rechazo	Informa del rechazo de documentos que no están de acuerdo con los términos y condiciones del crédito
740	Autorización de reembolso	Aspectos relativos al reembolso
742	Reclamación del reembolso	
744	Aviso de no conformidad de reembolso	
747	Modificación de autorización de reembolso	
750	Aviso de discrepancia	Informa de discrepancias encontradas en los documentos presentados y solicita autorización para el pago
752	Autorización para honrar o negociar	Informa al banco que ha pedido autorización para pagar, aceptar, negociar o compromiso de pago diferido, de que los documentos pueden ser atendidos, a pesar de las discrepancias, siempre que el resto esté en orden
754	Aviso de pago/aceptación negociación	Informa que los documentos han sido presentados de acuerdo con las condiciones del crédito y están siendo remitidos según lo requerido. Este mensaje también se utiliza para el pago y la negociación
756	Aviso de reembolso o pago	Informa del reembolso o pago de la utilización de um crédito documentário que no indicaba instrucciones para el reembolso o provisión para el pago
759	Mensaje auxiliar	Solicita u ofrece información, como una alerta de fraude o una solicitud de financiación, sobre una transacción comercial existente, como un crédito documentario, una garantía de demanda, una carta de crédito en espera *(standby)* o una empresa (p. ej., una garantía, fianza, etc.)

Fuente: Elaboración propia a partir de traducción de los estándares *SWIFT* (noviembre 2018).

Tabla 3.5. Tipos de mensaje MT 700.

El mensaje 759 pretende eliminar gradualmente el uso actual del MT 799 para las transacciones que se atienden en otros mensajes de categoría 7.

Además de los reseñados en la tabla 3.5, están los **MT 760, 767, 768 y 769,** referentes a garantías y los **MT 790, 791, 792, 795, 796, 798 y 799,** que regulan gastos de intereses y otros aspectos (preguntas, respuestas, propiedades del mensaje y mensaje de formato libre).

5.1 Mensajes MT 700

Se trata de los mensajes para la apertura de un crédito documentario, que cumplen con un formato de mensaje que se ajusta a las normas impuestas por SWIFT (tabla 3.6). El mensaje lo envía el banco emisor del crédito al banco notificador (avisador), para que comunique la apertura al beneficiario y le informe del condicionado del crédito. Salvo que se diga lo contrario, el crédito estará sujeto a las Reglas UCP 600. Asimismo, un crédito documentario avisado al beneficiario a través de un mensaje SWIFT constituye el instrumento operativo del crédito. La excepción se encontrará en el preaviso (MT 705), que no se considera instrumento operativo del crédito.

En los estándares SWIFT se recogen las reglas de validación *(network validated rules)* para todos los mensajes. Las reglas de validación para MT 700 son:

En las figuras 3.4 y 3.5 se observan los conjuntos de caracteres x y z utilizados en un mensaje SWIFT.

En el capítulo 4, se explican y desarrollan con mayor detalle todos los campos del mensaje MT 700.

Reglas de validación MT 700

- Cuando se cumplimente el campo 42C, también se cumplimentará el campo 42A

- Con relación a los campos 42, los campos 42C y 42A se cumplimentarán juntos, mientras que los campos 42M y 42P pueden ir solos

- Se cumplimenta 44C o 44D, pero no ambos

Rango	Etiqueta	Nombre del campo	Contenido/opciones	Núm.
		MT 700 Emisión de un crédito documentario		
O	27	Secuencia del total	1!n/1!n	1
O	40A	Tipo de crédito documentario (IRREVOCABLE, ...)	24x	2
O	20	Número del crédito	16x	3
V	23	Referencia al preaviso (CONTENDRÁ EL TÉRMINO DE PREADV, SEGUIDA DE LA REFERENCIA DE PREAVISO)	16x	4
O	31C	Fecha de emisión	6!n	5
O	40E	Reglas aplicables (UCP LATEST VERSION, UCPURR LATEST VERSION...)	30x[/35x]	6
O	31D	Lugar y fecha de vencimiento	6!n29x	7
V	51a	Banco del ordenante (Si no es el mismo que el emisor)	A or D[3]	8
O	50	Ordenante	4*35x	9
O	59	Beneficiario	[/34x] 4*35x	10
O	32B	Moneda de pago e importe	3!a15d	11
V	39A	Porcentaje de tolerancia en +/-	2n/2n	12
V	39C	Importes adicionales cubiertos, fletes, intereses, prima de seguros, ...	4*35x	13
O	41a	Banco designado (SE INDICARÁ CÓMO ES UTILIZABLE EL CRÉDITO: PAGO, PAGO DIFERIDO, ACEPTACIÓN, ...)	A or D	14
V	42C	Plazo al que se libran los giros	3*35x	15
V	42a	Banco librado de los giros	A or D	16
V	42M	Fechas, importes y forma de determinar un crédito de pagos combinados	4*35x	17
V	42P	Fecha de pago en un crédito utilizable mediante pago diferido o negociación	4*35x	18
V	43P	Embarques parciales (ALLOWED, NOT ALLOWED, CONDITIONAL)	11x	19
V	43T	Transbordos (ALLOWED, NOT ALLOWED, CONDITIONAL)	11x	20
V	44A	Lugar de carga o expedición o toma para carga de la mercancía	65x	21
V	44E	Puerto de carga/aeropuerto de salida	65x	22
V	44F	Puerto de descarga/aeropuerto de destino	65x	23
V	44B	Lugar de destino de la mercancía	65x	24
V	44C	Fecha máxima para embarque	6!n	25

Continúa

Continuación

Rango	Etiqueta	Nombre del campo	Contenido/opciones	Núm.
V	44D	Período en el cual la mercancía puede ser embarcada	6*65x	26
V	45A	Descripción de la mercancía (Se especificará en este campo el término Incoterms)	100*65z	27
V	46A	Documentos requeridos en el crédito	100*65z	28
V	47A	Condiciones adicionales	100*65z	29
V	49G	Condiciones especiales de pago del beneficiario	100*65z	30
V	49H	Condiciones especiales de pago del banco receptor	100*65z	31
V	71D	Gastos (Si este campo está vacío, todos los gastos excepto negociación y transferencia deben ser pagados por el ordenante)	6*35z	32
V	48	Período de presentación en días	3n[/35x]	33
O	49	Instrucciones de confirmación (Se usarán los siguientes términos: confirm, may add o without)	7!x	34
V	58a	Banco al que se le requiere la confirmación	A or D	35
V	53a	Banco reembolsador	A or D	36
V	78	Instrucciones para el banco pagador, aceptante, o negociador	12*65x	37
V	57a	«Avisar a través de» (Nombre del banco a través del cual el crédito debe ser avisado, cuando es distinto del banco receptor)	A, B, or D[5]	38
V	72Z	Información del remitente al receptor (En este campo se puede utilizar alguno de los siguientes códigos: PHONBEN que es «Contacte con el beneficiario por teléfono», y TELEBEN, «Contacte con el beneficiario por el medio más eficiente de comunicación»	6*35z	39

En los campos donde dice A or D, A es el código BIC y D es el nombre y dirección del banco. Más adelante, cuando dice A, B or D, B es la localización (sucursal).
O: condiciones obligatorias; V: condiciones opcionales (voluntarias).
Fuente: Elaboración propia con traducción a partir de los estándares SWIFT.

Tabla 3.6. **Campos de un mensaje MT 700.**

```
a b c d e f g h i j k l m n o p q r s t u v w x y z

A B C D E F G H I J K L M N O P Q R S T U V W X Y Z

0 1 2 3 4 5 6 7 8 9

/ - ? : ( ) . , ' +

CrLf Space
```

Fuente: SWIFT.

Figura 3.4. **Conjunto de caracteres x**

```
a b c d e f g h i j k l m n o p q r s t u v w x y z

A B C D E F G H I J K L M N O P Q R S T U V W X Y Z

0 1 2 3 4 5 6 7 8 9

. , - ( ) / = ' + : ? ! " % & * < > ; {

@ # _

Cr Lf Space
```

Fuente: SWIFT.

Figura 3.5. **Conjunto de caracteres z.**

5.2   Mensajes MT 701 (páginas sucesivas)

Son mensajes que se envían, además del MT 700, cuando la información en el crédito documentario supera la longitud máxima del mensaje de entrada de MT 700. Se pueden enviar hasta siete mensajes en adición a un MT 700 (tabla 3.7).

Los distintos campos vienen explicados de forma detallada en los estándares SWIFT. En las figuras 3.6 a 3.9 se muestran ejemplos de algunos campos, como la fecha de vencimiento, embarque parcial, disponibilidad del crédito y documentos requeridos.

En los capítulos 4, 5, 6 y 7 se explican otros tipos de mensajes SWIFT de la categoría 7.

MT 701 Emisión de un crédito documentario				
Rango	**Etiqueta**	**Nombre del campo**	**Contenido/ opciones**	**Núm.**
O	27	Secuencia total	1!n/1!n	1
O	20	Número del crédito	16x	2
V	45A	Descripción de las mercancías/servicios	100*65z	3
V	46A	Documentos requeridos	100*65z	4
V	47A	Condiciones adicionales	100*65z	5
V	49G	Condiciones especiales de pago del beneficiario	100*65z	6
V	49H	Condiciones especiales pago del banco receptor	100*65z	7

O: condiciones obligatorias; V: condiciones opcionales (voluntarias).
Fuente: Elaboración propia con traducción a partir de estándares SWIFT.

Tabla 3.7. Campos de un mensaje MT 701.

---

7. Field 31D: Date and Place of Expiry

FORMAT

    Option D   6!n29x   (Date)(Place)

PRESENCE

    Mandatory

DEFINITION

    This field specifies the latest date for presentation under the documentary credit and the place where documents may be presented.

NETWORK VALIDATED RULES

    Date must contain a valid date expressed as YYMMDD (Error code(s): T50).

Fuente: SWIFT.

Figura 3.6. Campo de fecha de vencimiento.

20. Field 43P: Partial Shipments

FORMAT

Option P   11x   (Code)

PRESENCE

Optional

DEFINITION

This field specifies whether or not partial shipments are allowed under the documentary credit.

CODES

Code must contain one of the following codes (Error code(s): T64):

ALLOWED   Allowed under the documentary credit.

CONDITIONAL   Conditional based on conditions specified elsewhere in the message.

NOT ALLOWED   Not allowed under the documentary credit.

Fuente: SWIFT.

Figura 3.7. **Campo de embarques parciales.**

15. Field 41a: Available With ... By ...

FORMAT

Option A   4!a2!a2!c[3!c]   (Identifier Code)
                    14x   (Code)

Option D   4*35x   (Name and Address)
                    14x   (Code)

PRESENCE

Mandatory

DEFINITION

This field identifies the bank with which the credit is available (the place for presentation) and an indication of how the credit is available.

Fuente: SWIFT.

Figura 3.8. **Campo de disponibilidad del crédito.**

29. Field 46A: Documents Required

FORMAT

Option A   100*65z   (Narrative)

PRESENCE

Optional

DEFINITION

This field contains a description of any documents required.

USAGE RULES

When the ultimate date of issue of a transport document is specified, it is to be specified with the relative document in this field.

For credits subject to eUCP, the format in which electronic records are to be presented must be specified in this field.

The specification of each new item should begin on a new line, preceded by the sign '+' or numbered using +1), +2), etc.

Fuente: SWIFT.

Figura 3.9. **Campo de documentos requeridos.**

6   Modificaciones en los mensajes SWIFT de categoría 7

En 2013, SWIFT vio la necesidad de realizar una importante revisión de los mensajes MT de la categoría 700. Desde entonces los grupos de trabajo asignados por SWIFT se encargan de esta importante actualización.

La revisión de los mensajes de créditos documentarios (MT 700-759) finalizó en noviembre de 2018, con la publicación de los estándares SWIFT 2018 *(SR 2018).*[5] Los estándares SWIFT 2021 (SR 2021) completan las modificaciones de los mensajes de garantías y cartas de crédito contingentes (MT 760-787).

---

[5] Los Standards MT actualizados están disponibles en https://www2.swift.com/uhbonline/books/a2z/standards_mt.htm. La pestaña «Whast's new» recoge todas las novedades relacionadas con los estándares SWIFT.

Los principales cambios que entraron en vigor el 18 de noviembre de 2018 en los **mensajes MT 700 a 759** son los siguientes:

- En **MT 707** (mensaje de modificación) se ha mejorado significativamente para estar más en línea con los MT 700, 710 y 720, con campos estructurados para detalles de modificación en lugar de los pocos campos de formato libre que se han utilizado en versiones anteriores.
- En los mensajes **MT 701, 711 y 721** (páginas sucesivas de los mensajes), los campos 45B, 46B y 47B pasan a denominarse 45A, 46A y 47A. El contenido de estos campos en dichos mensajes no debe repetir información de los mismos en los MT 700, 710 y 720 relacionados y no debe entrar en conflicto con ninguna información que esté presente en ellos.
- Aparecen **tres nuevos mensajes:**

  - **MT 708.** Mensaje de continuación para el MT 707 **(al igual que los MT 701, 711 y 721).**
  - **MT 744.** Mensaje para notificar al receptor que un reclamo de reembolso parece no estar de acuerdo con la autorización de reembolso.
  - **MT 759.** Mensaje auxiliar estructurado que se utilizará solo si no hay otro mensaje apropiado de la categoría 7. Este mensaje reemplaza el uso actual del MT 799 no estructurado, con la intención de eliminar gradualmente su uso en las transacciones que se atienden en otros mensajes de categoría 7.

El mensaje MT 700 específicamente no tiene muchas modificaciones pero sí son importantes, ya que adaptan mejor el mensaje a las Reglas UCP 600.

Los **cambios en el mensaje MT 700** afectan a los siguientes campos:

- Fecha de emisión. El campo **31C** *(date of issue)* pasa de ser voluntario a obligatorio.
- Cantidad máxima del crédito. El campo **39B** *(maximum credit amount)* desaparece.
- Detalles de pago diferido o negociación. El campo **42P** *(negotiation/deferred payment details)* añade la opción de negociación.
- Embarques parciales. El contenido del campo **43P** *(partial shipments)* pasa de modo texto a los códigos *(ALLOWED, CONDITIONAL, NOT ALLOWED)*.
- Transbordos. El contenido del campo **43T** *(transhipment)* pasa de modo texto a los códigos *(ALLOWED, CONDITIONAL, NOT ALLOWED)*.
- Gastos. El campo **71B** *(charges)* cambia el código al campo 71D.

- Período de presentación (referido a la presentación de documentos desde la emisión del documento de transporte). El campo **48** *(period for presentation in days)* pasa a llamarse Período de presentación en días.
- Información de banco receptor. El campo **72** *(sender to receiver Information)* cambia el código del campo 72Z.

Y aparecen **tres campos nuevos,** que son:

- Condiciones especiales de pago del beneficiario. Campo **49G** *(special payment conditions for beneficiary).*
- Condiciones especiales de pago del banco receptor. Campo **49H** *(special payment conditions for receiving bank).*
- Banco al que se le requiere la confirmación. Campo **58a** *(requested confirmation party).*

Además, el formato de los «grandes campos de texto libre» cambia del conjunto de **caracteres x** al conjunto de **caracteres z,** que también permite el uso de los caracteres especiales = ! «% & * <>; {@ # _, con lo cual las direcciones de correo electrónico se podrán indicar de forma completa (campos 45A, 46A y 47A, además de los campos 49G, 49H y 71D).

El 21 de noviembre de 2021 finaliza la gran actualización de los estándares SWIFT de la categoría 7, en la que se actualizan los mensajes relativos a las garantías bancarias (MT 760 a MT 787).

En esta actualización, los cambios que se producen en los mensajes MT 700 se centran en los campos que hacen referencia a garantías (carta de crédito Stand by). Esta ya no podrá emitirse en un MT 700 si no en el nuevo MT 760.

Capítulo 4
Fases de un crédito documentario

En este capítulo se abordan en profundidad las etapas de desarrollo de una operación de crédito documentario. La figura 4.1, a modo de cronograma circular de las diez fases (numeradas del 1 al 10) que se explican, resume los principales pasos a seguir.

Las **diez fases** de un crédito documentario son:

1. La empresa compradora (importadora) y la vendedora (exportadora) firman el contrato de compraventa, y señalan como modalidad de pago para cancelar la operación el crédito documentario. Habitualmente ambas partes intercambian las instrucciones vía correo electrónico, de tal forma que una vez están de acuerdo, la importadora va a su banco y solicita la apertura de un crédito documentario.

2. La empresa compradora (importadora/ordenante) solicita a su banco (banco emisor) la apertura de un crédito documentario a favor de la vendedora (exportadora/beneficiaria), indicándole las instrucciones acordadas (documentos requeridos, fechas, etc.).

3. El banco emisor, una vez analizados los riesgos de la operación y los pormenores de las instrucciones procede a abrir el mismo a favor de la empresa exportadora (beneficiaria). Notifica la apertura del crédito documentario al banco de la exportadora (banco intermediario que cumple la función de avisador), a través de mensaje SWIFT MT 700/701.

4. El banco de la empresa exportador notifica a su cliente (exportadora/beneficiaria), la apertura del crédito documentario y esta, una vez analizado y com-

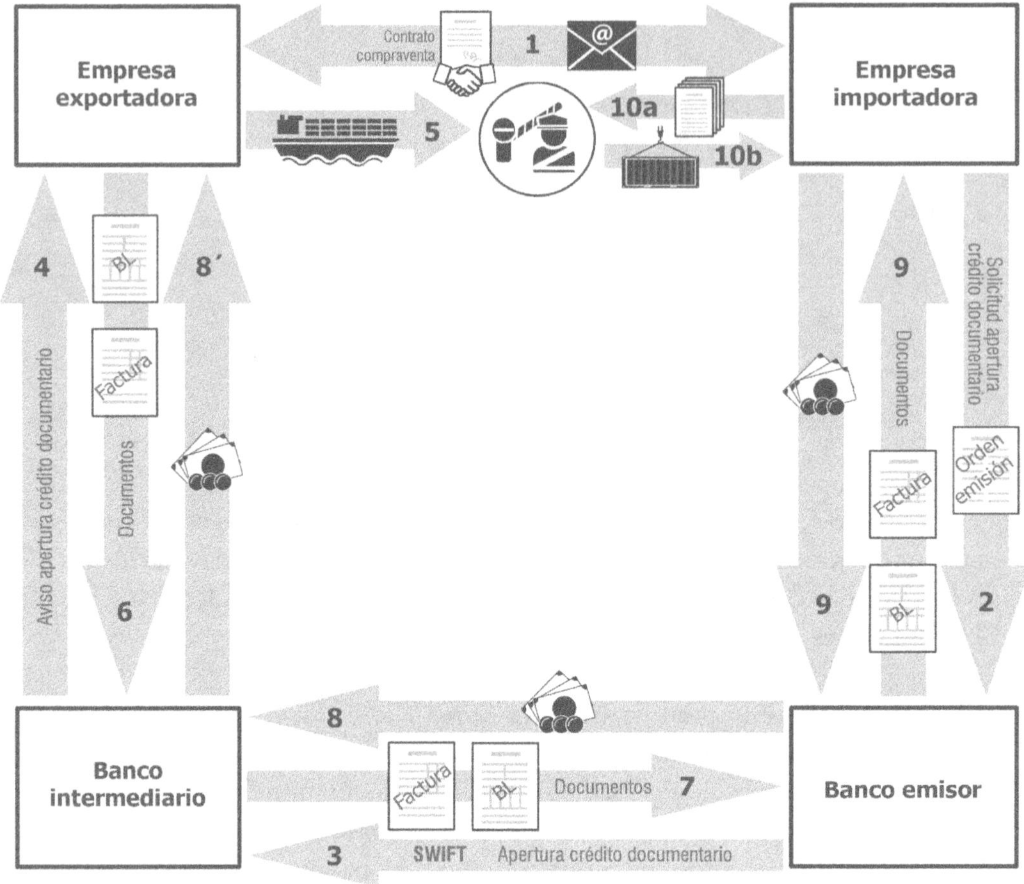

Figura 4.1. Cronograma de las etapas de una operación de crédito documentario.
(Véase la figura ampliada en www.margebooks.com, Recursos Web.)

probado que las condiciones coinciden con las pactadas, empieza a preparar el pedido, pues tiene la certeza de que cobrará, si cumple las instrucciones del crédito (irrevocabilidad).

5. La empresa exportadora (beneficiaria) expide la mercancía con destino al puerto o lugar de destino del desembarco.

6. Una vez embarcada la mercancía, la exportadora (beneficiaria) reúne los documentos y los presenta a su banco (banco avisador) en la fecha acordada en las instrucciones. Este los revisa (por mero servicio a su cliente).

7. Una vez recibidos los documentos, el banco avisador los remite al banco emisor (banco designado). Si el banco avisador hubiera asumido la función de designado, los habría revisado y en el supuesto de que la presentación fuera conforme habría honrado o negociado el crédito.

8. Cuando se ha utilizado el crédito, si la documentación es correcta y de acuerdo al condicionado del mismo, será una «presentación conforme» y honrará a la empresa beneficiaria (8´), deduciendo sus comisiones y gastos. En el caso de que el banco intermediario hubiera honrado o negociado el crédito, en la etapa anterior, habría enviado al banco emisor, junto con los documentos recibidos, una carta de adeudo por el importe abonado.

9. El banco emisor, simultáneamente al paso 8, adeuda el valor de los documentos a la empresa importadora/ordenante y le hace entrega de los mismos.

10. La empresa importadora/ordenante presenta los documentos en el lugar convenido y procede a retirar la mercancía.

Como se ha desarrollado en capítulos anteriores, en los créditos documentarios se utiliza el sistema SWIFT, códigos creados para aumentar la seguridad al hacer operaciones internacionales, evitar errores y reducir tiempos de espera y costes adicionales. Pero los códigos alfanuméricos no pueden recoger los matices culturales intrínsecos de cada región del mundo, que también están presentes en el comercio internacional y habrá que tenerlos en consideración. En el manual de la Cámara de Comercio Internacional (CCI) titulado *Cómo evitar problemas con créditos documentarios*[1] se indica:

«Sin embargo y a pesar que el mundo del comercio internacional se rija por las mismas reglas y este esquema sea comprendido por doquier, no significa que las distintas culturas que en el mundo existen, vean y contemplen los créditos documentarios de la misma manera.

Así mientras para los europeos un crédito documentario es un medio de pago, para los asiáticos es un medio de financiación, y para los norteamericanos es simplemente una garantía.

---

[1] Francisco Javier Fornt Alsina: *Cómo evitar problemas con créditos documentarios. Introducción (50 consejos prácticos)*. Barcelona: CCI Spain, 2012.

Estos tres puntos de vista, tan ciertos todos, pero tan dispares y lejanos entre sí, hacen que las operaciones se vean y analicen de distinta forma, y por tanto, la interpretación de las reglas no sea tan uniforme como la CCI pretende».

> Para explicar las distintas fases de una operación de crédito documentario, vamos a emplear los datos del **caso práctico 1** (véase pag. 199, capítulo 9).
>
> La operación que vamos a llevar a cabo para la explicación de los contenidos del crédito documentario es **una importación de uva de Chile realizada por una empresa española,** Empresa Murciana SL, que utilizará como medio de pago un **crédito documentario con pago diferido** emitido por LORBANK.

1   Relaciones previas a la formalización del crédito

La operación comercial internacional se origina en los contactos iniciales entre una empresa importadora y otra exportadora que, una vez llegan a un acuerdo, se materializan en un contrato de compraventa, en el que se estipulan las condiciones de dicha operación (figura 4.2). Cabe decir que en una factura proforma, como la de la figura 4.3, también se recogen los términos y condiciones de la compraventa.

En estas relaciones previas nace el crédito documentario, que será el medio de pago, tras definir las condiciones de entrega en el transporte de mercancías, definiendo la regla Incoterms 2020 adecuada a la entrega, pues de ella dependerá la documentación que se exigirá en las instrucciones y que tendrá que presentar el exportador.

> «Cuando ambas partes presten su conformidad a lo acordado, se realizará la orden de compra que se puede plasmar de muy distintas maneras. Desde la más compleja y aconsejable, que es un contrato en toda regla, hasta la más simple e incompleta como puede ser una orden telefónica».[1]

Pero entre un contrato y una simple orden telefónica, existen los pedidos en firme (es recomendable que los firmen comprador y vendedor), o bien una serie de órdenes por medios electrónicos, fax u otros, que tienen el grave inconveniente de no poder demostrar su autenticidad en caso de conflictos.

CONTRATO DE COMPRAVENTA

(...)

Cláusulas relativas a la forma de pago, entrega de documentos, ley aplicable y solución de controversias:

Condiciones de entrega. La compraventa se someterá a las condiciones establecidas por el término comercial FOB Puerto Valparaíso, Chile (Incoterms 2020). Las partes cumplirán, respectivamente, las obligaciones que le correspondan según el referido término comercial y soportarán el riesgo y los gastos en la forma en que se encuentra definido en él. En todo caso, las partes se someten expresamente a la interpretación de dicho término comercial conforme a las reglas internacionales Incoterms 2020, emitidas por la Cámara de Comercio Internacional.

Precio. 16.560,00 EUR.

Forma de pago. El pago por parte del comprador de las cantidades convenidas se realizará mediante **crédito de pago diferido** y sujeto a las Reglas UCP 600. La apertura se realizará en un plazo máximo de quince días después de firmado el presente contrato de compraventa. Una vez presentados los documentos por el exportador en el banco, será pagadero 90 días después de la fecha de embarque.

El banco designado para la presentación de los documentos será LORBANK, sito en Avda. Juan Antonio Dimas, 3, Lorca (Murcia), España, y número de cuenta ES9312345678090112345678.

Todos los gastos originados por la apertura y manejo del crédito documentario serán por cuenta de la parte compradora.

Entrega de documentos. La parte vendedora se obliga a entregar a la compradora, a través del su banco designado, los documentos relativos al cumplimiento de las obligaciones contraídas por la primera con las especificaciones y requisitos exigidos para que surtan efecto. Los documentos exigibles serán:

- Factura comercial en 03/02 (original y copias).
- Lista de contenido.
- Conocimiento de embarque limpio a bordo, a la orden de LORBANK, con la indicación de flete debido *(freigh collect)*.
- Certificado de origen EUR 1.
- Certificado NIMF/ISPM15 de tratamiento de palés.

(...)

Ley aplicable. Las partes acuerdan que la ley para las obligaciones estipuladas en el presente contrato será la Convención de las Naciones Unidas de 1980 sobre los contratos de compraventa internacional de mercaderías.

Solución de controversias. Todas las controversias o reclamaciones en relación con el presente contrato o la ejecución del mismo se resolverán amistosamente mediante negociación. En caso de que no se llegue a ningún acuerdo entre las partes, se someterá a arbitraje de derecho en la Corte de Arbitraje de la Cámara Oficial de Comercio, Industria y Navegación de Murcia con sujeción a lo dispuesto en su Reglamento y en la Ley 60/2003, de 23 de diciembre, de Arbitraje.

(...)

Figura 4.2. Contrato de compraventa, que muestra las cláusulas relativas a la forma de pago, la entrega de documentos, la ley aplicable y la solución de controversias.

<table>
<tr><td colspan="6" align="center">COMERCIAL XXX LIMITADA
Chacabuco, Valparaíso
Chile</td></tr>
<tr><td colspan="6" align="center">PROFORMA Commercial Invoice
PURCHASE CONTRACT
Nº: PRO9601
Dated: 5/10/20XX</td></tr>
<tr><td>PROFORMA Invoice of</td><td colspan="5">Uva fresca de mesa: 1.656 cajas de 7 kilos embaladas en 23 europalés</td></tr>
<tr><td>For account & risk for</td><td colspan="5">Empresa Murciana SL
Avda. Juan Carlos I, 18
Lorca (Murcia), ESPAÑA</td></tr>
<tr><td>From/To</td><td colspan="5">Puerto de Valparaíso (Chile)/Puerto de Valencia (España)</td></tr>
<tr><td>Payment terms</td><td colspan="5">L/C 90 días después de la emisión de BL en LORBANK</td></tr>
<tr><td colspan="6">Sale Terms: FOB Puerto de Valparaíso, Chile. Incoterms 2020</td></tr>
<tr><td>Net weight</td><td>Gross weight</td><td>Marks and Nº</td><td>Description of goods</td><td>Unit price</td><td>Amount</td></tr>
<tr><td>11.592 kilos</td><td>12.167 kilos</td><td>1 a 1.656
Cajas
23 europalés</td><td>UVA FRESCA DE MESA
HS 080610</td><td>10 EUR</td><td>16.560 EUR</td></tr>
<tr><td colspan="4"></td><td align="right">Total:</td><td>16.560 EUR</td></tr>
<tr><td colspan="6">Currency: EURO</td></tr>
</table>

Términos y condiciones
1. Fecha de embarque NO MÁS TARDE DEL 15 DE NOVIEMBRE DE 20XX.
2. La mercancía se transportará por vía marítima en contenedor Reefer 40 pies. Temperatura +2 ºC.
3. Los documentos requeridos en el crédito documentario serán:
   - Factura comercial en 03/02 (original/copias).
   - Lista de contenido.
   - Conocimiento de embarque limpio a bordo, a la orden de LORBANK, con la indicación de flete debido *(freight collect)*.
   - Certificado de origen EUR 1.
   - Certificado NIMF/ISPM15 de tratamiento de palés.
4. Ley aplicable: Las partes acuerdan que la ley para las obligaciones estipuladas en el presente contrato será la Convención de las Naciones Unidas de 1980 sobre los contratos de compraventa internacional de mercaderías.
5. Solución de controversias: Todas las controversias o reclamaciones en relación con el presente contrato o la ejecución del mismo se resolverán amistosamente mediante negociación. En caso de que no se llegue a ningún acuerdo entre las partes, se someterá a arbitraje de derecho en la Corte de Arbitraje de la Cámara Oficial de Comercio, Industria y Navegación de Murcia con sujeción a lo dispuesto en su Reglamento y en la Ley 60/2003, de 23 de diciembre, de Arbitraje.
6. Oferta válida hasta el 30/11/20XX.

El comprador   El vendedor

Figura 4.3. Factura proforma en donde se indican las condiciones de la compraventa.

1.1 Elección del corresponsal

Si en las instrucciones el ordenante designa un banco intermediario, el banco emisor respetará su decisión, aunque tenga que recurrir a la mediación de otra entidad bancaria por no mantener relaciones de corresponsalía.

Si en las instrucciones el ordenante no designa ningún banco, el banco emisor podrá designarlo libremente, teniendo en cuenta el lugar donde esté ubicado el beneficiario.

Como hemos indicado en el capítulo anterior, cuando el crédito esté cifrado en una divisa diferente a la de los países que intervienen en la operación, habrá que utilizar los servicios de un tercer banco (banco reembolsador).

2 Desarrollo de las fases

Las partes compradora (importadora) y vendedora (exportadora) firman el contrato de compraventa, y señalan como modalidad de pago para cancelar la operación el crédito documentario. Habitualmente exportadora e importadora intercambian las instrucciones por correo electrónico, de tal forma que, una vez están de acuerdo, el importador va a su banco y solicita la apertura de crédito documentario.

Empresa Murciana SL y Comercial XXX Limitada firman contrato de compraventa para la compra de uva, en el que se indica, como medio de pago, un crédito documentario, y se intercambian correos electrónicos para determinar las condiciones del mismo.

Cuando el importador y el exportador han llegado al acuerdo de utilizar como forma de pago para cancelar la deuda el crédito documentarlo, el comprador (importador/ordenante) se dirigirá a su banco para que, en su nombre, proceda a la apertura del crédito documentario.

Si antes de emitirse el crédito documentario, las partes importadora y exportadora aclaran el contenido del condicionado (vía telefónica o electrónica) y la forma en que la obligación del banco emisor va a quedar establecida, se evitarán malentendidos y se delimitará perfectamente la responsabilidad de cada parte. Con ello se evitarán errores que puedan estar sin definir y puedan suponer una reducción de las garantías que el crédito aporta al beneficiario, así como eventuales costes por modificaciones y retrasos en la transacción.

Los bancos tienen unos impresos estándar en los que se recogen las características y los datos necesarios más usuales de los créditos documentarios. No obstante, estos no se responsabilizan si los mismos carecen de alguna estipulación que debiera haberse consignado en una operación concreta, por lo que la parte ordenante deberá analizar el clausulado para ver si se ajusta a sus necesidades. Es recomendable que el ordenante prepare un modelo propio con las instrucciones a su banco lo más concretas posibles (indicando los campos SWIFT), para evitar interpretaciones del banco.

Los impresos también contienen otras cláusulas que exoneran de responsabilidad al banco emisor en algunos supuestos y, al mismo tiempo, lo autorizan a realizar determinadas operaciones por cuenta y riesgo del ordenante. Por estos motivos, las entidades bancarias suelen exigir de sus clientes que suscriban los modelos establecidos al efecto.

Por su parte, los bancos de los exportadores tienen a disposición de sus clientes el denominado formulario de crédito documentario de exportación,[2] a través del cual le indican las condiciones que debe llevar el crédito que van a recibir. Habitualmente, algunos exportadores envían al ordenante dicho formulario para que lo tenga en cuenta a la hora de ordenar a su banco la apertura del crédito documentario.

> Comercial XXX Limitada informa a Empresa Murciana SL de las condiciones en que quiere recibir el crédito documentario, para que este le informe a su banco (condiciones ya estipuladas en el contrato) (figura 4.4).

---

[2] Al utilizar el formato y la terminología de uso habitual en el entorno comercial y bancario internacionales, las instrucciones son perfectamente reconocibles y facilitan el correcto desarrollo de la transacción.

COMERCIAL XXX LIMITADA
Chacabuco xxxx
Valparaíso (Chile)
Ref. XXX
08.10.20XX

EMPRESA MURCIANA SL
Avda. Juan Carlos, 18
E-30800 Lorca (Murcia, España)

Att.: DEPARTAMENTO COMERCIO EXTERIOR
Ref. YYY

Estimados señores:

En relación con el contrato de compraventa, firmado con su empresa, según referencias mencionadas, le remito en documento adjunto las especificaciones relativas a los términos del **crédito documentario** que tienen previsto abrir a nuestro favor.

Le rogamos informe **a su banco** de las características que le remito en el momento de solicitarle la apertura del crédito documentario.

Teniendo en cuenta lo anterior, le recomendamos que incluya junto a sus instrucciones al banco emisor la siguiente cláusula:

«En caso de que en calidad de banco emisor no siga las instrucciones, su banco será responsable de cualquier modificación y deberá soportar los costes de la misma».

Debido a las condiciones que nos aplica nuestro banco, es esencial para nosotros seguir estrictamente las condiciones de disponibilidad contenidas en el crédito.

Tenga en cuenta que, en caso que el crédito documentario recibido no se ajuste a los términos de nuestra solicitud, nos veremos obligados a pedir una modificación del mismo, lo que supondrá costes adicionales y retrasos.

Si desea cualquier aclaración sobre estas condiciones o cree que deben establecerse de forma diferente, no dude en contactar con nosotros.

Agradeciendo su atención,

Le saluda atentamente

Comercial XXX Limitada

Figura 4.4. Carta de la parte exportadora en la que indica las condiciones
del crédito documentario que quiere recibir.

La parte compradora (importadora/ordenante) solicita a su banco (banco emisor) la apertura de un crédito documentario a favor del vendedor (exportador/beneficiario), indicándole las instrucciones acordadas (documentos requeridos, fechas, etc.).

> Empresa Murciana SL solicita a LORBANK la emisión de un crédito documentario a favor de Comercial XXX Limitada.

Empresa importadora
Empresa Murciana SL

Banco emisor
Lorbank

El banco emisor, antes de abrir el crédito, debe:

- **Estudiar la cobertura de riesgo que va a asumir,** ya que se convierte en el principal obligado del crédito. Analizará la solvencia del ordenante y, para cubrir el riesgo, solicitará al ordenante garantías adicionales, en forma de depósitos o retención de saldos, aunque lo más habitual es usar líneas de crédito que los bancos han dado al ordenante de tal forma que ante cualquier operación la apertura es inmediata.

- **Comprobar que los términos consignados en la solicitud de apertura** se ajustan a los requisitos operativos habituales, que no están en contradicción y se ajustan a la normativa contenida en las UCP 600 y la práctica bancaria internacional.

Si recibe propuesta que le ha dado el exportador al ordenante y considera que alguna condición no es apropiada, **antes de emitir el crédito** debe pedir a la parte importadora que la aclare con la exportadora.

Una vez analizados el riesgo y la solicitud, el banco emisor procede a emitir el crédito documentario a través de un mensaje SWIFT MT 700/01.

Al abrir el crédito documentario, el banco emisor queda obligado de forma irrevocable ante el beneficiario, si se verifican las condiciones establecidas. Se trata de una obligación autónoma, abstracta y literal.

2.1   Datos imprescindibles en una orden de apertura

El banco emisor actúa, como hemos visto ya, conforme al mandato recibido del ordenante, si bien por su experiencia y conocimientos puede orientarle y asesorarle al verificar los datos que le presente y añadir o suprimir aquellos que estime necesarios para el mejor desarrollo de la operación, previa conformidad del cliente ordenante.

Los bancos deberán evitar –incluso desestimular a sus clientes– la inclusión de detalles excesivos en las instrucciones para así prevenir confusiones y malentendidos. A continuación, vamos a analizar en detalle un **modelo de solicitud de apertura de un crédito documentario** (figura 4.5), al objeto deprecisar el tipo de instrucciones que debe recoger cada uno de sus apartados, así como sugerencias prácticas de cara a evitar posibles inconvenientes relativos a la emisión o la necesidad de tener que efectuar modificaciones posteriores a lamisma.

Partiendo de este documento o uno similar que firma el ordenante, el banco emisor realiza la apertura del crédito documentario a través del mensaje MT 700/701 de SWIFT, como veremos en la siguiente fase del crédito.

Siguiendo paso a paso las instrucciones de esta orden de apertura modelo, vamos a explicar los campos SWIFT. La comunicación de emisión de un crédito documentario se viene haciendo normalmente por esta vía (el sistema SWIFT) y la estandarización de los distintos tipos de mensaje es de gran ayuda para agilizar el proceso de emisión de un crédito documentario. Por ello es absolutamente imprescindible conocer a fondo el significado de cada campo.

A lo largo del capítulo, se presentan capturas de pantalla del formulario de apertura y del mensaje SWIFT MT 700 (en español e inglés), correspondientes al caso práctico 1. El orden de los campos en el mensaje SWIFT es el de la tabla 3.6 del capítulo 3, mientras que en este capítulo se explican los campos de acuerdo al orden establecido en el formulario SWIFT elaborado por el autor.

LORBANK
C/Juan Antonio Dimas 3
Lorca (Murcia) 9684441XX

Orden de Emisión de Crédito documentario irrevocable
Muy Sres. nuestros
Rogamos establezcan por nuestra cuenta un crédito documentario con las siguientes características

1. Ordenante y Domicilio (50) EMPRESA MURCIANA S.L c/ Juan Carlos I, 18 30.800 Lorca (Murcia)	**2. Beneficiario y Domicilio (59)** COMERCIAL XXX Limitada CHABUSCO (CHILE) CTA Nº 0000000000000000XXX
3. Banco avisador y domicilio BANCO CHILENO, SANTIADO DE CHILE **Soliciten del Banco avisador, añada su confirmación** ☐ Sí ☑ No	**4. Tipo de Crédito (40A):** IRREVOCABLE ☐ Transferible ☐ Otros_____________ **5. Reglas Aplicables (40E):** UCP ÚLTIMA VERSIÓN
6. Importe y Moneda (32B) 16.560 EUR	**7. Tolerancias en Importe** ☐ Exacto ☑ (39A) Porcentaje 10/10 ☐(39C) Otros: ___
8. Validez hasta (31D): 25-11-20XX **9. Disponible en (41A):** LORBANK LORCA **Forma de utilización** ☐ Vista ☐ Negociación ☐ Aceptación ☐ Otro ☑ Pago Diferido: Detalles Diferido **(42P):** 90 DIAS FECHA CONOCIMIENTO DE EMBARQUE.	**10. Descripción de la mercancía (45A)** SEGÚN FACTURA PROFORMA Nº PRO9601 DE FECHA 05/10/20XX **Condiciones de Entrega de la mercancía (FOB, CIF, etc.)** FOB PUERTO VALPARAISO, CHILE (INCOTERMS 2020) Tolerancias en Cantidad (45A):
11. Este crédito es utilizable contra entrega de los siguientes documentos (Indicar nº de originales y copias) (46A) ☑ Factura comercial EN 03/02 (ORIGINAL/COPIAS) ☐ Póliza, certificado de seguro ☑ Lista de Contenido ☑ Otros ☑ CERTIFICADO DE ORIGEN EUR1 ☑ CERTIFICADO NIMF/ISPM15 DE TRATAMIENTO DE LOS PALETS.	**12. Documentos de transporte cubriendo envío por (46A)** ☐ Ferrocarril ☑ Buque ☐ Avión ☐ Terrestre **13.** ☐ A la orden y endosado en blanco ☑ A la orden LORBANK LORCA Limpio a Bordo ☐ Otros **14. Indicando Flete** ☑ Debido ☐ Pagado **15.** ☑ **Fecha límite de Embarque de la mercancía (44C)** 15/11/20XX **16. Transbordos (43T)** ☑ Permitidos ☐ Prohibidos **17. Expediciones parciales (43P)** ☐ Permitidos ☑ Prohibidos
	18. Fecha Límite para presentación de documentos (48) 7 DÍAS DESPUÉS DE LA FECHA DE ENVÍO. **19. Procedente desde (44A – 44E -):** VALPARAISO - CHILE **Hasta (44B-44F):** VALENCIA – ESPAÑA

20.   Condiciones adicionales (47A y otros campos no descritos en este documento)
- POR CADA DOCUMENTO CON DISCREPANCIAS DEDUCIREMOS 130 EUROS
- TODOS LOS DOCUMENTOS DEBEN INDICAR EL NÚMERO DE CRÉDITO DOCUMENTARIO

21. Gastos Bancarios (71D) TODOS LOS GASTOS FUERA DE ESPAÑA SON POR CUENTA DEL BENEFICIARIO	**22. Información del remitente al receptor (72Z)** NOTIFICAR CUANDO SE HAYA AVISADO AL BENEFICIARIO

23. Instrucciones de Pago / Aceptación /Negociación (78)
RECIBIDOS LOS DOCUMENTOS DE ACUERDO CON LAS CONDICIONES DEL CRÉDITO AL VENCIMIENTO PAGAREMOS DE ACUERDO CON SUS INSTRUCCIONES.

24. Como previsión para responder del pago del importe de este crédito ingreso/ingresamos hoy en una entidad la cantidad de ________ Euros los pagos efectuados/las aceptaciones prestadas en virtud de este crédito, se servirán adeudarlas en mi/Ntra. cuenta nº ES93 1234 5678 0901 12345678 con esa entidad remitiendo los documentos por nuestra cuenta y riesgo a EMPRESA MURCIANA SL

(31C)   Lorca a 20 de octubre de 20XX
Vº Bº de la Oficina   atentamente,
Firma del Ordenante

(Ver instrucciones al dorso)

Figura 4.5. **Orden de emisión crédito documentario (banco emisor).**
(Véase figura ampliada en www.margebooks.com)

2.1.1 *Nombre y dirección completa del banco emisor*
Membrete del documento

Aparece en la cabecera del documento en mensaje SWIFT (figuras 4.6 y 4.7). Constan los datos identificativos del banco emisor (dirección postal, teléfono, etc.), con objeto de agilizar la operativa por parte del banco intermediario en caso de incidencias. Se suele utilizar un formulario realizado por la entidad emisora, con su anagrama, datos generales, espacio para las instrucciones, etc.

LORBANK
C/Juan Antonio Dimas 3
Lorca (Murcia) 9684441XX

MENSAJE: 700 EMISIÓN DE CRÉDITO DOCUMENTARIO
EMISOR: LORBESMMXXX[3] LORBANK LORCA

Figura 4.6. **Cabecera de la orden de apertura con instrucciones y datos del emisor del crédito.**

MENSAJE: 700 EMISION DE CREDITO DOCUMENTARIO
EMISOR: LORBESMMXXX LORBANK LORCA
FECHA: 20-10-20XX 11:20 SES-ISN: 0000 000000 PRIORIDAD: N
RECEPTOR: BACHCLRMXXX BANCO CHILENO CHILE SANTIAGO
FECHA: 20-10-20XX 14.15:04 SES-OSN: 0000 000000 APLICACION: F

MESSAGE MT 700: ISSUE OF A DOCUMENTARY CREDIT
BASIC HEADER: LORBESMMXXX LORBANK LORCA
DATE: 20-10-20XX 11:20 SES-ISN: 0000 000000 PRIORIDAD: N
APPLICATION HEADER: BACHCLRMXXX BANCO CHILENO CHILE SANTIAGO
DATE: 20-10-20XX 14.15:04 SES-OSN: 0000 000000 APLICACION: F

Figura 4.7. **Detalles codificados de la cabecera del mensaje (emisor del crédito).[4]**

2.1.2 *Ordenante y domicilio (1)*
Campo SWIFT: 50

El ordenante del crédito documentario es el importador, que solicita a su banco la apertura del mismo (figuras 4.8 y 4.9).

1. Ordenante y Domicilio (50)
EMPRESA MURCIANA SL
c/Juan Carlos I, 18
30.800 Lorca (Murcia)

Figura 4.8. **Instrucciones (ordenante).**

[3] LORBESMMXXX es el código BIC que vamos a usar en el caso práctico. Téngase en cuenta que, en la simulación, el código MM corresponde a Madrid y XXX serían las oficinas centrales, pero el banco del domicilio de importador está ubicado en Lorca (Murcia).

[4] En esta figura y sucesivas, las capturas de pantalla de la izquierda corresponden a mensajes en castellano y las de la derecha a los mismos mensajes en inglés. Señalados en recuadro, se destacan los puntos de interés.

```
REGLAS APLICABLES    40E UCP LATEST VERSION
FECHA VENCIMIENTO Y LUGAR 31D XX1125  SPAIN
POR ORDEN DE        50  EMPRESA MURCIANA, S.L.
                 AVDA. JUAN CARLOS I 18
                 LORCA, 30800 MURCIA, ESPANA
CLIENTE BENEFICIARIO   59  COMERCIAL XXX LIMITADA
```

```
APPLICABLE RULES   40E UCP LATEST VERSION
DATE AND PLACE OF EXPIRY  31D XX1125 SPAIN
APPLICANT          50  EMPRESA MURCIANA, S.L.
                 AVDA. JUAN CARLOS I 18
                 LORCA, 30800 MURCIA, ESPANA
BENEFICIARY   59  COMERCIAL XXX LIMITADA
```

Figura 4.9. Mensaje SWIFT sobre el ordenante.

2.1.3   Beneficiario y domicilio (2)
Campo SWIFT: 59

Los datos del beneficiario se deben consignar de forma detallada, de tal manera que el banco avisador no tenga dificultades para localizarle. Puede incluirse también el número de cuenta del beneficiario (figuras 4.10 y 4.11).

```
2.   Beneficiario y Domicilio (59)
COMERCIAL XXX Limitada
CHABUSCO (CHILE)
CTA Nº 0000000000000000XXX
```

Figura 4.10. Instrucciones (beneficiario).

```
CLIENTE BENEFICIARIO   59  COMERCIAL XXX LIMITADA
                  CHACABUCO XXX
                  VALPARAISO CHILE
DIVISA-IMPORTE        32B: CURRENCY EUR AMOUNT    16.
```

```
BENEFICIARY   59  COMERCIAL XXX LIMITADA
                  CHACABUCO XXXX
                  VALPARAISO CHILE
CURRENCY/AMOUNT        32B: CURRENCY EUR A
```

Figura 4.11. Mensaje SWIFT sobre el beneficiario.

2.1.4   Banco avisador y domicilio (3)
Campos SWIFT: 57A, 57B o 57D (segundo banco avisador)

En las Reglas UCP 600 (art. 9) se señala que el beneficiario puede recibir el aviso de un crédito a través de otro banco (banco avisador), sin que este asuma ningún compromiso de honrar o negociar, aunque –si acepta avisar el crédito– procurará verificar su aparente autenticidad.

Este dato suele ser incluido a solicitud del beneficiario con objeto de asegurarse de que el crédito sea finalmente enviado al banco de «su» elección (figuras 4.12 y 4.13).

<table>
<tr><td>

3. Banco avisador y domicilio
BANCO CHILENO, SANTIADO DE CHILE

Soliciten del Banco avisador, añada su confirmación
☐ Sí ☑ No

</td></tr>
</table>

Figura 4.12. Instrucciones (banco avisador).

MENSAJE: 700 EMISION DE CREDITO DOCUMENTARIO EMISOR: LORBESMMXXX LORBANK LORCA FECHA: 20-10-20XX 11:20 SES-ISN: 0000 000000 PRIORIDAD: N RECEPTOR: BACHCLRMXXX BANCO CHILENO CHILE SANTIAGO FECHA: 20-10-20XX 14.15:04 SES-OSN: 0000 000000 APLICACION: F	MESSAGE MT 700: ISSUE OF A DOCUMENTARY CREDIT BASIC HEADER: LORBESMMXXX LORBANK LORCA DATE: 20-10-20XX 11:20 SES-ISN: 0000 000000 PRIORIDAD: N APPLICATION HEADER: BACHCLRMXXX BANCO CHILENO CHILE SANTIAGO DATE: 20-10-20XX 14.15:04 SES-OSN: 0000 000000 APLICACION: F

Figura 4.13. Mensaje SWIFT sobre el receptor/avisador.

Si el exportador remitió instrucciones al beneficiario sobre las condiciones del crédito, este debe comprobar que coinciden con las recibidas y, de no ser así, hay que comprobar que se pueden cumplir todas las condiciones para, en caso negativo, solicitar la modificación de las mismas.

Si no se especifica banco alguno, el banco emisor elegirá el banco avisador en función de las relaciones de corresponsalía que mantenga con entidades bancarias del país del beneficiario.

Cuando el banco emisor escoge el banco avisador está depositando confianza en él, por tanto, debe ser muy cuidadoso, pues la mala actuación de dicho banco puede entorpecer el buen fin de la operación. Si el beneficiario quiere que el crédito sea avisado a través de su banco y el banco emisor no tiene relaciones bancarias, lo normal es que utilice un banco de su confianza. El artículo 9c de las UCP 600 indica que «el banco avisador puede utilizar los servicios de otro banco "segundo banco avisador" para notificar al beneficiario el crédito», el cual sería el banco del beneficiario, no coincidiendo con el banco corresponsal del emisor.

Si el banco que recibe el mensaje y el banco avisador es el mismo no suele aparecer la casilla 57A,[5] tal como ocurre en el caso práctico que se analiza. Este campo o casilla aparece solo cuando hay un segundo banco avisador, en cuyo caso el primer banco avisador notifica la apertura del crédito a través de un mensaje MT 710/11 (véase caso práctico 4 en el capítulo 9). En la práctica, a veces, no siempre se fun-

---

[5] Para detalles sobre los campos 57A, 57B y 57D, véase capítulo 3.

ciona así: el banco avisador puede enviar un correo electrónico con el contenido del crédito al beneficiario a través de su banco o directamente.

En caso de que el banco receptor y el avisador no fuera el mismo aparecería el banco avisador en dicha casilla (figura 4.14).

<table>
<tr><td>"AVISAR A TRAVÉS DE" 57A   BSCHCLRMXXX</td><td>"ADVISE THROUGH" 57A   BSCHCLRMXXX</td></tr>
</table>

Figura 4.14. Mensaje SWIFT sobre el banco avisador, si no es el mismo del receptor.

Si el crédito documentario es simplemente avisado, el banco avisador asumirá las siguientes responsabilidades:

- Dar fe de la autenticidad del crédito recibido, comprobando las claves o las firmas que lo suscriben.
- Avisar al beneficiario de la apertura del crédito (véase más adelante la figura 4.56).
- Hacerse cargo de los documentos que le presente el exportador en la utilización del crédito documentario o enviarlos al banco emisor (figura 4.57).
- Realizar una liquidación al beneficiario, deduciéndole las comisiones y gastos por su intervención.

En ocasiones, el banco emisor puede solicitar del banco avisador que, a su vez, sea designado, en cuyo caso este no queda obligado a honrar o negociar. No obstante, lo más habitual es que lo haga, pero siempre con recurso frente al beneficiario, ya que si, por cualquier causa, el banco emisor no le reembolsa el importe del crédito, igualmente podría admitir los documentos y enviarlos al banco emisor. Cuando este le reembolse, puede pagar al beneficiario.

2.1.5 Confirmación del crédito (3)
Campos SWIFT: 49

En caso de marcar la casilla del banco avisador (un sí en la figura 4.12), de acuerdo con las UCP 600 (art. 8), el banco confirmador está **irrevocablemente** obligado a honrar o negociar desde el momento que añade su confirmación al crédito.

Con la confirmación, **el banco avisador asume como propios todos los compromisos del banco emisor para honrar o negociar** una presentación conforme.

El campo 49 puede contener las siguientes tres menciones:

- *CONFIRM:* indica que el banco emisor solicita al banco notificador que agregue su confirmación.
- *WITHOUT:* significa que el banco notificador no está invitado por el emisor a agregar su confirmación (figura 4.15).
- *MAY ADD:* significa que el banco notificador está autorizado a agregar su confirmación a solicitud del beneficiario.

```
INSTRUCCIONES CONFIRMACIÓN    49   WITHOUT
INSTRUCCIONES DE PAGO/ACEPT/NEGO         78
                       + RECIBIDOS LOS DOCUMEN
```

```
CONFIRMATION INSTRUCTIONS 49   WITHOUT
INSTRUCTIONS TO THE PAYING/ACCEPTING/NEG
              + AGAINST RECEIPT DOCUMENTS IN ORD
```

Figura 4.15. **Mensaje SWIFT sobre instrucciones de confirmación, en este caso «sin confirmar».**

El banco confirmador está irrevocablemente obligado a honrar o negociar desde el momento en que añade su confirmación al crédito y, en caso de no estar dispuesto a hacerlo, debe informar al banco emisor sin demora y podrá notificar el crédito sin su confirmación (art. 8d UCP 600).

El banco confirmador asume, por su cuenta y riesgo, que el banco emisor no le reembolse las cantidades pagadas.

La confirmación suele solicitarse cuando el país del importador tiene problemas en su economía y no merece la suficiente confianza, o el banco emisor es un banco de escasa solvencia. La confirmación también puede aportar ventajas, cuando lo que se busca es obtener seguridad de cobro en el banco con el que el exportador/beneficiario opera habitualmente.

El banco avisador puede confirmar el crédito solo si el banco emisor lo autoriza *(CONFIRM/MAY ADD)*. Si el crédito contiene la instrucción de avisar sin confirmar *(WITHOUT)* y, a pesar de ello, el beneficiario desea que el banco avisador añada su confirmación, debería solicitarse al banco emisor una modificación del crédito documentario.

Si el banco avisador confirmara el crédito sin actuar a petición o por autorización del banco emisor, dicha confirmación resultaría en un acuerdo bilateral entre banco avisador y beneficiario –fuera del marco regulado en las UCP 600, separado e independiente del crédito documentario–, y que podría llegar a constituir una obligación para el banco sin que, en ningún caso, otorgara derechos a dicho banco avisador frente al banco emisor, especialmente en lo que afecta a la capacidad de exigir el reembolso del crédito. A esta confirmación sin autorización ni petición se la denomina «confirmación silenciosa»,[6] como ya se ha comentado en el capítulo 2. Un banco que confirma «silenciosamente» un crédito documentario a menudo está optando por asumir solo el riesgo bancario y del país, y se trata de una afirmación expresa de que no asume el riesgo documental.

En las Reglas UCP 600 se estipulan los compromisos del banco confirmador. Siempre que los documentos requeridos se presenten al banco confirmador o a cualquier otro banco designado y constituyan una presentación conforme, el banco confirmador solo puede actuar de la siguiente forma:

- Honrar, es decir, paga a la vista, se compromete al pago o acepta documento financiero.
- Negociar sin recurso.
- Reembolsar a otro banco designado que ha honrado o negociado.

A la hora de confirmar un crédito emitido por un banco extranjero, se debe tener en cuenta que el banco emisor sea una entidad solvente y que no haya problemas en el país del importador. En caso de posible riesgo (riesgo país, impago del banco emisor u otros supuestos), hay que asegurarse de que sea cubierto por un seguro de crédito a la exportación (por ejemplo, por alguna empresa especializada en la gestión de riesgos comerciales y en servicios de crédito).

Normalmente, ni la prima de seguros por la citada cobertura ni cualquier comisión derivada o no de la confirmación no están reguladas por las UCP 600, si no surge del acuerdo comercial entre el banco y la parte beneficiaria, siempre que sea a su cargo.

Por último, en la tabla 4.1 se resumen las posiciones de las partes importadora y exportadora en el crédito documentario bien sea irrevocable o confirmado.

> Algunos bancos emisores no ven con buenos ojos que sus créditos sean confirmados, pues lo interpretan como un signo de desconfianza y falta de seriedad hacia ellos.

---

[6] Consulta realizada a la Cámara de Comercio Internacional *(Confirmation: Without* – abril 2018), a través de su web http://www.iccspain.org/confirmation-without-silenciosa/

	Empresa importadora	Empresa exportadora
Irrevocable	No se puede modificar el crédito sin su consentimiento	No se pueden modificar las condiciones sin su consentimiento. Sin embargo, en caso de encontrase con situaciones económicas adversas o insolvencia de banco emisor, no le honrará el crédito
Confirmado	No tiene relevancia para él	Ante situaciones adversas del país o insolvencia del banco emisor, el banco confirmador honrará o negociará

Tabla 4.1. Crédito irrevocable y confirmado.

2.1.6   Banco al que se le requiere la confirmación
Campo SWIFT: 58A o 58D[7]

En este campo se identifica el banco al que se le solicita confirmar o añadir su confirmación. La letra A en el campo 58 (58A) indica el BIC del banco y la letra D (58D), el nombre y la dirección.

Este campo es obligatorio completarlo, si el campo 49 contiene los códigos (CONFIRM O MAY ADD) y cuando el campo 57A esté completado.

2.1.7   Tipo de crédito (4)
Campo SWIFT: 40A

En este campo se especifica el tipo de crédito (figura 4.16), que es irrevocable, y transferible o en espera.

4.   Tipo de Crédito (40A): IRREVOCABLE

☐ Transferible   ☐ Otros_______________

Figura 4.16. Instrucciones (modalidad de crédito documentario).

....

[7] Campo nuevo añadido en la publicación *Standards MT* (SWIFT, noviembre 2018).

- **Irrevocable.** Según marcan las UCP 600, todos los créditos documentarios son irrevocables; en la propia definición de crédito se dice que es «todo acuerdo como quiera que se denomine o describa, que es irrevocable y (…)» (art. 2 UCP 600).

  Un crédito documentario revocable no tiene sentido, ya que pierde la propia esencia por el que es creado. Aun así, las UCP 600 son las primeras reglas relativas a los créditos documentarios que consideran que todos los créditos documentarios son irrevocables. Se descarta, en consecuencia, la posibilidad de que un crédito documentario pueda ser revocable.

- **Transferible.** Se refiere al crédito que faculta al beneficiario a solicitar a su banco la transferencia a un segundo beneficiario. Para que el crédito sea transferible debe indicarlo expresamente en este campo.

A partir de noviembre 2021, no se pueden emitir cartas de crédito *standby* sujetas a las reglas de los créditos documentarios en un mensaje MT 700, sino que se emiten a través de mensaje MT 760 indicando UCP 600 en reglas aplicables.

En la figura 4.17 se aprecia cómo se muestra el tipo de crédito en el campo 40A del mensaje SWIFT.

A)

```
SECUENCIA DEL TOTAL    27  1/1
CLASE CREDITO DOCUMENT  40A IRREVOCABLE
NUMERO CREDITO DOCUMEN  20  KPRINCIPE01234
FECHA DE EMISION       31C XX1020
```

```
SEQUENCE TOTAL         27  1/1
FORM OF DOCUMENTARY CREDIT   40A IRREVOCABLE
DOCUMENTARY CREDIT NUMBER  20  KPRINCIPE01234
DATE OF ISSUE          31C XX1020
```

B)

```
SEQUENCE TOTAL         27  1/1
FORM OF DOCUMENTARY CREDIT   40A IRREVOCABLE TRANSFERABLE
DOCUMENTARY CREDIT NUMBER  20  KPRINCIPE01234
DATE OF ISSUE          31C XX1020
```

Figura 4.17. Mensaje SWIFT sobre el tipo de crédito (modalidad de crédito documentario). A: irrevocable; B: transferible.

Todas las posibilidades de este campo están recogidas en los estándares SWIFT. En la tabla 4.2 se muestran sus características. A notar que la última versión de estos estándares (noviembre de 2018) elimina la característica de

Código	Características
IRREVOCABLE	El crédito documentario es irrevocable
IRREVOCABLE TRANSFERABLE	El crédito documentario es irrevocable y transferible

Tabla 4.2. Códigos del campo 40A.

revocable, que desaparece definitivamente en las UCP 600, tal como ya se ha mencionado.

Los detalles de las condiciones especiales que se aplican a la transferibilidad del crédito y el banco autorizado para transferir deben incluirse en el campo 47A de condiciones adicionales.

2.1.8 Reglas aplicables (5)
Campo SWIFT: 40E

Hay un apartado en el que se consigna expresamente qué reglas se aplican al crédito documentario objeto del contrato. Se puede indicar UCP 600 o UCP última versión, como se aprecia en la figura 4.18.

En el mensaje SWIFT (figura 4.19), la sujeción a las reglas se expresa en los términos que muestra la tabla 4.3.

5. Reglas Aplicables (40E): UCP ÚLTIMA VERSIÓN

Figura 4.18. Instrucciones (reglas aplicables).

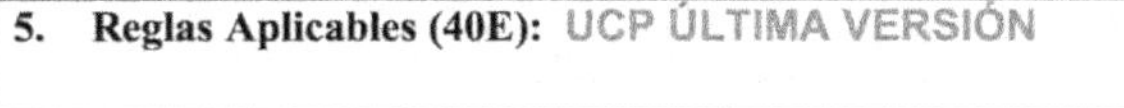

Figura 4.19. Mensaje SWIFT sobre las reglas aplicables.

Código	Reglas
EUCP LATEST VERSION	eUCP: Suplemento a las reglas y usos uniformes relativos a los créditos documentarios (UCP) para la presentación electrónica. Sujeto a las UCP
EUCPURR LATEST VERSION	URR: Sujeto a las Reglas uniformes para los reembolsos interbancarios relacionados con créditos documentarios
OTHR	OTHR: Sujeto a otro conjunto de reglas, o el crédito no está sujeto a la versión de las reglas vigente, y estas deben especificarse en modo texto (esta opción es la única que se permite ampliar con texto)
UCP LATEST VERSION	UCP: Sujeto a las Reglas y usos uniformes relativos a créditos documentarios (UCP 600)
UCPURR LATEST VERSION	URR: Sujeto a las Reglas uniformes para los reembolsos interbancarios relacionados con créditos documentarios

Tabla 4.3. Códigos del campo 40E.

2.1.9 Importe y moneda (6)
Campo SWIFT: 32B

El ordenante del crédito tiene en consideración el contrato de compraventa a la hora de señalar el importe (figura 4.20).

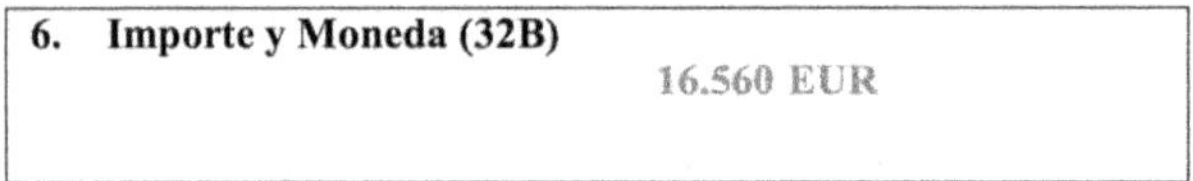

Figura 4.20 Instrucciones (importe y moneda).

Es aconsejable identificar las divisas de manera estandarizada con los códigos **ISO,**[8] pues así se evitan interpretaciones subjetivas que pueden inducir a errores. En la figura 4.21, vemos la divisa indicada con su código, en este caso EUR.

---

[8] El estándar internacional ISO 4217 es la referencia para definir todas las divisas del mundo con códigos de tres letras.

```
              VALPARAISO CHILE                              VALPARAISO CHILE
DIVISA-IMPORTE      32B: CURRENCY EUR AMOUNT   16.560   CURRENCY/AMOUNT      32B: CURRENCY EUR AMOUNT   16.560
(%) TOLERANC. POS/NEG 39A: 10/10                       (%) TOLE    POS/NEG 39A: 10/10
```

Figura 4.21. Mensaje SWIFT sobre el importe del pago y la moneda
que se va a utilizar en el crédito documentario.

2.1.10 Tolerancias en importe y otros importes (7)
Campo SWIFT: 39A y 39C

La tolerancia permitida en el importe del crédito se expresa con la clave SWIFT 39A (figuras 4.22 y 4 23).

---

7. Tolerancias en Importe
☐ Exacto ☑ **(39A)** Porcentaje 10/10 ☐**(39C)** Otros: ___

Figura 4.22. Instrucciones (tolerancias en importe).

```
DIVISA-IMPORTE        32B: CURRENCY EUR A       CURRENCY/AMOUNT        32B: CURRENCY E
(%) TOLERANC. POS/NEG 39A: 10/10                (%) TOLE    POS/NEG 39A: 10/10
DISPONIBLE CON... POR 41A LORBESMMXXX           AVAILABLE WITH...BY...41A LORBESMMXXX
```

Figura 4.23. Mensaje SWIFT (tolerancias en importe).

Este campo especifica la tolerancia relativa al importe del crédito documentario como un porcentaje **más y/o menos** (±) del importe del crédito.

También puede aparecer:

☑ 10/10: permite exceder o minorar lo indicado en el crédito en un ± 10 %.
☑ 05/05: permite exceder o minorar lo indicado en el crédito en un ± 5 %.
☑ 10/05: permite especificar en el campo inferior cualquier otro criterio no contemplado (por ejemplo, 10/05 permite un 10 % en exceso y un 5 % en defecto).

Cuando el importe es una cantidad fija, su interpretación no ofrece dificultad, el problema surge cuando el importe es una cantidad variable.

> Las UCP 600 en su **artículo 30** ofrecen criterios para interpretar los casos en los que aparecen expresiones ambiguas.
>
> Los términos **«alrededor de»** o **«aproximadamente»** que se utilicen en relación con el importe del crédito, la cantidad o el precio unitario indicados en el crédito, deberán interpretarse ± 10 % en el importe, cantidad o precio unitario (10/10).
>
> Se permitirá una tolerancia ± 5 % en la cantidad de mercancías, siempre que el crédito no estipule la cantidad mediante un número determinado de unidades de empaquetado o de artículos individualizados y el importe total de las utilizaciones no exceda el importe del crédito.
>
> Cuando los embarques parciales no estén permitidos, se permite tolerancia del –5 % del importe del crédito, siempre y cuando la cantidad se envíe en su totalidad y no se reduzca el importe el precio unitario.

Por otra parte, la tolerancia en cantidad no se indica en los campos descritos anteriormente (que son de tolerancia en importe), sino en el campo 45A desarrollado más adelante (véase apartado 2.1.12).

El comité de expertos del grupo español de la CCI en reglas bancarias creadas por la CCI, especialmente en créditos documentarios, garantías a primer requerimiento o cobranzas, en una consulta sobre tolerancias[9] responde acerca de unas discrepancias sobre la cantidad de las mercancías e indica lo siguiente:

«En los estándares SWIFT, a los que todas las entidades financieras que emiten sus créditos a través dicho medio están sujetas, se dice que, si la tolerancia se indica *solamente* en ese campo 39A, será de aplicación, únicamente, al importe del crédito documentario. También se interpreta, de forma unilateral y arbitraria, que en caso de que se quiera establecer una tolerancia sobre la cantidad de mercancía o sobre el precio unitario de la misma, tendrá que reflejarse en el campo 45A del mensaje (Descripción de la mercancía)».

Otros importes adicionales (39C): este campo especifica los importes adicionales disponibles para el beneficiario bajo los términos del crédito, tales como seguros, flete, intereses, etc.

---

[9] Consulta realizada a la Cámara de Comercio Internacional (Tolerancias 10 % en envíos de langostinos – abril 2018), a través de su web http://www.iccspain.org/tolerancias-10-en-envios-de-langostinos/.

2.1.11 Fecha de vencimiento (Validez hasta) (8)
Campo SWIFT: 31D

En el artículo 6 de las UCP 600 se recoge que «el crédito debe indicar una fecha de vencimiento para la presentación». El beneficiario debe comprobar que dicha fecha resulta suficiente para enviar la mercancía y presentar los documentos (figura 4.24).

8.	**Validez hasta (31D):**	25-11-20XX
9.	**Disponible en (41A):**	LORBANK LORCA

Figura 4.24. Instrucciones (vencimiento y disponibilidad).

El momento de presentación de los documentos es el más importante de toda la operación, ya que es entonces cuando el beneficiario va a ejercer sus derechos sobre la operación de crédito documentario.

El lugar de validez del crédito representa el lugar donde el crédito es utilizable, es decir, donde se presentan los documentos para la utilización (campos 41A o 41D).

En lo que atañe al formato de la fecha que se consigna en el campo 31D, las ISBP (párrafo A16) recomiendan:

«Siempre que la fecha prevista pueda ser determinada a partir del documento o a partir de otros documentos incluidos en la presentación, las fechas pueden expresarse en cualquier formato. Por ejemplo, el 14 de mayo de 2013 puede expresarse como 14 mayo 13, 14.05.13, 2013.05.14, 05,14,13,130514, etc. Para evitar cualquier riesgo de ambigüedad, se recomienda que el mes se indique en letras».

En los estándares SWIFT se especifica que «la fecha debe contener una fecha válida expresada como AAMMDD», donde AA es el año, MM es el mes y DD es el día; además deberá indicar el lugar *(place)*. Lo habitual es que se haga constar el lugar donde vencerá el crédito y como norma general se indica el país (tabla 4.4 y figura 4.25).

AA = año	Vencimiento 25-11-20XX
MM = mes	Se expresará: **XX1125 SPAIN**
DD = día	

Tabla 4.4. Forma de expresar fechas en campos SWIFT.

```
FECHA DE EMISION       31C XX1020              DATE OF ISSUE      31C XX1020
REGLAS APLICABLES   40E UCP LATEST VERSION     APPLICABLE RULES  40E UCP LATEST VERSION
FECHA VENCIMIENTO Y LUGAR 31D XX1125  SPAIN    DATE AND PLACE OF EXPIRY  31D XX1125 SPAIN
POR ORDEN DE        50  EMPRESA MURCIANA, S.L. APPLICANT          50  EMPRESA MURCIANA, S.L.
                                                                  AVDA. JUAN CARLOS I 18
```

Figura 4.25. **Mensaje SWIFT (vencimiento).**

Con excepción de cuando el banco esté cerrado[10] y no sea por razones de fuerza mayor (art. 36 UCP 600), el beneficiario debe realizar la presentación *en o antes* de la fecha de vencimiento.

En caso de no poder presentar los documentos en la fecha indicada, habrá que hacer modificaciones del crédito documentario que implicarán mayores gastos bancarios. Al ser irrevocable el crédito puede ocurrir que alguna de las partes no esté dispuesta a aceptar la modificación, lo que significará la pérdida de la garantía.

> **Día hábil bancario**
> Se refiere al día en que el banco está abierto para el desempeño de sus actividades regulares en el lugar en que deba realizarse un acto sujeto a estas reglas (art. 2 UCP 600).

Las UCP 600 (art. 3) también prevén posibles malas interpretaciones que pueda haber respecto a fechas de vencimiento. Algunos consejos para prevenirlas son:

- A menos que su uso sea requerido en un documento, no se tendrán en cuenta términos tales como «rápidamente», «inmediatamente» o «tan pronto como sea posible».
- La expresión «el o alrededor del» o similar se interpretará como una estipulación de que un hecho ha de tener lugar dentro de un período de cinco días naturales *antes* a cinco días naturales *después* de la fecha indicada, incluyendo los días inicial y final.

---

[10] Si la presentación se efectúa el primer día hábil bancario siguiente, el banco designado debe proporcionar al banco emisor o al banco confirmador una declaración, en su carta de envío, que indique que la presentación se efectuó dentro del plazo ampliado de acuerdo con el artículo 29.a de las UCP 600.

- Las preposiciones «al», «hasta», «desde» y «entre» utilizadas para definir un período de embarque incluyen la fecha o fechas mencionadas, y en cambio los adverbios de tiempo «antes» y «después» excluyen la fecha mencionada.
- Los términos «desde» y «después» utilizados para determinar una fecha de vencimiento excluyen la fecha mencionada.
- Las expresiones «primera mitad» y «segunda mitad» de un mes deberán interpretarse respectivamente como «desde el primer día hasta el decimoquinto» y «desde el decimosexto hasta el último día del mes», todos ellos incluidos.
- Las expresiones «a principios», «a mediados» y «a finales» de un mes deberán interpretarse, respectivamente, como «desde el primer día hasta el décimo», «desde el undécimo hasta el vigésimo» y «desde el vigésimo primero hasta el último día del mes», todos ellos incluidos.

2.1.12 Lugar de presentación (Disponible en) y forma de utilización (9)
Campo SWIFT: 41A o 41D

«El momento de la presentación es extremadamente importante, porque es cuando el beneficiario va a materializar sus derechos, pero las formas y lugares de disponibilidad pueden ser extremadamente variados. Conviene pues que nos detengamos y analicemos cuidadosamente el dónde y con quién, el por qué medio y el cómo es disponible[11]».

Lugar de presentación

La disponibilidad o utilización del crédito documentario puede realizarse en el banco emisor, en el banco intermediario o en cualquier banco (figura 4.26).

El campo 41A o 41D identifica el banco con el que autoriza a pagar, aceptar, negociar o contraer un compromiso de pago diferido en la utilización del crédito e indica la forma en que es disponible.

---

[11] Francisco Javier Fornt Alsina, *opus cit.*

La ubicación del banco en el que el crédito es *disponible*[12] es el lugar de presentación (banco designado). Un crédito documentario, siempre es disponible en el banco emisor, independientemente de lo que indique el condicionado del mismo (figura 4.25).

El lugar donde el crédito es disponible es muy importante para determinar la legislación aplicable en caso de disputa.

---

8.   Validez hasta (31D):   25-11-20XX

9.   Disponible en (41A):   LORBANK LORCA

Forma de utilización
☐ Vista   ☐ Negociación   ☐ Aceptación   ☐ Otro

☑ Pago Diferido: Detalles Diferido **(42P):** 90 DIAS FECHA CONOCIMIENTO DE EMBARQUE.

Figura 4.26. **Instrucciones (disponibilidad y utilización).**

Utilización de un crédito documentario
Es la entrega en tiempo y forma por el beneficiario de los documentos exigidos en el condicionado y el cumplimiento por parte del banco designado de honrar o negociar el crédito.

Las UCP 600 (art. 12) son muy claras sobre el banco designado:

- A menos que el banco designado sea el banco confirmador, la autorización a honrar o negociar no impone ninguna obligación a dicho banco designado para que honre o negocie, excepto cuando dicho banco designado lo acepte expresamente y así lo comunique al beneficiario.
- Al designar a un banco para que acepte un giro o adquiera un compromiso de pago diferido, el banco emisor autoriza a dicho banco designado a pagar anticipadamente o a comprar el giro aceptado o el compromiso de pago diferido adquirido por dicho banco designado.

---

[12] Disponible = utilizable = lugar donde se presentan los documentos.

- La recepción o el examen y envío de los documentos por parte de un banco designado que no sea un banco confirmador no hace responsable a dicho banco designado de honrar o negociar, ni constituye honra o negociación.

Forma de utilización

Los créditos documentarios son disponibles por cinco medios distintos: pago a la vista, pago aplazado, por aceptación, por negociación o de una forma mixta.

Los estándares SWIFT indican la disponibilidad con uno de los siguientes códigos:

- BY PAYMENT
- BY DEF PAYMENT
- BY ACCEPTANCE
- BY NEGOTIATION
- BY MIXED PYMT

Veamos sus características y principales diferencias:

- **Créditos utilizables mediante pago a la vista** (BY PAYMENT). La parte beneficiaria cobra al contado contra la presentación de los documentos, si estos cumplen con el condicionado del crédito. El pago se puede hacer tanto en el banco emisor como en el banco intermediario.

- **Créditos utilizables mediante pago diferido** (BY DEF PAYMENT). La parte beneficiaria obtiene el compromiso del banco emisor de abonar el importe del crédito en una fecha futura, contra presentación de los documentos, si estos cumplen con el condicionado del crédito (figura 4.27). Este tipo de créditos es cada vez más frecuente, ya que el beneficiario cuenta con el compromiso de pago del banco emisor, sin la implicación de un documento financiero (letras de cambio, pagarés u otros).

```
(%) TOLERANC. POS/NEG 39A: 10/10
DISPONIBLE CON... POR 41A LORBESMMXXX
              BY DEF PAYMENT
DETALLES PAGO DIFERIDO 42P: 90 DIAS FECHA CONOCIMIENTO
                  DE EMBARQUE
```

```
(%) TOLE   POS/NEG 39A: 10/10
AVAILABLE WITH...BY...41A LORBESMMXXX
              BY DEF PAYMENT
DEFERRED PAYMENT DETAILS 42P: 90 DAYS FROM B/L DATE
```

Figura 4.27. **Mensaje SWIFT** (disponibilidad y utilización). Ejemplo de pago aplazado o diferido.

Como se aprecia en la imagen, al ser disponible para pago diferido se indican los detalles de este pago aplazado en el campo SWIFT 42P.

En caso de utilizarse el campo 41D, se expresaría indicando el nombre y la dirección del banco:

AVAIABLE WITH... BY... 41D   LORBANK LORCA
                                     Juan Antonio Dimas, 3
                                     30800 Lorca (Murcia)

- **Créditos utilizables mediante aceptación** (BY ACCEPTANCE). La parte beneficiaria entrega un efecto librado a plazo contra la presentación de los documentos, si estos cumplen con el condicionado del crédito. El efecto puede ser aceptado por el banco emisor o por el banco intermediario que haya asumido el papel de aceptante, y queda con ello comprometido a pagarlo a su vencimiento. Al aceptar el efecto el banco emisor o el banco intermediario, la relación documentaria se extingue y nace una nueva obligación contenida en la letra de cambio, independiente de la obligación documentaria.

- **Créditos utilizables mediante negociación**[13] (BY NEGOTIATION). La parte beneficiaria, junto a la documentación requerida, entrega uno o varios efectos a cargo del banco emisor con fecha de vencimiento determinado (a fecha fija, a un plazo desde una fecha determinada,...) (figuras 4.28 y 4.29). El banco que negocie el crédito (banco confirmador o banco intermediario) realiza el descuento del efecto (anticipo de fondos), previa deducción de intereses y comisiones, lo que facilita la financiación del beneficiario. El banco confirmador hacen el descuento sin recurso, mientras que el banco intermediario lo hace con recurso (mediante cláusula SBF o «salvo buen fin».[14]) La negociación no es obligatoria para el beneficiario cuando presenta los documentos; la puede demorar a su conveniencia o incluso no hacer uso de ella, cobrando el importe de la letra al vencimiento.

---

[13] Con excepción de los mercados asiáticos, esta es una forma de disponibilidad poco utilizada.

[14] Cláusula por la que el abono del importe de un documento, como una letra o un cheque, es provisional hasta que se compruebe su conformidad o se realice el cobro efectivo. Sus siglas son SBF (salvo buen fin) o STC *(subject to collection)*.

La diferencia entre los créditos utilizables mediante aceptación y negociación es que el banco aceptante puede anticipar el valor del efecto mediante un descuento solicitado por el beneficiario, pero no tiene obligación alguna de hacerlo, mientras que, en pago mediante negociación, el banco negociador queda obligado a atender la petición de descuento del beneficiario en tal sentido.

El crédito documentario no debe hacerse disponible mediante un giro librado sobre el ordenante, tal como indican de manera explícita las UCP 600 (art. 6c). A pesar de ello, es posible que el crédito sea solicitado como un documento más. Este giro debería ser tratado como cualquier otro documento solicitado, en cuyo caso sería necesario que el banco emisor especifique de forma clara los requerimientos y redactado del mismo.[15]

Si el beneficiario emitiera los documentos a cargo del ordenante, aparecería una tercera parte que queda al margen de la relación mercantil nacida entre el banco emisor y la parte beneficiaria.

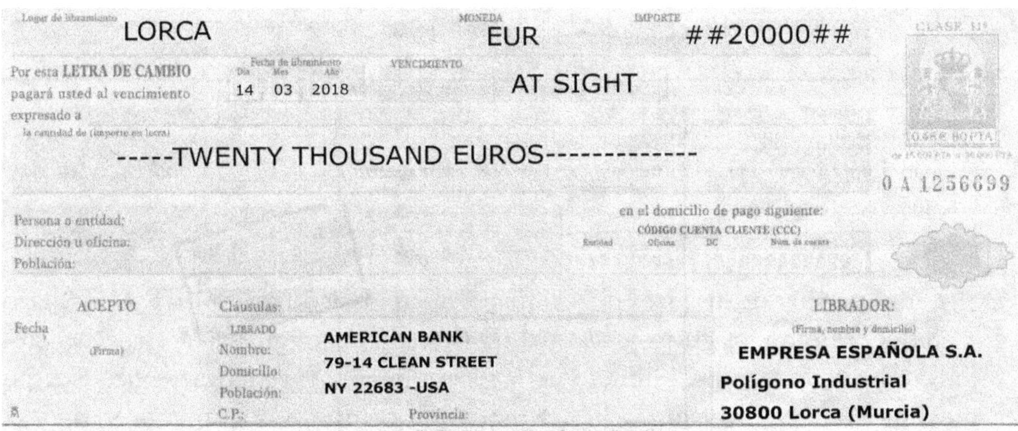

"Drawn under letter of credit number L0001234 dated January 30, 2018 of American Bank of New York".

Figura 4.28. Letra emitida en España con timbre mínimo.

---

[15] Comentarios y análisis en torno al artículo 6, apartado c, de las Reglas UCP 600 (Publicación 680), realizados por el grupo redactor de estas reglas.

BILL OF EXCHANGE

No. A8 XXX **Date** Dec. 23, 20XX **Amount**_________//EUR27889.00//_____________**AT**

___60 DAYS FROM BL DATE (BL DATED 23/DEC/20XX) FOR 100 PERCENT OF INVOICE

VALUE_______**pay this**________FIRST_____**of Exchange**_____SECOND___**of the same tenor**

and date being unpaid to the order of   SPANISH BANK, AV. SANTA CLARA X, 30.800

LORCA - MURCIA - SPAIN   **the sum of** - EUR TWENTY SEVEN THOUSAND EIGHT

HUNDRED AND EIGHTY NINE EUROS.

"DRAWN UNDER DOCUMENTARY CREDIT No. L0004321 AND CONTRAC No. STN000XXX
OF INDUSTRIAL AND COMMERCIAL BANK OF CHINA FUZHOU"

To: INDUSTRIAL AND COMMERCIAL BANK   **For:** EMPRESA ESPAÑOLA S.A.
OF CHINA FUZHOU (ICBKCNBJFJN)   Polígono industrial
                                                          30.800 Lorca (Murcia)

Figura 4.29. Ejemplo de letra de cambio *(bill of exchange)*, en formato de Naciones Unidas.
En la segunda línea, tras indicar que el vencimiento es a 60 días después del BL (o *bill of landing)*,
se incluye la fecha de embarque, tal como sugiere la práctica bancaria internacional.

Es normal que los efectos incluyan, además de todos los datos que figuran en cualquier letra de cambio, una mención referida a la carta de crédito en cuestión, que puede ser parecida a la siguiente:

Librado en virtud del crédito núm.________ del (banco emisor) y núm.________ del (banco intermediario),	*Drawn under credit n°________ of (issuing bank) and n°________ of (advising bank)*

Los detalles de los giros deben aparecen en los campos SWIFT 42C (plazo en que se libran los giros) y 42A o 42D (librado de los giros al amparo del crédito documentario). El librado debe ser un banco. Si se requiere giro a cargo del ordenante, el mismo debe ser requerido como un documento más en el campo 46A (documentos requeridos).

- **Créditos utilizables mediante pago mixto** (BY MIXED PYMT). Una vez los documentos son conformes, la parte beneficiaria cobra una parte del crédito al contado y obtiene el compromiso del banco emisor de abonar el importe del crédito en una fecha futura.

Los detalles del pago mixto quedan reflejados en el campo SWIFT 42M.

Práctica bancaria sobre giros y cálculo de la fecha de vencimiento

Algunas recomendaciones de la ISBP[16] para operaciones de crédito utilizable mediante aceptación o negociación son:

- Los giros, cuando se exijan, han de librarse **a cargo del banco** estipulado en el crédito.
- El **plazo indicado en un giro** debe estar de acuerdo con los términos del crédito.
- Si el crédito exige un giro a un **plazo diferente de «a la vista»** o a un cierto período después de «a la vista» debe ser posible establecer la fecha de vencimiento a partir de los datos del propio giro (60 días después de la fecha del conocimiento de embarque del 7 de diciembre de 2017, 60 días después del 7 de diciembre, 60 días después del conocimiento de embarque y en otro lugar del anverso del documento se indica la fecha del conocimiento de embarque 7 de diciembre, 60 días fecha, en un giro fechado el mismo día que la fecha de conocimiento de embarque o 5 de febrero de 2018, es decir 60 días después de la fecha de conocimiento de embarque).
- Cuando un giro indica una fecha de vencimiento utilizando una **fecha concreta,** dicha fecha ha de reflejar los términos del crédito.
- Para **giros librados,** por ejemplo «a 60 días vista», la fecha de vencimiento se establece, si la presentación es conforme desde la fecha de presentación de los documentos al banco, si la presentación no es conforme se tiene en cuenta la fecha desde que el banco levanta las discrepancias.
- El giro tiene que ser **librado y firmado por el beneficiario**, y tiene que indicar la fecha de emisión.
- Si el crédito indica que el librado de un giro mostrando solo la dirección **SWIFT** de un banco, el giro puede mostrar el librado con los mismos detalles o el nombre completo del banco.
- Si el crédito está disponible por **negociación** con un banco designado o cualquier banco el giro ha de librarse a cargo de cualquier banco diferente del banco designado.
- Si el crédito es disponible por **aceptación** con cualquier banco, el giro ha de librarse a cargo del banco que está de acuerdo en aceptar el giro y está dispuesto por lo tanto a actuar conforme a su designación.

El giro ha de librarse por el **importe** requerido en la presentación.

El importe en letras tiene que reflejar fielmente el importe en números, si aparecen ambos, e **indicar la divisa** como se estipula en el crédito. Si los importes en letra y en número son contradictorios, ha de examinarse el importe en letra como importe requerido.

---

[16] *Fuente:* ISBP. Publicación sobre giros y cálculos de la fecha de vencimiento (párrafos B1–B18). Disponible por suscripción en la biblioteca digital de la Cámara de Comercio Internacional: http://library.iccwbo.org/tfb/tfb-isbp.htm.

Presentación de documentos

Un crédito disponible en un banco designado, distinto del emisor, es también disponible en el banco emisor, tal como se ha indicado anteriormente. Por tanto, hay que recalcar que un lugar de presentación distinto al del banco emisor es adicional al del banco emisor.

Veamos los detalles de cómo se realiza la presentación de documentos.

La parte beneficiaria debe presentar los documentos en el banco que le notificó la apertura, si es el banco designado, pero si es simplemente avisador, remitirá los documentos al banco emisor.

Al beneficiario de un crédito documentario le interesa que sea disponible para honrarlo o negociarlo en su banco, de lo contrario habría que remitir los documentos al país del ordenante para su conformidad y pago.

Las posibilidades que pueden darse son tres:

1. Crédito utilizable o disponible **en las cajas del banco emisor.** Utilizable en las cajas del banco emisor o utilizable en nuestras cajas (mediante pago, aceptación,...):

> **Banco designado es el banco emisor**

El beneficiario entrega los documentos requeridos en la fecha acordada y, si la presentación es conforme, el banco emisor honrará el crédito documentario. Esta opción es más favorable para el importador, ya que los gastos son menores; sin embargo, al exportador le interesa que el crédito sea utilizable en su banco (banco intermediario).

2. Crédito utilizable o disponible **en las cajas del banco intermediario.** Utilizable en las cajas del banco intermediario o utilizable en sus cajas (mediante pago, aceptación o negociación):

> **Banco designado es el banco intermediario**

El beneficiario entrega los documentos en su banco, y si la presentación es conforme, el banco emisor autoriza a dicho banco designado a honrar o negociar. A menos que el banco designado sea confirmador, la autorización del banco emisor a honrar o negociar no es obligatoria para dicho banco, excepto que lo haya aceptado expresamente y comunicado al beneficiario (art. 12a UCP 600).

Como acabamos de indicar, si el banco intermediario no confirma el crédito, no está obligado a honrar o negociar, limitando su actuación a enviar los documentos y esperar a que el banco emisor pague. En caso de que honre o negocie, será con recurso contra el beneficiario. No es recomendable que el banco intermediario acepte un efecto, pues se comprometerá a pagar al vencimiento expresado y podrá recurrir contra el banco emisor, pero nunca contra el beneficiario.

Al indicar el banco emisor la utilización en las cajas del banco intermediario, ubicado en el país del exportador, supone la ventaja al beneficiario de entregar la documentación en su propio país, pudiendo subsanar las posibles discrepancias que se puedan producir.

3. Crédito utilizable o disponible **en las cajas de un tercer banco**. Puede ocurrir que el beneficiario esté interesado en recibir la apertura del crédito a través de una entidad bancaria con la que el banco emisor no mantenga relaciones de corresponsalía, de forma que el banco tendrá que valerse del concurso de un banco distinto del intermediario.

Banco designado es un tercero

El crédito documentario permite presentar los documentos en el banco que mejor le convenga a la parte beneficiaria, indicando el nombre (banco X) o sin indicar su nombre *(any bank,*[17] véase la figura 4.30), tal como indican las UCP 600 en la definición de banco designado.[18]

---

[17] Si el crédito es negociable libremente por cualquier banco, la opción D debe usarse con la frase *Any Bank in ...* (ciudad o país) y si es negociable libremente por cualquier banco en cualquier parte del mundo, no se requiere una indicación del país.

[18] Banco designado significa banco en el que el crédito es disponible o cualquier banco en el caso de un crédito disponible con cualquier banco (art. 2 UCP 600). Véase el capítulo 2 para ampliar estos conceptos terminológicos.

Figura 4.30. Mensaje SWIFT (utilizable en cualquier banco).

Una vez los documentos se han presentado en el banco X o cualquier banco, y si el crédito documentario ha cumplido el condicionado y se considera presentación conforme, el banco donde se ha utilizado el crédito solicitará el reembolso al banco corresponsal del emisor (banco reembolsador). En el capítulo 6 se tratan en profundidad los procedimientos relativos a reembolsos interbancarios.

En lo que atañe a la **presentación de documentos electrónicos**, sí está permitida mediante registro electrónico. El crédito debe indicar una dirección electrónica de presentación de registros electrónicos y un lugar de presentación de documentos en papel (si solo permite la remisión de documentos electrónicos no se remitirán en papel). En ambos casos se indica en el campo 47A.

Acerca del **horario de presentación,** el banco no tiene ninguna obligación de aceptar una presentación fuera de su horario de atención al público (art. 33 UCP 600).

2.1.13 Descripción de la mercancía (10)
Campo SWIFT: 45A

La descripción de la mercancía debe ser suficiente para su identificación, pero sin exceso de detalles técnicos que dificultarían la revisión de los documentos por parte de los bancos. Además, en la factura comercial, la descripción, servicios o prestaciones deben corresponderse con lo que aparece en el crédito (figura 4.31). Es importante

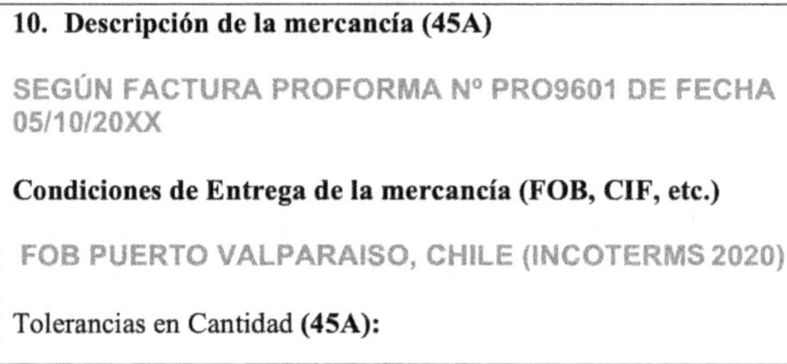

10. Descripción de la mercancía (45A)

SEGÚN FACTURA PROFORMA Nº PRO9601 DE FECHA 05/10/20XX

Condiciones de Entrega de la mercancía (FOB, CIF, etc.)

FOB PUERTO VALPARAISO, CHILE (INCOTERMS 2020)

Tolerancias en Cantidad (**45A**):

Figura 4.31. Instrucciones (descripción de la mercancía).

que no exista duda alguna de que se trata de la misma mercancía solicitada en la apertura del crédito; en caso de no ser así, los bancos deben rechazar las facturas presentadas o tomarlas bajo reservas.

Las ISBP indican que «la descripción de la mercancía, servicios o prestaciones mostrada en la factura debe corresponderse con la descripción mostrada en el crédito. No se exige una réplica exacta. Por ejemplo, los detalles de las mercancías pueden indicarse en varias zonas de la factura que, al leerse conjuntamente, representan una descripción de las mercancías que se corresponde con la del crédito» (párrafo C3 ISBP).

Para evitar discrepancias entre la descripción de la factura y la que aparece en el crédito es recomendable hacer mención a la factura o al documento que tenga la descripción de la misma o simplemente hacer copia/pega de la descripción de la factura en el campo 45A (figura 4.32).

"SEGÚN FACTURA PROFORMA Nº PRO9601 DE FECHA 05-10-XX"

```
FECHA LIMITE EMBARQUE  44C XX1115
DESCRIPC. MERCANCÍA  45A
              SEGÚN FACTURA PROFORMA Nº PRO9601 DE FECHA 5-10-20XX
              FOB PUERTO VALPARAISO, CHILE (INCOTERMS 2020)


LATEST DATE OF SHIPMENT 44C XX1115
DESCRIPTION OF GOODS OR SERVICES 45A
              AS PER PROFORMA INVOICE Nº PRO9601 DATED 5-10-20XX
              FOB PUERTO VALPARAISO CHILE (INCOTERMS 2020)
```

Figura 4.32. **Mensaje SWIFT (descripción de la mercancía).**

Condiciones de entrega

La entrega de la mercancía está definida en el contrato de compraventa, en el que se informa en qué momento tendrá lugar, lo que determina quién debe sufragar los gastos relativos a la expedición desde el lugar de origen y destino. En las reglas Incoterms 2020 se indica que se debe hacer constar:

- La distribución de los gastos.
- La entrega de la mercancía y la transmisión del riesgo.
- Los documentos a obtener y presentar por la parte beneficiaria.

Las **tolerancias en cantidad** también se comunican en el campo 45A. Tal como hemos visto anteriormente, los estándares SWIFT interpretan de forma unilateral y arbitraria, que en caso de que se quiera establecer una tolerancia sobre la cantidad de mercancía o sobre el precio unitario de la misma, tendrá que reflejarse en este campo SWIFT.

2.1.14   Documentos exigidos (11,12,13)
Campo SWIFT: 46A

Los documentos solicitados dependen de las regulaciones de los respectivos países, pero siempre hay que asegurarse de que la parte beneficiaria pueda aportar los que se le exijan; de ahí la importancia de concretar los documentos por correo electrónico antes de la apertura el crédito documentario. (Véase más información sobre los documentos en las operaciones internacionales en el capítulo 1.)

Es responsabilidad del ordenante señalar con claridad los documentos que se han de solicitar para la utilización del crédito y el número de ejemplares de cada uno (figura 4.33). Como ya se ha indicado anteriormente, la parte ordenante debe tener en cuenta las posibilidades reales que la beneficiaria tenga de presentar los documentos descritos, en la forma y detalles estipulados.

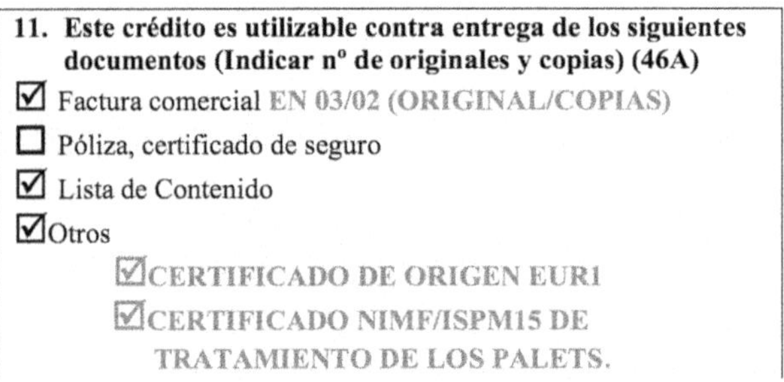

11.   Este crédito es utilizable contra entrega de los siguientes documentos (Indicar n° de originales y copias) (46A)

☑ Factura comercial EN 03/02 (ORIGINAL/COPIAS)

☐ Póliza, certificado de seguro

☑ Lista de Contenido

☑ Otros

     ☑ CERTIFICADO DE ORIGEN EUR1

     ☑ CERTIFICADO NIMF/ISPM15 DE TRATAMIENTO DE LOS PALETS.

Figura 4.33. Instrucciones (documentos).

Los documentos más usuales están descritos en el capítulo 1, relativo a documentos. Son los siguientes:

- Factura comercial.
- Lista de contenido.

Documentos originales y copias (art. 17 UCP 600)

→ Debe ser presentado al menos un original de cada documento requerido en el crédito.

→ Los bancos tratarán como original cualquier documento que en apariencia lleve una firma original, marca, sello o etiqueta del emisor del documento, a menos que el propio documento indique que no es original.

→ Salvo estipulación contraria en el documento, los bancos también aceptarán como original un documento si parece haber sido escrito, mecanografiado, perforado o sellado por el propio emisor del documento de forma manual; o parece estar en papel con membrete original del emisor de documento; o indica que es original, salvo que dicha indicación parezca no ser de aplicación al documento presentado.

→ Si el crédito requiere la presentación de copias de documentos, se permite la presentación de originales o de copias.

→ Si el crédito requiere la presentación de documentos múltiples utilizando expresiones tales como «en duplicado», «en dos ejemplares» o «en dos copias», se considerará cumplida la condición mediante la presentación de al menos un original y el número restante en copias, excepto cuando el propio documento indique otra cosa.

- Documentos de transporte.
- Documentación de los seguros.
- Otra documentación:

    - Certificado de origen.
    - Certificado de análisis.
    - Certificado sanitario.
    - Certificado fitosanitario.
    - Empaquetados, pesos….

En el ejemplo que se expone aquí, los documentos solicitados se muestran en la figura 4.34, correspondiente al campo 46A. Se puede apreciar que el importador pide el **certificado EUR 1:** al ser Chile nuestro destino, la mercancía puede acogerse a la preferencia arancelaria relativa al origen preferencial, ya que la Unión Europea tiene acuerdo comercial con ese país. Por tanto, si se presenta en el momento de la importación con el certificado EUR 1, el arancel es 0 %.

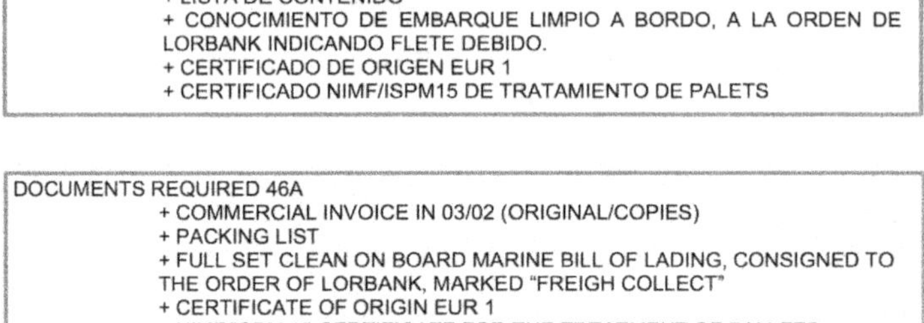

Figura 4.34. Mensaje SWIFT (documentos requeridos).

Firmas y legalizaciones

El artículo 3 de las UCP 600 que se titula *Interpretaciones* detalla que «un documento puede estar firmado a mano, mediante firma facsímil, firma perforada, sello, símbolo o cualquier otro método de autenticación mecánico o electrónico». Y añade que «un requisito para que un documento sea legalizado, visado, certificado o similar quedará satisfecho por medio de cualquier firma, marca, sello o etiqueta sobre ese documento que en apariencia satisfaga dicho requisito», como el que se observa en la figura 4.35.

Documentos de transporte

Los artículos 19 a 27 de las UCP 600 y desde el párrafo D a J de las ISBP recogen los detalles sobre los distintos documentos de transporte.

A lo largo de este capítulo, se desarrollan aspectos relativos a dichos artículos.

Tal y como podemos ver en la figura 4.36, indicaremos en las instrucciones el medio de transporte a utilizar y la casilla 13 solo se rellenará en caso de que el documento de transporte sea un *BILL OF LADING* (único documento de transporte que es título valor).

Figura 4.35. **Sello de legalización.**

Documentos de seguro

El artículo 28 de las UCP 600 recoge los detalles sobre el documento de seguro:

- Un documento de seguro, tal como una póliza de seguro, un certificado de seguro o una declaración al amparo de una póliza abierta, debe estar aparentemente emitido y firmado por una compañía aseguradora, un asegurador o sus agentes o apoderados.
- Cuando el documento de seguro indica que ha sido emitido en más de un original, deberán presentarse todos los originales.
- No se aceptarán notas de cobertura.
- Se aceptará una póliza de seguro en lugar de un certificado de seguro o de una declaración al amparo de una póliza abierta.
- La fecha del documento de seguro no puede ser posterior a la fecha de embarque, excepto que indique efectividad desde una fecha igual o anterior a la fecha de embarque.
- El crédito debe indicar el importe asegurado y estar en la misma moneda del crédito, si el mismo no indica nada al respecto, la cobertura debe ser al menos el 110 % del valor CIF o CIP.
- El documento de seguro debe indicar que los riesgos están cubiertos al menos entre el lugar de origen y el lugar de destino indicados en el crédito.
- El crédito documentario debe indicar el tipo de seguro que se requiere y, en su caso, los riesgos adicionales a cubrir. Si el crédito usa expresiones imprecisas tales como «riesgos usuales» o «riegos habituales», se aceptará un documento de seguro sin tener en cuenta en consideración cualquier riesgo no cubierto.

Las **cláusulas** más comunes son las estipuladas en las pólizas conocidas como *Institute Cargo Clauses* (ICC)[19] o Cláusulas de Carga del Instituto de Aseguradores de Londres, de las que existen tres clases según el tipo de cobertura que ofrecen y otra específica para transporte aéreo:

- *ICC A:* Cubre cualquier riesgo de pérdida o daño, salvo unas exclusiones expresas. Se excluye: dolo del asegurado, pérdida de peso o volumen normales, desgaste, embalaje y acondicionamiento inadecuado, vicio propio, demoras, insolvencias, radioactividad, guerra y huelgas e innavegabilidad.
- *ICC B:* Proporciona cobertura solo sobre algunos riesgos especificados. Supone una cobertura intermedia. Cubren lo mismo que las C más arrastre por las olas, entrada de agua de mar, pérdida de bultos durante la carga/descarga, daños causados por rayo, terremotos y erupciones volcánicas.
- *ICC C:* Proporciona cobertura contra unos pocos riesgos especificados. Es la menor cobertura. Incluye incendio, explosión, varada, embarrancada, hundimiento, naufragio, abordaje o colisión, descarga en puerto refugio y vuelco, echazón, descarrilamiento y sacrificio en avería gruesa.
- *ICC Air* (excluidos los envíos postales): Proporciona cobertura por vía aérea «a todo riesgo». En caso que el transporte sea aéreo, no es correcto solicitar otra cláusula.

La práctica habitual es contratar ICC A + guerra, huelga, y otros... Recordemos que esto también interesa a la parte vendedora, pues la indemnización puede facilitar al comprador el pago de la mercancía. Por ejemplo:

> **+ MARINE INSURANCE POLICY CERTIFICATE, ORIGINAL AND 2 COPIES FOR FULL INVOICE VALUE PLUS 10 PERCENT, ENDORSED IN BLANK, FROM PLACE OF DISPATCH TO PLACE OF DESTINATION COVERING INSTITUTE CARGO CLAUSES 'A' (2009), INSTITUTE WAR CLAUSES, INSTITUTE STRIKES CLAUSES, MARKED CLAIMS PAYABLE IN RSA AND IN THE CURRENCY OF THE LETTER OF CREDIT.**

---

[19] Se trata del modelo de condicionado inglés, aprobado por el Instituto de Aseguradores de Londres (Institute of London Underwriters).

Además, existen otras cláusulas diseñadas para cubrir determinadas mercancías y en su caso deberá especificarse en la carta de instrucciones del crédito documentario. Si el crédito exige una cobertura «a todo riesgo» *(all risks),* este requisito se satisface mediante la presentación de un documento de seguro que evidencie cualquier cláusula o anotación «a todo riesgo», con o sin el encabezamiento «a todo riesgo», incluso si se indica que determinados riesgos están excluidos… (párrafo K18 ISBP).

En lo referente al seguro (A5) en las obligaciones de la parte vendedora, las reglas Incoterms 2020 indican:

Obligaciones de la parte vendedora (A5 seguro)

CIP	CIF
A menos que se acuerde de otro modo o sea la costumbre en ese comercio en particular, el vendedor debe obtener, a sus propias expensas, un seguro de la carga que cumpla con la cobertura proporcionada por las **cláusulas (A)** de las Cláusulas de Carga del Instituto (LMA/IUA) o cualesquiera cláusulas semejantes que sean apropiadas para los medios de transporte utilizados.	A menos que se acuerde de otro modo o sea la costumbre en ese comercio en particular, el vendedor debe obtener, a sus propias expensas, un seguro de la carga que cumpla con la cobertura proporcionada por las **cláusulas (C)** de las Cláusulas de Carga del Instituto (LMA/IUA) o cualesquiera cláusulas semejantes.

Certificado del beneficiario

Si el crédito exige la presentación de un certificado del beneficiario, este requisito se satisfará mediante la presentación de un documento firmado, titulado como exija el crédito, que lleve un título que refleje el tipo de certificación que ha sido exigida, o sin título, que cumpla su función al contener los datos y la certificación exigida en el crédito (párrafo P1 ISBP).

Certificado de inspección

Con el fin de prevenir el fraude o proteger a la parte compradora ante el posible recibo de mercancía no deseada o por debajo de los estándares requeridos, se pueden solicitar certificados de inspección emitidos por terceras partes, que suelen ser compañías reconocidas internacionalmente. Estos certificados indican que las mercancías han sido examinadas y han sido halladas conformes con las mencionadas en un contrato o una proforma. Algunas de las compañías más conocidas que emiten este tipo de certificados son Lloyd's, Société Générale de Surveillance (SGS), AENOR y Bureau Veritas.

Documentos electrónicos

Las reglas que regulan los documentos electrónicos son las eUCP 2.0, en vigor desde el 1 de julio de 2019.

Al referirse a documentos en presentaciones electrónicas, se deben incluir registros electrónicos. La terminología al respecto viene definida en las eUCP 2.0 (art. e3); véase en el siguiente recuadro los principales conceptos utilizados.

Presentación electrónica

Cuando se emplean los términos siguientes en las UCP, con el propósito de aplicar las UCP a un registro electrónico presentado al amparo de un crédito eUCP, los términos:

En **apariencia y similares** se aplicarán al examen de los datos contenidos en un registro electrónico.

Documento incluirá los registros electrónicos.

Lugar de presentación de registros electrónicos significa una dirección electrónica de un sistema de tratamiento de datos.

Presentador significa el beneficiario, o cualquier persona que actúe en nombre del beneficiario que hace una presentación ante un banco designado, un banco confirmador, si lo hubiere, o directamente ante el banco emisor.

Firmar y similares incluirán las firmas electrónicas.

Superpuesto, anotación o sellado, significan datos cuyo carácter suplementario resulta evidente en un registro electrónico

Además, las eUCP explican el significado de los siguientes términos.

Corrupción de datos: Pérdida de datos que hace un registro presentado ilegible.

Sistema de tratamiento de datos: Sistema informatizado para procesar y manipular datos.

Registro electrónico: datos creados, generados, enviados, comunicados, recibidos o almacenados por medios electrónicos...

Firma electrónica: ... proceso de identificación en un registro electrónico...

Formato

Documento en papel

Recibido

Representación o representar

(art. e3 eUCP 2.0)

Si se permite la presentación electrónica de documentos, el crédito debe indicar una dirección electrónica de presentación de registros electrónicos **(campo 47A)** y el artículo 2 de las eUCP indica «Un crédito eUCP debe indicar la ubicación física del banco emisor. Además, también deberá indicarla ubicación física de cualquier banco designado y, si es diferente del mismo, la ubicación física del banco confirmador, si lo hubiere, …»

Un crédito eUCP debe indicar el formato de cada registro electrónico. Si no se indica el formato de un registro electrónico, podrá presentarse en cualquier formato. (art. e5 eUCP 2.0).

Cada presentación de registros electrónicos al amparo de un crédito eUCP debe identificar el crédito eUCP, a cuyo amparo se presentan. Los registros electrónicos pueden presentarse por separado y no es necesario presentarlos al mismo tiempo.

Cuando uno o más registros se presentan solos o en combinación con documentos en papel, el presentador es responsable de proporcionar una notificación de integridad al banco donde se hace la presentación directamente. Dicha notificación actuará como notificación de que la presentación está completa y que ha de comenzar el periodo de examen de la misma.

Puedes descargarte las Reglas eUCP 2.0 en la web medios de pago internacional.[20]

2.1.15 Indicación del flete (14)
Campo SWIFT: 46A

Uno de los errores más habituales que se producen en las operaciones de crédito documentario son los referidos al flete, que puede ser **debido o pagado**. En la tabla 4.5 se resume la situación del flete en función de las reglas Incoterms.

Flete pagado (CPT, CIP, CFR, CIF)	Flete debido (FCA, FAS, FOB)
Freight paid Freight prepaid Freight payable at origin	Freight due Freight to paid Freight collect Freight payable at destination

Tabla 4.5. Situación del flete en función de las reglas Incoterms.

---

[20] https://www.mediosdepagointernacional.es/credito-documentario/normativa-aplicable

2.1.16   *Fecha de embarque (15)*
Campo SWIFT: 44C

La fecha máxima de embarque[21] es la fecha máxima de emisión de los documentos de transporte y se consigna en el campo 44C (figuras 4.36 y 4.37).

> **12. Documentos de transporte cubriendo envío por (46A)**
> ☐ Ferrocarril   ☑ Buque   ☐ Avión   ☐ Terrestre
> 13.   ☐ A la orden y endosado en blanco   ☑ A la orden
> LORBANK LORCA Limpio a Bordo
> ☐ Otros
> 14. **Indicando Flete**   ☑ Debido   ☐ Pagado
> 15.   ☑ **Fecha límite de Embarque de la mercancía (44C)**
> 15/11/20XX
> 16. **Transbordos (43T)** ☑ Permitidos ☐ Prohibidos
> 17. **Expediciones parciales (43P)**
> ☐ Permitidos   ☑ Prohibidos

Figura 4.36. Instrucciones (documento transporte y otros).

Si no se menciona una fecha máxima de embarque, deberá considerarse que es la misma que la fecha de caducidad. Sin embargo, es conveniente que ambas fechas no coincidan y haya un lapso de tiempo suficiente para que el beneficiario pueda obtener y presentar los documentos.

```
PTO CARGA/APTO PARTIDA  44A VALPARAISO, CHILE
PTO DESCARGA/APTO DEST  44F VALENCIA, ESPANA
FECHA LIMITE EMBARQUE   44C XX1115
DESCRIPC. MERCANCIA  45A
```

```
LOADING IN CHARGE 44A VALPARAISO, CHILE
PORT OF DISCHARGE  44F VALENCIA, ESPANA
LATEST DATE OF SHIPMENT 44C XX1115
DESCRIPTION OF GOODS OR SERVICES 45A
```

Figura 4.37. Mensaje SWIFT (puerto de carga y fecha de embarque).

Tal como hemos indicado anteriormente, la fecha para el embarque es optativa puesto que, si no se establece, se entenderá que la expedición puede llevarse a cabo hasta la fecha de vencimiento del crédito.

---

[21] La fecha última para embarque no se ampliará como consecuencia de la aplicación del artículo 29 (UCP 600).

En **transporte multimodal,** la fecha de emisión del documento de transporte será considerada como la fecha de despacho, la toma para carga o el embarque a bordo, así como la fecha de embarque. No obstante, si el documento de transporte indica, mediante sello o anotación, una fecha de despacho, toma para carga o embarque a bordo, dicha fecha será considerada como la fecha de embarque (art. 19 UCP 600).

Por ejemplo, un crédito documentario (que indica fecha máxima de embarque 25 de julio, el BL está emitido el día 30 de julio e indica fecha de carga a bordo 23 de julio) es correcto debido a que la fecha de emisión es la de embarque, salvo que indique anotación a bordo, en cuyo caso dicha fecha será considerada como de embarque.

2.1.17 Transbordos (16)
Campo SWIFT: 43T

Un transbordo es «la descarga de un buque y carga en otro buque durante el transporte desde el puerto de carga hasta el puerto de descarga estipulado en el crédito» (art. 20b UCP 600). Se rellena en el campo 43T (figura 4.38).

Antes de decidir si va a haber transbordo, el ordenante debe consultar las rutas e itinerarios, e indicar bajo qué condiciones el transbordo está prohibido. La prohibición del transbordo debería ser usada solamente cuando se considere indispensable; hay que tener en cuenta que se incurre en contradicción al prohibir un transbordo y al mismo tiempo autorizar el transporte combinado o multimodal.

```
EMBARQUES PARCIALES    43P NOT ALLOWED        PARTIAL SHIPMENTS 43P NOT ALLOWED
TRANSBORDO        43T ALLOWED                 TRANSHIPMENT        43T ALLOWED
PTO CARGA/APTO PARTIDA  44A VALPARAISO,       PORT OF LOADING/AIRPORT DEP    44E VALF
```

Figura 4.38. **Mensaje SWIFT (transbordos).**

Como norma general, las UCP 600 permiten los transbordos dentro de un mismo modo de transporte, aunque el crédito los prohíba expresamente. Solo se tienen en cuenta dos excepciones:

- Contrato de fletamento.
- Un documento de transporte puerto a puerto, pero solo si la expedición no se realiza por contenedores.

Si la mercancía se transporta en contenedores, la prohibición del transbordo no sirve para nada. Prohibir el transbordo y usar contenedores no tiene sentido; si a pesar de ello se desean prohibir los transbordos habría que indicar expresamente que estos se han prohibido y que no se aplica el artículo 20c (ii). En concreto se requiere que conste «para el propósito de este crédito no será de aplicación el artículo 20c (ii)».

En el mensaje SWIFT se expresa de la siguiente manera:

- *ALLOWED:* Se permiten transbordos.
- *CONDITIONAL:* Transbordo ajustado a condiciones específicas expresadas en otra parte del mensaje (por ejemplo, en el campo 47A).
- *NOT ALLOWED:* No permitidos.

2.1.18 *Expediciones/utilizaciones parciales (17)*
Campo SWIFT: 43P

Bajo las UCP 600 es necesario indicar si el crédito permite los embarques parciales o no. Se presume que la parte beneficiaria podrá realizar expediciones parciales, salvo indicación en contra. Así pues, si en la apertura no se hace mención al respecto, la beneficiaria puede realizar expediciones parciales y, por tanto, utilizar el crédito parcialmente (figura 4.39).

```
DETALLES PAGO DIFERIDO 42P: 90 DIAS FECHA        DEFERRED PAYMENT DETAILS 42P: 90 DAYS
                          DE EMBARQUE            PARTIAL SHIPMENTS 43P NOT ALLOWED
EMBARQUES PARCIALES    43P NOT ALLOWED           TRANSHIPMENT          43T ALLOWED
TRANSBORDO        43T ALLOWED
```

Figura 4.39. Mensaje SWIFT (expediciones parciales).

Si la empresa importadora desea que la totalidad de embarque se haga de una sola vez, debe indicarlo de forma expresa en la solicitud de apertura de crédito.

En el mensaje SWIFT se expresa en los mismos términos *ALLOWED, CONDITIO-NAL* y *NOT ALLOWED,* que se han indicado en el apartado anterior para los transbordos.

Si el crédito permite las expediciones parciales, la exportadora podrá hacer embarques sucesivos o fraccionados hasta la fecha de vencimiento de la carta de crédito.

Las utilizaciones parciales pueden ser por cualquier cantidad, excepto cuando se permitan las expediciones parciales y el crédito señale expediciones o utilizaciones parciales mínimas, en cuyo supuesto hay que atenerse a tal circunstancia.

Las UCP 600 dejan claro que no serán consideradas expediciones parciales las efectuadas con conocimientos de embarque de fechas diferentes o indiquen puertos de embarque distintos, siempre que dichas expediciones se realicen en el mismo medio de transporte y en el mismo viaje (figura 4.40).

Es conveniente que la ordenante indique al banco emisor si los embarques parciales están permitidos o prohibidos.

Si los embarques se hacen en el barco A y con el mismo destino, poco importa que existan varios documentos indicando fechas diferentes de carga a bordo en la nave. La última fecha es la que se tiene en cuenta como fecha de embarque.

La norma anterior se aplica a transportes por cualquier medio, incluyendo transporte aéreo y ferroviario.

La presentación que contenga uno o más juegos de documentos de transporte que evidencien una expedición en más de un medio de transporte dentro del mismo modo de transporte, se considerará que cubre una expedición parcial, incluso si los medios de transporte parten el mismo día hacia el mismo destino (figura 4.41).

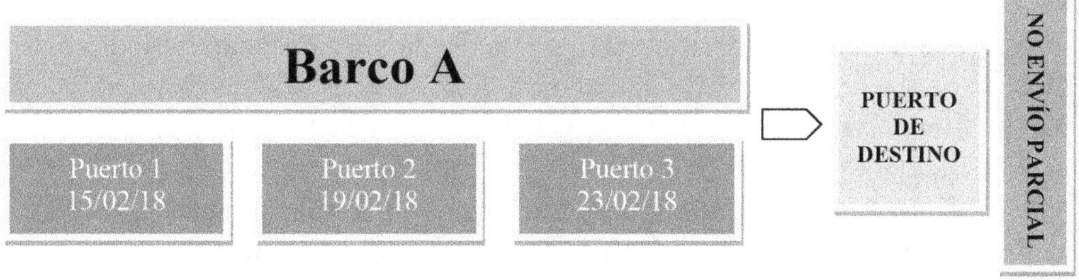

Figura 4.40. **Esquema de expedición no considerada parcial, por embarque en fechas y puertos diferentes.**

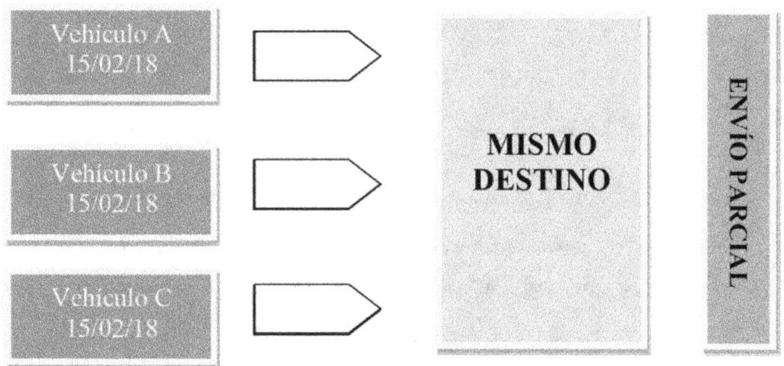

Figura 4.41. **Esquema de expedición considerada parcial.**

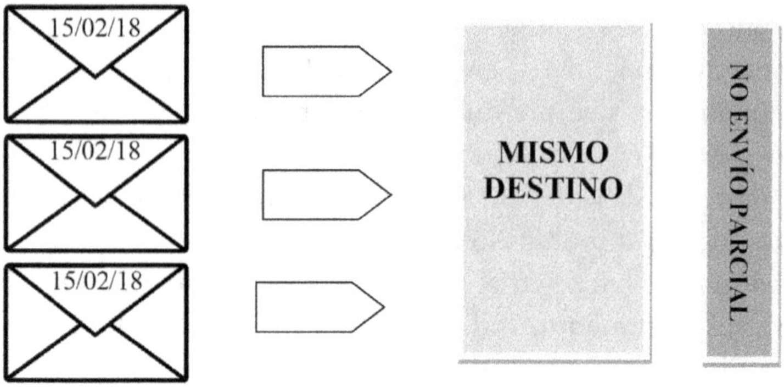

Figura 4.42. Esquema de expedición no considerada parcial, por tener resguardos postales con la misma fecha, lugar y destino.

La presentación que contenga más de un resguardo de mensajero, resguardo postal o certificado de envío postal no se considera que cubre una expedición parcial si los resguardos o certificados postales aparentemente han sido sellados o firmados por el mismo servicio de mensajería o servicio postal, en el mismo lugar, en la misma fecha y para el mismo destino (art. 31c UCP 600) (figura 4.42).

Si el crédito establece una utilización o expedición fraccionada en períodos determinados y no se utiliza o expide alguna fracción dentro del período correspondiente a esa fracción, cesa la disponibilidad del crédito para dicha fracción y las posteriores (art. 32 UCP 600).

Hay una relación estrecha entre las expediciones parciales y la transferencia del crédito, ya que «un crédito puede ser transferido en parte a más de un segundo beneficiario a, condición de que las utilizaciones o expediciones parciales estén autorizadas» (art. 38D UCP 600).

2.1.19 Fecha límite de presentación de documentos (período de presentación en días) (18)
Campo SWIFT: 48

En los estándares SWIFT, la estructura de este campo se modifica, especificando el número de días después de la fecha de envío que se presentarán los documentos para pago, aceptación o negociación. Además del número de días se podrá indicar en este campo otro tipo de fecha distinta a la de envío, por ejemplo, fecha de factura u otro documento a partir del cual comienza el período de presentación (figura 4.43).

> **18.** **Fecha Límite para presentación de documentos (48)**
> 7 DÍAS DESPUÉS DE LA FECHA DE ENVÍO.

Figura 4.43. Instrucciones (presentación documentos desde fecha de documento de transporte).

Si el crédito no especifica la fecha de presentación de documentos y la presentación incluye uno o más documentos de transporte, los documentos deben presentarse no más tarde de 21 días naturales, después de la fecha de embarque, pero en ningún caso con posterioridad a la fecha de vencimiento del crédito (art. 14c UCP 600).

SON POR CUENTA D	ARE FOR BENEFICIARY S ACCOUNT
PLAZO PRESENTACION EN DÍAS 48 7	PERIOD FOR PRESENTATION IN DAYS 48 7
INSTRUCCIONES CONFIRMACIÓN 49 WITHOUT	CONFIRMATION INSTRUCTIONS 49 WITHOUT

Figura 4.44. Mensaje SWIFT (presentación documentos en días, desde fecha documento transporte).

En caso de que la fecha de presentación del documento fuera 7 días después de la emisión de la factura comercial, caso no habitual, se expresaría de la forma siguiente:

48 7/ FACTURA COMERCIAL   **48** 7/ COMMERCIAL INVOICE

2.1.20 *Origen y destino de la mercancía (19)*
Campos SWIFT: 44A, 44E, 44F, 44B

En el condicionado de apertura, la peticionaria habrá de señalar el lugar de embarque o expedición y el punto de destino de la mercancía (figuras 4.45 y 4.46).

> **19.** **Procedente desde (44A – 44E -):** VALPARAISO - CHILE
> **Hasta (44B-44F):** VALENCIA – ESPAÑA

Figura 4.45. Instrucciones (lugar carga y descarga).

TRANSBORDO 43T ALLOWED	TRANSSHIPMENT 43T ALLOWED
PUERTO CARGA/APTO PARTIDA 44E VALPARAISO, CHILE	PORT OF LOADING/AIRPORT DEP 44E VALPARAISO, CHILE
PUERTO DESCARGA/APTO DEST 44F VALENCIA, ESPANA	PORT OF DISCHARGE/AIRPORT DES 44F VALENCIA, ESPANA
FECHA LIMITE EMBARQUE 44C XX1115	LATEST DATE OF SHIPMENT 44C XX1115

Figura 4.46. Mensaje SWIFT (lugar carga y descarga).

En determinados casos puede ser beneficioso no hacer referencia concreta a puertos o puntos de embarque o desembarque, sino consignar una fórmula genérica, del tipo «cualquier puerto español», «cualquier puerto chileno», etc. Por ejemplo,

44E   ANY CHILEAN PORT   44F   ANY SPANISH PORT

Los campos que se pueden utilizar son:

- **44A Lugar de toma para carga | Despacho de... | Lugar de recepción:** Este campo especifica el lugar de toma para carga (en caso de un documento de transporte multimodal), el lugar de recepción (en caso de una carretera, ferrocarril o documento de transporte por vía navegable o un guía o documento de servicio de entrega rápida), el lugar de expedición o el lugar de embarque que se indica en el documento de transporte.
- **44E Puerto de carga | Aeropuerto de salida:** Este campo especifica el puerto de carga o aeropuerto de salida que debe figurar en el documento de transporte.
- **44F Puerto de descarga | Aeropuerto de destino:** Este campo especifica el puerto de descarga o aeropuerto de destino que se indica en el documento de transporte.
- **44B Lugar de destino final | Al transporte de... | Lugar de entrega:** Este campo especifica el destino final o lugar de entrega que se indicará en el documento de transporte.

2.1.21   Condiciones adicionales (20)
Campos SWIFT: 47A

El documento prevé la posibilidad de consignar aquellas circunstancias específicas que se consideren necesarias y que afecten a la operación contractual como consecuencia de la cual surge el crédito, y que no han sido contempladas en otros apartados.

En las instrucciones que firma el importador se indican todas aquellas condiciones (figura 4.47) que no están en el formulario de apertura y no recogidos, por tanto, en los campos SWIFT usados habitualmente.

En el campo 47A se indica información relativa a la elaboración de los documentos requeridos por el crédito (por ejemplo, todos los documentos deben hacer referencia expresa al crédito documentario, o deben aparecer en inglés, la presenta-

---

20. Condiciones adicionales (47A y otros campos no descritos en este documento)
- POR CADA DOCUMENTO CON DISCREPANCIAS DEDUCIREMOS 130 EUROS
- TODOS LOS DOCUMENTOS DEBEN INDICAR EL NÚMERO DE CRÉDITO DOCUMENTARIO

Figura 4.47. Instrucciones (condiciones no incluidas en otras casillas de las instrucciones).

```
CONDICIONES ADICIONALES 47A
        + POR CADA DOCUMENTO CON DISCREPANCIAS DEDUCIREMOS 130 EUROS
        + TODOS LOS DOCUMENTOS DEBEN INDICAR EL NÚMERO DE CRÉDITO
        DOCUMENTARIO
```

```
ADDITIONAL CONDITIONS 47A
        + FOR EACH SET OF DOCUMENTS PRESENTED WITH DISCREPANCIES, WE
DEDUCTED COLLECTED EUR.130
        + ALL DOCUMENTS MUST INDICATE NUMBER OF L/C
```

Figura 4.48. Mensaje SWIFT (condiciones no incluidas en otra parte del mensaje).

ción de documentos electrónicos, determinadas cláusulas,…). También se recogen informaciones sobre el desarrollo de la operación de crédito documentario.

Como precaución conviene tener presente que este es uno de los campos que habitualmente conlleva más problemas.

Si se permite la presentación de registros electrónicos, el lugar de presentación del documento electrónico (es decir, la dirección electrónica donde la presentación debe hacerse) se debe especificar en este campo.

Al rellenar la dirección electrónica no se permitía usar la @ ni caracteres especiales, ya que se usaba el formato de caracteres x.[22] A partir de noviembre de 2018, el formato de los campos grandes de texto libre cambia del conjunto de caracteres x al conjunto de caracteres z, que también permite el uso de los caracteres especiales =! « % & * <>; {@ # _

Asimismo, en este campo se pueden indicar determinadas cláusulas que no tienen campo específico en el SWIFT, como una cláusula roja o un crédito renovable, entre otros.

En relación con este campo, el Grupo de Expertos del Comité Español de la Cámara de Comercio Internacional, en respuesta a una consulta,[23] indica:

---

[22] El signo arroba @ de la dirección electrónica se sustituye por (AT); el guion bajo _ por (UNDERSCORE).

[23] Consulta realizada a la Cámara de Comercio Internacional *(Revolving* no acumulativo – abril 2018), a través de su web http://www.iccspain.org/revolving-no-acumulativo/. Téngase en cuenta que la respuesta a la consulta planteada refleja el punto de vista de los componentes del Grupo de Expertos del Comité Español de la Cámara de Comercio Internacional, no de la Comisión Bancaria de la CCI.

«La concreción del crédito *revolving*, indicando todas y cada una de sus condiciones y plazos, debe darse de forma clara, concreta e inequívoca dentro del propio condicionado del crédito. En créditos emitidos mediante mensaje SWIFT se puede utilizar, por ejemplo, el campo 47A Condiciones Adicionales».

Cuando se presenta una cláusula roja[24] se recomienda que, en el campo 47A del mensaje SWIFT MT 700 (emisión de un crédito documentario), se incluya la autorización con el respectivo importe y/o porcentaje de pago anticipado pactado entre parte compradora y vendedora.

También se incluyen en este campo los detalles relativos a la transferibilidad del crédito o el banco autorizado para ello.

Al igual que en el campo 45A y 46A, en caso de que la longitud del mismo exceda de la permitida, se emitirá un MT 701 para este campo.

2.1.22   Condiciones especiales (20)
Campos SWIFT: 49G, 49H

En los estándares MT, a partir de noviembre de 2018, hay dos nuevos campos para indicar condiciones especiales:

- Condiciones especiales de **pago para el beneficiario (49G):** Este campo especifica condiciones de pago especiales aplicables al beneficiario, por ejemplo, solicitudes y condiciones de la financiación.

- Condiciones especiales de **pago para el banco receptor (49H):** Este campo especifica las condiciones especiales de pago aplicables al banco receptor sin informar al beneficiario, por ejemplo, solicitud o condiciones a la financiación para el banco receptor únicamente.

En el condicionado de apertura que el ordenante entrega al banco emisor, se puede crear este apartado o simplemente, indicarlo en un campo libre (20).

---

[24] Es una modalidad de crédito anticipatorio que permite al beneficiario disponer de dinero antes del cumplimiento de los términos y condiciones del crédito.

2.1.23 Gastos bancarios (21)
Campo SWIFT: 71D

En este campo se especifica quién se hará cargo de los gastos de las entidades financieras que intervienen en operación (figuras 4.49 y 4.50). Lo habitual es que la parte ordenante y la beneficiaria corran cada uno con los gastos en su país.

> **21. Gastos Bancarios (71D)**
> TODOS LOS GASTOS FUERA DE ESPAÑA SON POR CUENTA DEL BENEFICIARIO

Figura 4.49. Instrucciones (gastos).

DETALLE DE GASTOS 71D TODOS LOS GASTOS FUERA DE ESPAÑA SON POR CUENTA DEL BENEFICIARIO	CHARGES 71D ALL BANKING CHARGES OUTSIDE SPAIN ARE FOR BENEFICIARY S ACCOUNT

Figura 4.50. Mensaje SWIFT (gastos).

En ausencia de este campo, todos los gastos, excepto los gastos de negociación y de transferencia, son a cargo del ordenante.

Lo habitual es que cada cliente asuma los costes de su entidad (casilla seleccionada por defecto), pero cualquier otro acuerdo entre las partes es viable.

Además, para rellenar el campo se pueden usar uno o más de los códigos de la tabla 4.6, seguidos por el código de moneda y la cantidad (que debe estar entre barras).

Códigos campo 71D			
Código	**Significado**	**Código**	**Significado**
AGENT	Comisión del agente	POST	Nuestro franqueo
COMM	Nuestra comisión	STAMP	Timbre
CORCOM	Nuestra comisión de corresponsal	TELECHAR	Gastos de transmisión
DISC	Descuento comercial	WAREHOUS	Gastos de almacén
INSUR	Seguro		

Tabla 4.6. Códigos a utilizar en el campo 71D de gastos bancarios.

2.1.24   *Información del remitente al receptor (22)*
Campo SWIFT: 72Z

Este campo especifica información adicional para el receptor. Por ejemplo, avisar cuando se haya notificado al beneficiario la apertura del crédito documentario, informar sobre la aceptación de la confirmación, entre otros (figuras 4.51 y 4.52).

> **22. Información del remitente al receptor (72Z)**
> NOTIFICAR CUANDO SE HAYA AVISADO AL
> BENEFICIARIO

Figura 4.51. Instrucciones (información del remitente al receptor).

> INFORMACION   72Z   NOTIFICAR CUANDO SE HAYA AVISADO
>   ESTA L/C AL BENEFICIARIO

> SENDER TO RECEIVER INFORMATION   72Z   ADVISE SAME VIA, WHEN YOU NOTIFY
>   THIS L/C TO BENEFICIARY

Figura 4.52. Mensaje SWIFT (información remitente al receptor).

En el campo 72Z se pueden usar las siguientes menciones:

- *PHONBEN:* significa contactar con el beneficiario por teléfono.
- *TELEBEN:* indica contactar con el beneficiario por el medio más eficiente de comunicación.

2.1.25   *Instrucciones de pago/aceptación/negociación (23)*
Campo SWIFT: 78

Este campo especifica las instrucciones dirigidas al banco sobre pago, aceptación o negociación. También puede indicar si se requiere la notificación previa de una reclamación de reembolso o cualquier otra instrucción que considere oportuna el banco, como la de la figura 4.53.

> **23. Instrucciones de Pago / Aceptación /Negociación (78)**
> RECIBIDOS LOS DOCUMENTOS DE ACUERDO CON LAS CONDICIONES DEL CRÉDITO AL
> VENCIMIENTO PAGAREMOS DE ACUERDO CON SUS INSTRUCCIONES.

Figura 4.53. Instrucciones de pago, aceptación, negociación.

Contiene precisiones sobre domicilio o documentos que deberán ser enviados y las modalidades de reembolso previstas por el banco emisor para cubrir al banco que aceptó pagar, aceptar o negociar (figura 4.54).

```
INSTRUCCIONES CONFIRMACIÓN    49  WITHOUT
INSTRUCCIONES DE PAGO/ACEPT/NEGO        78
                    + RECIBIDOS LOS DOCUMENTOS DE ACUERDO CON LAS
                      CONDICIONES DEL CRÉDITO AL VENCIMIENTO PAGAREMOS DE
                      ACUERDO CON SUS INSTRUCCIONES.
```

```
CONFIRMATION INSTRUCTIONS 49  WITHOUT
INSTRUCTIONS TO THE PAYING/ACCEPTING/NEGOTIATING BANK  78
      + AGAINST RECEIPT DOCUMENTS IN ORDER WITH THE CREDIT TERMS AND
CONDITIONS, AND AT MATURITY DATE FIXED, WE WILL COVER TO THE PAYMENT AS PER
THEIR INSTRUCTIONS
```

Figura 4.54. Mensaje SWIFT (instrucciones de pago, aceptación, negociación).

2.2   Otros campos del mensaje SWIFT

2.2.1   Secuencia del total
Campo SWIFT: 27

Este campo especifica el número de este mensaje en la serie de mensajes enviados para un crédito documentario y el número total de mensajes en la serie (figura 4.55). Puede haber hasta un total de ocho mensajes.

```
SECUENCIA DEL TOTAL    27  1/1
CLASE CREDITO DOCUMENT  40A IRREVOCABLE
NUMERO CREDITO DOCUMEN 20  KPRINCIPE01234
FECHA DE EMISION        31C XX1020
```

```
SEQUENCE TOTAL        27  1/1
FORM OF DOCUMENTARY CREDIT  40A IRREVOCABLE
DOCUMENTARY CREDIT NUMBER 20  KPRINCIPE01234
DATE OF ISSUE        31C XX1020
```

Figura 4.55. Mensaje SWIFT (secuencia, fecha de emisión, clase de crédito y referencia).

2.2.2   *Referencia del crédito (número de crédito documentario)*
Campo SWIFT: 20

Cada operación está identificada con una referencia que servirá de base para toda la correspondencia cruzada en relación con el crédito. Esta referencia suele estar compuesta por un número que asigna el banco emisor. Tiene hasta un máximo de 16 caracteres.

2.2.3   *Fecha de emisión (número de crédito documentario)*
Campo SWIFT: 31C

La casilla 24 indica la fecha en que el ordenante firma la solicitud de apertura al banco emisor (figura 4.56) y el campo 31C indica la fecha en que el banco emisor apertura el crédito documentario, una vez realizada la solicitud por parte del ordenante.[25]

24. Como previsión para responder del pago del importe de este crédito ingreso/ingresamos hoy en una entidad la cantidad de ________________________________ Euros los pagos efectuados/las aceptaciones prestadas en virtud de este crédito, se servirán adeudarlas en mi/Ntra. cuentea nº ES93 1234 5678 0901 12345678 con esa entidad remitiendo los documentos por nuestra cuenta y riesgo a EMPRESA MURCIANA SL
                            (31C)   Lorca a 20 de octubre de 20XX
        Vº Bº de la Oficina   atentamente,
                                          Firma del Ordenante

Figura 4.56. Instrucciones (previsión de fondos y firma del ordenante).

2.2.4   *Referencia de preaviso*
Campo SWIFT: 23

Este campo especifica si el crédito documentario ha sido preavisado (mensaje MT 705). Debe contener el código PREADV seguido de una barra inclinada «/» y una referencia al aviso previo, que puede ser la fecha.

REFERENCE TO PRE-ADVICE. 23   PREADV/XX1015

En el capítulo 5 se profundiza en aspectos de preaviso de un crédito documentario.

---

[25] La firma de la solicitud y la emisión no tiene por qué ser el mismo día.

2.2.5 Banco reembolsador
Campos SWIFT: 53A, 53D

Este campo indica el nombre del banco que ha sido autorizado por el remitente para reembolsar los giros librados al amparo del crédito. Con la excepción de los créditos válidos para negociación, si existe una cuenta de corresponsal entre remitente y receptor en la moneda del crédito la ausencia de indicación en este campo quiere decir que dicha cuenta será la utilizada para el reembolso.

Para detalles sobre campo 53, A o D, véase la tabla 3.6 (cap. 3). Para todo lo relativo a reembolsos, véase el capítulo 6.

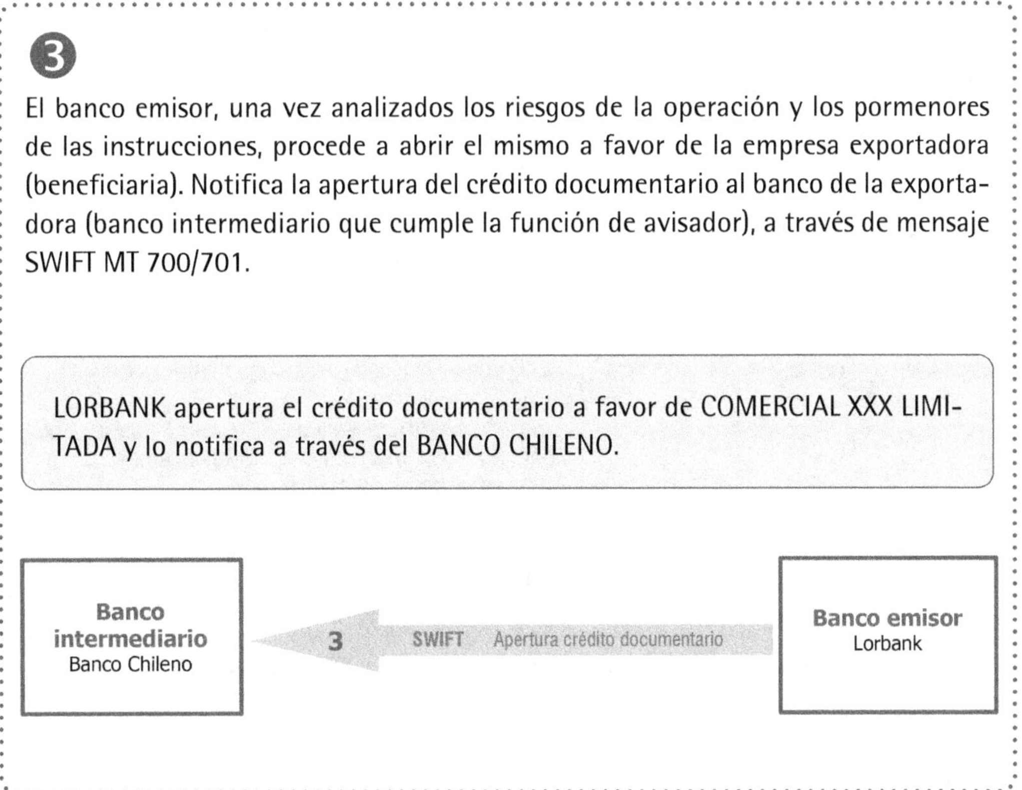

Una vez autorizada la apertura del crédito, el banco emisor procederá a materializar la operación documentaria. Veamos el resultado:

MENSAJE: 700 EMISION DE CREDITO DOCUMENTARIO
EMISOR: LORBESMMXXX LORBANK LORCA
FECHA: 20-10-20XX 11:20 SES-ISN: 0000 000000 PRIORIDAD: N
RECEPTOR: BACHCLRMXXX BANCO CHILENO CHILE SANTIAGO
FECHA: 20-10-20XX 14.15:04 SES-OSN: 0000 000000 APLICACION: F

SECUENCIA TOTAL	27	1/1
CLASE DE CRÉDITO DOCUMENTARIO	40A	IRREVOCABLE
NÚMERO DE CRÉDITO DOCUMENT	20	KPRINCIPE01234
FECHA DE EMISIÓN	31C	XX1020
REGLAS APLICABLES	40E	UCP LATEST VERSION
FECHA LUG. VENCIMIENTO	31D	XX1125 SPAIN
POR ORDEN DE	50	EMPRESA MURCIANA, SL AVDA. JUAN CARLOS I 18 LORCA, 30800 MURCIA, ESPANA
CLIENTE BENEFICIARIO	59	COMERCIAL XXX LIMITADA. CHACABUCO XXX VALPARAISO, CHILE
DIVISA/IMPORTE	32B	CURRENCY EUR AMOUNT 16.560
(%) TOLERANCIA POS/NEG	39A	10/10
DISPONIBLE. CON...POR...	41A	LORBESMMXXX BY DEF PAYMENT
DETALLES PAGO DIFERIDO	42P	90 DÍAS FECHA CONOCIMIENTO DE EMBARQUE
EMBARQUES PARCIALES	43P	NOT ALLOWED
TRANSBORDOS	43T	ALLOWED
PUERTO CARGA/APTO PARTIDA	44E	VALPARAISO, CHILE
PUERTO DESCARGA/APTO DEST	44F	VALENCIA, ESPANA
FECHA LÍMITE PARA EMBARQUE	44C	XX1115
DESCRIPCIÓN MERCANCÍA	45A	SEGÚN FACTURA PROFORMA N° PRO9601 DE FECHA 5-10-20XX FOB PUERTO VALPARAISO, CHILE (INCOTERMS 2020)
DOCUMENTOS REQUERIDOS	46A	+ FACTURA COMERCIAL EN 03/02 (ORIGINAL/COPIAS) + LISTA DE CONTENIDO + CONOCIMIENTO DE EMBARQUE LIMPIO A BORDO, A LA ORDEN DE LORBANK INDICANDO FLETE DEBIDO. + CERTIFICADO DE ORIGEN EUR 1 + CERTIFICADO NIMF/ISPM15 DE TRATAMIENTO DE PALÉS
CONDICIONES ADICIONALES	47A	+ POR CADA DOCUMENTO CON DISCREPANCIAS DEDUCIREMOS 130 EUROS + TODOS LOS DOCUMENTOS DEBEN INDICAR EL NÚMERO DE CRÉDITO DOCUMENTARIO
DETALLE DE LOS GASTOS	71D	TODOS LOS GASTOS FUERA DE ESPAÑA SON POR CUENTA DEL BENEFICIARIO
PERIODO DE PRESENTACIÓN EN DÍAS	48	7
INSTRUCCIONES DE CONFIRMACIÓN	49	WITHOUT
INTRUCCIONES DE PAGO/ACEP/NEGO	78	+ RECIBIDOS LOS DOCUMENTOS DE ACUERDO CON LAS CONDICIONES DEL CRÉDITO AL VENCIMIENTO PAGAREMOS DE ACUERDO CON SUS INSTRUCCIONES.
INFORMACIÓN	72Z	NOTIFICAR CUANDO SE HAYA AVISADO ESTA L/C AL BENEFICIARIO

MAC 0000000
CHK AFCBEB85096B

④

El banco de la empresa exportadora notifica a su cliente (parte exportadora - beneficiaria) la apertura del crédito documentario. Una vez analizado y comprobando que las condiciones coinciden con las pactadas, el cliente empieza a preparar el pedido, pues tiene la certeza de que cobrará, si cumple las instrucciones del crédito (irrevocabilidad).

> EL BANCO CHILENO comunica a COMERCIAL XXX LIMITADA la apertura del crédito documentario. COMERCIAL XXX LIMITADA procede a preparar el envío de uva para su transporte, ya que tiene la garantía de que si presenta los documentos que le han solicitado en las fechas indicadas tendrá el compromiso de LORBANK que le pagará 90 días después de la emisión del BL.

Empresa exportadora
Comercial XXX
Limitada

4

Aviso apertura crédito documentario

Banco intermediario
Banco Chileno

Al recibo del crédito documentario por parte del banco intermediario y una vez verificadas las claves del mensaje, este, remitirá al beneficiario una copia del aviso recibido acompañado de un escrito suyo en el que se recogerán una serie de consideraciones relacionadas con el crédito. En la actualidad, esta copia se envía de forma telemática (por correo electrónico).

El **banco notificador/avisador** asumirá el encargo recibido por el banco emisor, excepto cuando le solicite que **añada su confirmación,** ya que la aceptación de tal condición depende de la confianza que le merezca la operación, pues ello significa asumir las obligaciones del banco emisor a la presentación de los documentos conformes.

Cuando las exportadoras españolas quieren que el banco intermediario les confirme el crédito, tienen la posibilidad de suscribir la «póliza abierta de seguro de créditos documentarios», emitida por **CESCE (Compañía Española de Seguros de Crédito a la Exportación)** que sirve para eliminar las posibles reticencias del banco intermediario español.

Como hemos visto anteriormente, si el banco recibe la petición de notificar un crédito o una modificación, pero no puede establecer a su satisfacción la aparente autenticidad del crédito, la modificación o la notificación, debe informar de ello, sin demora, al banco del que aparentemente recibió las instrucciones (art. 9f UCP 600).

Si el banco decide no informar de la apertura del crédito, debe informar de ello al banco del cual recibió el crédito, la modificación o la notificación (art. 9e UCP 600).

Al recibir el beneficiario la notificación de la apertura del crédito a su favor (figura 4.57), analizará cuidadosamente el condicionado para ver si responde a lo convenido con el importador y si podrá cumplir todos sus términos.

Especialmente debe comprobar que:

- Las instrucciones de apertura concuerdan con los términos y condiciones pactados (lo ideal sería que coincidieran con lo pactado en el contrato de compraventa).
- La notificación de apertura se ha realizado a través del banco indicado y el crédito es utilizable en el banco convenido (al beneficiario español le interesa que sea pagadero en su banco o, al menos, en un banco de su localidad).
- La existencia de un segundo banco avisador (campo 57A).
- La modalidad de crédito se corresponde con el solicitado. Hay que comprobar en la campo 40A si, además de irrevocable, indica transferible.
- La forma de utilización (41A), coincide con lo acordado.
- Los datos del ordenante (50) y el beneficiario (59) son correctos.
- Las fechas indicadas permiten un margen de tiempo suficiente para procesar el pedido, efectuar el embarque y presentar al banco los documentos. Por ejemplo:

  - Vencimiento (31D).
  - Fecha límite para el embarque (44C).
  - Fecha de presentación de documentos (48).

- Las mercancías solicitadas, su precio y el importe del crédito se ajustan a lo pactado previamente. Si la mercancía ha de viajar en cubierta, el crédito debe permitir la carga *on deck* (campos 45A y 32B).
- Las condiciones de entrega son las pactadas (45A).
- Los documentos requeridos son los acordados con el ordenante (46A):

  - Puede disponer de todos los documentos detallados en este campo: no se solicitan documentos a emitir por el ordenante o personas incorrectas.

BANCO CHILENO
Calle Bandera x, Santiago
Chile
Telf:0267169xx
Fax: 0267169xx

Santiago, 21 de octubre de 20XX

COMERCIAL XXX LIMITADA
CHACABUCO XXX
VALPARAISO CHILE

De acuerdo con las instrucciones recibidas del banco emisor en fecha 20.10.20XX les avisamos la apertura a su favor del crédito documentario KPRINCIPE01234, por importe de 16.560 EUR.

A continuación, les remitimos el condicionado del crédito. Sírvanse revisarlo y analizarlo y, en caso de no ser de su conformidad, les pedimos contacten directamente con el ordenante con el fin de comunicar al banco emisor las oportunas instrucciones de modificación. En relación con lo indicado, encontrará junto al presente aviso una guía para facilitarle el análisis del condicionado del crédito.

Les avisamos el crédito documentario sin responsabilidad ni compromiso por nuestra parte.

Quedamos a su disposición para tramitar el cobro de los documentos relativos a este crédito. A tal efecto les facilitamos la carta-modelo de utilización de crédito documentario que nos podrán entregar cumplimentada junto con los documentos.

Todos los gastos relativos a este crédito en nuestro país son por cuenta suya.

Este crédito documentario queda sujeto a las *Reglas y usos uniformes sobre créditos documentarios de la CCI (Publicación n.º 600).*

Reciba un cordial saludo

Banco Chileno

Figura 4.57. Carta de notificación del crédito documentario al beneficiario, que acompaña al mensaje SWIFT.

- Los términos del seguro concuerdan con los pactados.
- Tenga en cuenta las legalizaciones y certificaciones de terceras personas que se requieran sobre la documentación y los plazos para obtenerlos.
- Que no existen documentos cuya complejidad pueda dificultar su obtención.
- Que el condicionado del crédito no requiere la emisión de documentos en idiomas distintos de los que se expiden ordinariamente, referencias de créditos documentarios en documentos que no se permite su inclusión, etc.

- La exigencia del campo 47A: revisar condiciones adicionales y comprobar que no existen condiciones inaceptables o que no puedan cumplirse.
- Los embarques parciales y los transbordos están permitidos o prohibidos. En caso de no indicar nada, se consideran permitidos (43P, 43T).
- Los puntos de carga y descarga se corresponden con los acordados (campos 44A, 44E, 44F, 44B).
- En el campo 49 de confirmación del crédito, si indica *MAY ADD*, debe contactar con el banco notificador para que añada la confirmación.
- Los gastos bancarios son por cuenta de la parte que se convino. Tener en cuenta que, si los gastos y comisiones del banco emisor son a cargo del beneficiario, el banco notificador desconoce el importe de los mismos (71D).

> En esencia, no debe apreciarse dificultad para cobrar el crédito, una vez cumplidos los requisitos exigidos en el mismo, por no existir cláusulas que impidan su materialización de forma inmediata.

Si al analizar el condicionado de apertura, el beneficiario entiende que existen disconformidades se pondrá en contacto de forma inmediata, con el ordenante para que introduzca las **modificaciones** que estime necesarias (MT 707). Estas no tendrán efectividad hasta que las reciba por medio del mismo banco que le notificó la apertura, puesto que las enmiendas han de efectuarse con la conformidad de todas las partes intervinientes en el crédito documentarlo irrevocable. En el capítulo 5 se explica detalladamente, la modificación de un crédito documentario y el contenido del mensaje MT 707.

Por último, se apuntan unas recomendaciones del Comité español de la CCI para la preparación de documentos:[26]

«En esta preparación de documentos procure que intervenga gente experta y asigne a una persona con suficientes conocimientos la revisión final antes de su presentación al banco designado.

Evite que sus proveedores de servicio entreguen los documentos directamente al banco.

En algunas ocasiones, especialmente cuando se va muy justo de tiempo, hay algunos beneficiarios que dan orden a sus proveedores de servicios de entregar los documentos directamente al banco designado, renunciando por tanto a una inspección previa.

No lo haga. Los documentos son algo demasiado importante en un crédito documentario como para dejarlos pasar por alto».

La parte exportadora (beneficiaria) expide la mercancía con destino al puerto o lugar de destino de desembarco.

COMERCIAL XXX LIMITADA envía la mercancía al puerto de Valencia.

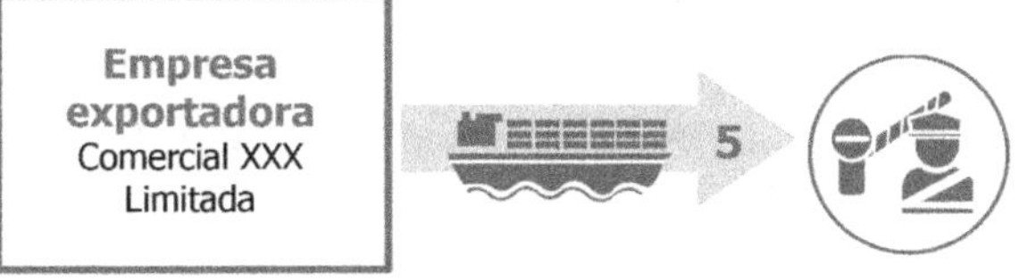

---

[26] Extraído de Francisco Javier Fornt Alsina, *opus cit. (cap. 11).*

Una vez embarcada la mercancía, la exportadora (beneficiaria) reúne todos los documentos y los presenta a su banco (banco avisador) y este los revisa (por mero servicio a su cliente).

COMERCIAL XXX LIMITADA reúne los documentos solicitados y los presenta al BANCO CHILENO (figura 4.58).

El banco avisador –que confía en la garantía del banco emisor y en la solvencia del beneficiario– podrá conceder a este un anticipo o descontar (negociar), si los documentos presentados cumplen el condicionado del crédito (presentación conforme).

Si el banco avisador fuera banco designado, tendría la obligación de actuar, de acuerdo con las instrucciones del emisor, y honrar o negociar, si la presentación es conforme, en cuyo caso lo hará con recurso. Las UCP 600, en su artículo 12, indican que la obligación de honrar o negociar, no impone ninguna obligación a dicho banco designado para que honre o negocie, excepto cuando dicho banco lo acepte expresamente y se lo comunique al beneficiario.

En caso de ser banco confirmador, adquiriría la obligación de honrar o negociar, sin recurso.

COMERCIAL XXX LIMITADA

Chacabuco, 4 de noviembre de 20XX

BANCO CHILENO
Calle Bandera x
Santiago
Chile
Telf: 0267169xx
Fax: 0267169xx

Estimados señores:

Adjunto les remitimos documentación correspondiente al crédito documentario nº KPRINCI-PE01234, cuyos datos se indican a continuación, con el fin de que procedan a su gestión y envío de documentos al siguiente banco:

> LORBANK
> Departamento de Comercio Exterior
> C/ Juan Antonio Dimas 3
> E-30800 Lorca (Murcia, España)
> Tel.: +34 9684441XX
> Fax: +34 9684437XX

El vencimiento es 90 días después de la fecha del conocimiento de embarque, debiendo abonar el importe, una vez cobrado en nuestra cuenta de la entidad Banco Chileno, cuyos datos son los siguientes:

> 1092222XXXX SWIFT (BIC): BACHCLRMXXX

Cliente:

Empresa Murciana, S.L.
Avda. Juan Carlos I, 18
E-30800 Lorca (Murcia, España)
Tel. y fax: +3496846XXXX
FRA. N.º: 9.601............ 16.560 EUR

Documentos que se adjuntan:

- Factura comercial en 03/02 (original/copias).
- Lista de contenido.
- Conocimiento de embarque limpio a bordo, a la orden de LORBANK, indicando flete debido.
- Certificado de origen EUR 1.
- Certificado NIMF/ISPM 15 de tratamiento de los palés.

Atentamente
COMERCIAL XXX LIMITADA

Figura 4.58. Carta de presentación de documentos al banco avisador.

7

Una vez recibidos los documentos el banco avisador los remite al banco emisor (banco designado). Si el banco avisador hubiera asumido la función de designado, los habría revisado y en el supuesto de que la presentación fuera conforme habría honrado o negociado el crédito.

El BANCO CHILENO realiza la presentación de los documentos a LORBANK.

El banco designado que actúe conforme a su designación debe examinar cualquier presentación para determinar, basándose únicamente en los documentos, si en apariencia estos documentos constituyen o no una presentación conforme.

Una vez presentados al banco corresponde a este determinar si la presentación es conforme o no lo es.

Presentador
Es un beneficiario, un banco u otra parte que efectúa una presentación.

Presentación
Tanto la entrega al banco emisor o al banco designado de los documentos al amparo de un crédito documentario como los propios documentos entregados.

(art. 2 UCP 600)

En las UCP 600 (art. 3) se indican expresiones tales como «primera clase», «bien conocido», «cualificado» o «local» utilizadas para describir al emisor de un documento permiten que cualquier emisor, excepto el beneficiario, emita dicho documento.

Las **normas para el examen de documentos** están reguladas por el artículo 14 de las UCP 600.

- El banco designado, el banco emisor y el banco confirmador deben examinar cualquier presentación, basándose únicamente en los documentos, en un plazo máximo de cinco días hábiles a contar desde el día siguiente a la presentación.
- Una presentación que incluya uno o más documentos de transporte originales debe efectuarse por o por cuenta del beneficiario no más tarde de 21 días naturales después de la fecha de embarque, pero en ningún caso con posterioridad a la fecha de vencimiento del crédito.
- Los datos de los documentos cuando sean examinados en el contexto del crédito, del propio documento y de la práctica bancaria internacional estándar, no es necesario que sean idénticos, pero no deben ser contradictorios a los datos en ese documento, en cualquier otro documento requerido o en el crédito.
- En cualquier documento distinto de la factura comercial, la descripción de la mercancía, servicio o prestación, de mencionarse, podrá hacerse en términos generales no contradictorios con su descripción en el crédito.
- Cuando se solicite un documento distinto del documento de transporte, del documento de seguro o de la factura comercial, el crédito debería estipular quién lo emite y su contenido, de lo contrario se aceptará tal y como les sea presentado.
- Cualquier documento presentado, pero no solicitado en el crédito no será tenido en cuenta y podrá ser devuelto al presentador.
- Toda condición debe estipular el documento que debe evidenciar su cumplimiento, de lo contrario se considerará condición no establecida y no se tendrá en cuenta.
- Un documento puede estar fechado con anterioridad a la fecha de emisión del crédito, pero no debe estar fechado con posterioridad a la fecha de vencimiento.
- Las direcciones del beneficiario y del ordenante pueden ser distintas entre distintos documentos, incluso distintas a las que indica el crédito, ya que una empresa puede tener diferentes direcciones y cualquiera de ellas será válida (si las direcciones indicadas están en países distintos no será válido).

- La dirección y los datos de contacto del ordenante deben ser los indicados en el crédito cuando formen parte de los datos de contacto del consignatario o de la parte a notificar en un documento de transporte.
- El documento de transporte puede ser emitido por cualquier parte distinta del transportista, propietario, capitán o fletador a condición que los documentos de transporte cumplan los requisitos indicados en las UCP 600.

2.2.6　Qué aclaran las ISPB

La publicación ISBP 745 de la Cámara de Comercio Internacional, referente a práctica bancaria internacional estándar, contiene aclaraciones sobre el uso de las UCP 600. Estas reglas consideradas indispensables para el buen fin de un crédito documentario han conseguido reducir el porcentaje de rechazo en las operaciones de crédito documentario.

De forma resumida, se exponen aquí los principales contenidos de las ISBP.[27]

- **Introducción:** Trata sobre la importancia de la aplicación de las ISBP y explica cómo los especialistas en créditos documentarios tienen que aplicar las prácticas articuladas en las UCP 600.
- **Consideraciones preliminares:** Ámbito de la publicación (se indica expresamente que «esta publicación debe leerse junto a las UCP 600 y no aisladamente») y de la emisión del crédito y sus modificaciones.
- **Principios generales** (A1-A41): El conocimiento y la adhesión a los principios generales de ISBP 745 no solo aumentarán enormemente la comprensión global de la aplicación correcta de las UCP 600, sino que también ayudarán a evitar problemas comunes y repetitivos asociados con la preparación y el examen de documentos.

  - **Abreviaturas** (A1-A2).
  - **Idioma en los documentos** (A21): Si el crédito no indica nada específicamente, los documentos pueden expresarse en cualquier lengua. El banco confirmador y designado pueden limitar el idioma. Si el crédito indica un

---

[27] Conocida como ISBP 745 *(International Standard Banking Practice)*, la publicación se organiza en párrafos identificados por letras y números. Aquí, entre paréntesis, se indica el párrafo de la ISBP 745 a qué se refiere cada apartado. Más información en la biblioteca digital de la ICC por suscripción: http://library. iccwbo.org/tfb/tfb-isbp.htm.

idioma los documentos deberán estar en dicho idioma. En cambio, puede estar en un idioma diferente del exigido en el crédito: los nombres de personas y entidades, cualquier sello, legalización, endosos o similares, así como el texto preimpreso en un documento y, sin carácter restrictivo, el encabezamiento de los campos.

— **Cálculos matemáticos** (A22): El párrafo dice «cuando los documentos presentados muestran cálculos matemáticos, los bancos solo determinarán que el total indicado en lo que respecta a criterios como el importe, cantidad, peso o número de paquetes no es contradictorio con el crédito o con cualquier otro documento estipulado».

— **Errores ortográficos o mecanográficos** (A23): Un error ortográfico o mecanográfico que no afecte al significado no convierte el documento en discrepante. Por ejemplo:

Modelo 123 o Modele 123 → Entendemos lo que dice →
NO HAY DISCREPANCIA

Modelo 123 o Modelo 132 → El significado es distinto →
HAY DISCREPANCÍA

- **Giros y cálculos de la fecha de vencimiento** (B1-B18).
- **Facturas** (C1-C15).
- Documento de transporte cubriendo al menos dos modos distintos de transporte (**«Documento de transporte multimodal o combinado»**) (D1-D32).
- **Conocimiento de embarque** (E1-E28).
- **Documento de embarque marítimo no negociable** (F1-F25).
- **Conocimiento de embarque sujeto a contrato de fletamento** (G1-G27).
- **Documentos de transporte aéreo** (H1-H27).
- **Documentos de transporte por carretera, ferrocarril o vías de navegación** interior (J1-J20).
- **Documento de seguro y cobertura** (K1-K23).
- **Certificado de origen** (L1-L8).
- **Lista, nota u hoja de empaque** *(packing list)* (M1-M6).
- **Lista, nota u hoja de pesos** *(weight list)* (N1-N6).
- **Certificado del beneficiario** (P1-P4).
- Certificado de análisis, inspección, sanitario, fitosanitario, cantidad, calidad y otros certificados (**«Certificado»**) (Q1-Q11).

2.2.7   Otras aclaraciones

Presentación conforme

Si la documentación concuerda en todos sus extremos con el condicionado del crédito, la utilización se considera correcta y el beneficiario tiene derecho a que se honre el crédito. Teniendo en cuenta lo visto en el artículo 2 de las UCP 600, para que una presentación sea conforme debe serlo respecto a:

- Los términos y condiciones del crédito.
- Las disposiciones aplicables de las reglas.
- La práctica bancaria internacional estándar.[28]

Cuando un banco emisor determina que una presentación es conforme, debe honrar.

Cuando un banco confirmador determina que una presentación es conforme, debe honrar o negociar y remitir los documentos al banco emisor.

Cuando un banco designado determina que una presentación es conforme y honra o negocia, debe remitir los documentos al banco confirmador o al banco emisor.

Presentación no conforme

La documentación presentada que no se ajusta a lo estipulado en el crédito discrepa de su condicionado y se dice entonces que la documentación presenta **discrepancias**. En el caso de que los documentos presenten discrepancias, la entidad financiera ya sea banco confirmador o simplemente avisador, negociador, aceptante o pagador podrá optar por diversas soluciones.

Si los documentos no son correctos, el beneficiario pierde todos sus derechos y los bancos que han intervenido quedan liberados de la obligación contraída.

«Cuando el banco designado que actúa conforme a su designación, el banco confirmador, si lo hay, o el banco emisor deciden rechazar el honrar o negociar, deben efectuar, a tal efecto, una única notificación al presentador»[29] (art.16c UCP 600).

---

[28] Las ISBP quedan claramente incluidas, aunque no se limita solamente a estas.

[29] La notificación de rechazo habrá que enviarla en un plazo máximo de 5 días hábiles, desde la presentación.

La notificación debe contener:

- El rechazo a honrar o negociar.
- Cada discrepancia en virtud de la que el banco rechaza honrar o negociar (campo 77J).
- La situación de los documentos (campo 77B), que puede ser:

  - *HOLD,* indica que mantiene los documentos a la espera de instrucciones del presentador.
  - *NOTIFY,* que mantiene los documentos hasta que reciba del ordenante una renuncia a las discrepancias y acuerde aceptarla, o reciba instrucciones del presentador con anterioridad a su acuerdo a aceptar la renuncia.
  - *RETURN,* que se están devolviendo al presentador.

- Actuar conforme a instrucciones previas recibidas del presentador (PREVINST).

MT 734 Aviso de rechazo

Se utiliza para informar que los documentos no están de acuerdo con los términos y condiciones del crédito y que, en consecuencia, los rechaza por las discrepancias establecidas (tabla 4.7).

Rango	Etiqueta	Nombre del campo
O	20	Número de crédito
O	21	Referencia del banco presentador
O	32A	Fecha e importe de utilización
V	73A	Gastos reclamados
V	33a	Importe total reclamado
V	57a	Banco a la que se remitirá el importe reclamado a favor del remitente
V	72Z	Información del remitente al receptor
O	77J	Discrepancias
O	77B	Disposición de los documentos*

O: condiciones obligatorias; V: condiciones opcionales (voluntarias).
*El campo 77B debe contener las opciones *HOLD, NOTIFY, PREVINST* o *RETURN,* para indicar qué hacer con los documentos.

Tabla 4.7. Aviso de rechazo (estándares SWIFT).

Si el banco emisor o el banco confirmador no actuasen de acuerdo con las disposiciones vistas anteriormente, **pierden el derecho** a alegar que los documentos no constituyen una presentación conforme.

> Las presentaciones con discrepancias suponen un sobrecoste para la exportadora, ya que el banco emisor podrá levantarlas, previo pago (se descontará del importe a recibir), siempre y cuando la importadora esté de acuerdo.

Relación entre banco emisor y ordenante ante discrepancias

En muchas ocasiones, los ordenantes reclaman la documentación con discrepancias, porque consideran que no afectan al despacho, ni a la mercancía en sí.

El manual del CCI mencionado[30] indica al respecto:

«Aunque el ordenante acepte las discrepancias el banco emisor, puede negarse a entregar los documentos. Así lo cita el artículo 16b [de las UCP 600] al disponer que cuando el banco emisor determina que la presentación no es conforme, puede dirigirse al ordenante, pero no dice en ningún momento que deba dirigirse a él ni atender sus peticiones».

Examen de documentos electrónicos (art. e7 eUCP 2.0)[31]

Cuando un registro electrónico lleva incorporado un hipervínculo (conexión a un sistema externo al propio registro), la imposibilidad de acceder al sistema indicado será considerada una discrepancia.

Cuando el banco designado reenvía registros electrónicos, atendiendo a su designación, significa que ha comprobado la aparente autenticidad de los registros.

Si el registro electrónico no puede ser recibido por los sistemas informáticos del banco, la fecha máxima de presentación o vencimiento, se prorrogará hasta el momento en que el banco pueda recibirlo.

....

[30] Francisco Javier Fornt Alsina, *op. cit.*
[31] Según eUCP 2.0 de julio de 2019 que complementan las UCP 600 para presentaciones electrónicas.

Un registro que no pueda ser autentificado se considera como no presentado. La incapacidad de examinar un registro en un formato permitido no es motivo para rechazo del mismo.

Transporte (art. e11 eUCP 2.0)

Si un registro electrónico que demuestre el transporte no indica una fecha de embarque o de despacho o de toma de control, o una fecha en que las mercancías fueron aceptadas para el transporte, se considerará que la fecha de emisión del registro electrónico es la fecha de embarque o de despacho o de toma para carga o la fecha en que las mercancías fueron aceptadas para el transporte. No obstante, si el documento electrónico lleva una anotación en la que se haga constar la fecha del embarque o de despacho o de toma para carga o la fecha en que las mercancías fueron aceptadas para el transporte, se considerará que la fecha de la anotación es la fecha del embarque o de la toma para carga o la fecha en que las mercancías fueron aceptadas para el transporte. Dicha anotación que muestre datos adicionales no necesita estar firmada separadamente o autenticada de otro modo.

Rechazo de documentos electrónicos (art. e8 eUCP 2.0)

Si un banco designado que actúa en su nombre, un banco confirmador, si lo hay, o el banco emisor, proporciona una notificación de rechazo de una presentación que incluye registros electrónicos y no recibe instrucciones de la parte a la que se efectúa la notificación de los registros electrónicos dentro de los 30 días contados desde la fecha en que se realiza la notificación de rechazo, el banco devolverá cualquier documento en papel que no haya sido devuelto anteriormente, pero podrá disponer de los registros electrónicos de la manera que considere apropiada sin ninguna responsabilidad.

Presentación de un registro corrupto (art. e12 eUCP 2.0)

Si un registro recibido parece estar corrupto, el banco informará al presentador y puede solicitar que sea presentado nuevamente, suspendiéndose el plazo de examen y se reanudará cuando vuelva a presentar el registro electrónico. En caso de no hacerlo pasados 30 días, el banco puede considerarlo como no presentado.

8

Una vez utilizado el crédito, si la documentación es correcta y está de acuerdo al condicionado del crédito será una **presentación conforme** y se honrará a la parte beneficiaria (8′), deduciendo sus comisiones y gastos.

9

El banco emisor, simultáneamente al paso 8, adeuda el valor de los documentos al ordenante y le hace entrega de los mismos.

> Una vez revisados los documentos por LORBANK, siendo estos correctos y considerando la *presentación conforme*, pagará en la fecha estipulada (90 días después de la expedición del BL) a COMERCIAL XXX LIMITADA, a través del BANCO CHILENO, deduciendo sus comisiones y gastos, y entregando los documentos a EMPRESA MURCIANA SL.

Cuando el banco emisor examina los documentos recibidos por el banco intermediario y estos son conformes al condicionado del crédito, o presentan reservas pero son admitidas por el ordenante (previo levantamiento de las mismas por parte del banco), este los entrega al ordenante y le carga en cuenta el importe más los gastos correspondientes

Normalmente, la liquidación se compone de los siguientes conceptos:

- **Nominal del crédito, es decir, el importe utilizado.**
- **Gastos y comisiones del banco intermediario** (si en el condicionado de apertura no se estipula que dichas comisiones sean por cuenta del beneficiario).
- **Comisiones del banco emisor.**
- Intereses de demora o por diferencia de valoración, si el crédito no es pagadero en las cajas del banco emisor.
- **Gastos SWIFT**, teléfono, correo, etc., que se hayan producido.

<table>
<tr>
<td>Banco intermediario
Banco Chileno</td>
<td>← 8</td>
<td>Banco emisor
Lorbank</td>
</tr>
</table>

La fecha de la liquidación varía en función de la utilización empleada (a la vista, pago diferido, pago diferido mediante negociación o aceptación). En nuestro caso práctico, es 90 días después de la emisión del BL.

Una vez que el banco emisor ha recibido los documentos en tiempo y forma según lo solicitado por el ordenante en el condicionado de apertura del crédito, adeuda, como se ha dicho, su importe al beneficiario y procede a reembolsarle a su corresponsal los gastos producidos.

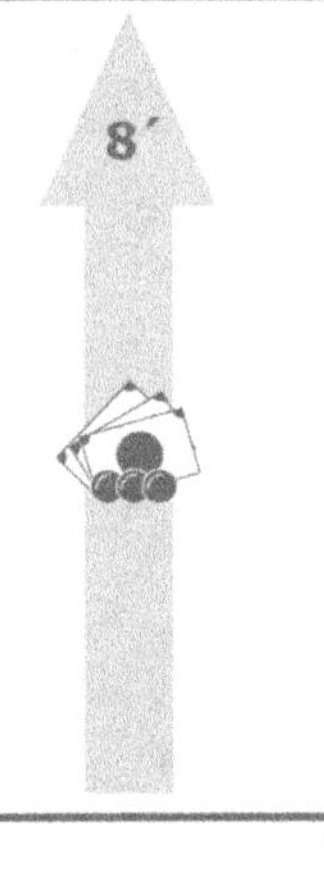

El reembolso a la parte beneficiaria puede ser más o menos inmediato, en función de la cláusula de utilización empleada.

Si el banco emisor y el banco donde es utilizable el crédito son corresponsales, bastará enviar instrucciones de pago con un mensaje MT 202 (transferencia).

Si el banco emisor y el banco donde es utilizable el crédito no son corresponsales, pueden diferenciarse dos situaciones.[32]

- **Pago diferido:** primero se envía un mensaje MT 752 (autorización para honrar o negociar) y al vencimiento un mensaje MT 202.
- **Pago a la vista:** se envía un mensaje MT 756 (aviso de reembolso o pago) y MT 202.

Existen otras posibilidades de mensajes en función del resultado final de la operación.

---

[32] Situaciones extraídas de varios casos reales y consultas con profesionales.

⑩

El ordenante presenta los documentos en el punto convenido y procede a retirar la mercancía.

> EMPRESA MURCIANA SL presenta los documentos en el Puerto de Valencia y procede a retirar la mercancía.

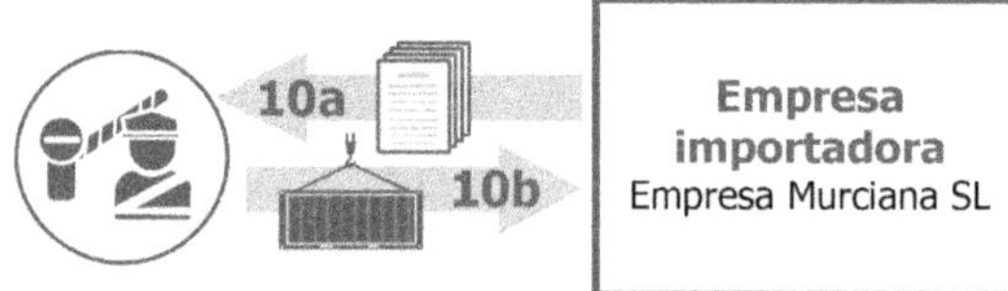

En el momento en que el ordenante recibe los documentos del banco emisor adquiere la posesión de los mismos, lo que le permite retirar la mercancía de la aduana. La recepción de los documentos por parte del ordenante tendrá lugar antes del pago cuando se trate de un crédito con pago diferido, en cuyo caso, si la mercancía no coincide con lo reflejado en la documentación **no podrá negarse** al pago del crédito, pues el compromiso de pago se hizo sobre la base de documentos.

Responsabilidad de los bancos (art. e13 eUCP 2.0)

Los bancos comprobarán la aparente autenticidad de los registros electrónicos recibidos por procesos de datos aceptables comercialmente, no asumiendo ninguna responsabilidad sobre la identidad del remitente, fuente de información, etc.

Fuerza mayor (art. 14 eUCP 2.0)

Un banco no asume ninguna responsabilidad por las consecuencias que surjan de la interrupción de su negocio, incluyendo pero no limitado a su incapacidad de acceder a un sistema de procesamiento de datos, o un fallo en el equipo, *software* o red de comunicaciones, causada por fuerza mayor, disturbios, conmociones civiles, insurrecciones, guerras, actos de terrorismo, ciberataques, o por cualquier huelga o cierre patronal o cualquier otra causa, incluyendo fallos en el equipo, *software* o redes de comunicaciones, fuera de su control.

En el capítulo 9 se ofrecen cuatro casos prácticos relacionados con los conocimientos de este capítulo:

- Caso práctico 1: Operación completa de importación liquidada a través crédito documentario con pago diferido, utilizable en las cajas del banco emisor.
- Caso práctico 2: Exportación a Malasia con crédito documentario pagadero a la vista y utilizable en las cajas del banco confirmador (con reembolso).
- Caso práctico 3: Análisis de un crédito documentario: errores importantes.
- Caso práctico 4: Notificación a un segundo banco avisador.

Capítulo 5
Modificación y preaviso
de un crédito documentario

1 Cómo y cuándo modificar un crédito documentario

Un crédito documentario sujeto a las reglas UCP 600 es irrevocable; por tanto, no se puede modificar a no ser que todas las partes estén de acuerdo (ordenante, banco emisor, beneficiaria y banco confirmador, si lo hubiere). Cualquiera de las partes puede negarse a aceptar cualquier modificación, manteniéndose el crédito en sus términos originales.

Debemos intentar que las instrucciones de apertura sean lo acordado en el contrato de compraventa y que el beneficiario pueda presentar los documentos exigidos en la fecha indicada, de tal manera que no tengan que ser modificados, pues de esa forma se evita un aumento de los gastos bancarios y el posible rechazo de las modificaciones por parte de alguno de sujetos de la operación.

El manual *Cómo evitar problemas con créditos documentarios* de la CCI indica.[1]

«Hay que revisar con detalle las condiciones de un crédito documentario. Y si alguna de las condiciones no vemos clara, es el momento de comentarla con el banco avisador para conocer su punto de vista. Y si hay que solicitar modificaciones, este es el momento adecuado para hacerlo.

De ahí emana otro consejo: **No espere al último momento para solicitar modificaciones**. Las prisas son siempre malas consejeras.

(…) Y como sabemos que las modificaciones no son de obligada aceptación, deberíamos aconsejar a los beneficiarios que pidan las modificaciones razonables e imprescindibles».

---

[1] Francisco Javier Fornt Alsina, *opus cit.*

Las modificaciones de un crédito documentario están reguladas por el artículo 10 de las UCP 600, que indica lo siguiente:

- Solo se podrán modificar los créditos que indiquen de forma expresa que son transferibles en los términos del artículo 38 de las UCP 600.
- Cuando el banco emisor emite una modificación, queda obligado de forma irrevocable, mientras que el banco confirmador puede ampliar su confirmación a la modificación o simplemente puede optar por notificarla sin su confirmación y, si así lo hiciese, debe informar sin demora al banco emisor y al beneficiario en su notificación.
- Los términos y condiciones del crédito original permanecerán en vigor para el beneficiario hasta que este comunique su aceptación de la modificación al banco que la notificó. Si el beneficiario no comunica la aceptación de la modificación, cualquier presentación que cumpla con el crédito o cualquier modificación que no ha sido aceptada se considerarán como comunicación de la modificación por parte del beneficiario, quedando el crédito modificado desde ese momento.
- El banco que notifica la modificación debe informar al banco del que la recibió, la aceptó o la rechazó.
- La aceptación parcial de la modificación no está permitida y será considerada como una comunicación de rechazo.

1.1   Mensaje MT 707

Se utiliza para informar al receptor sobre las modificaciones de los términos y condiciones de un crédito documentario, permaneciendo sin cambios los términos que no se mencionan. A menos que se especifique lo contrario, el MT 707 está destinado a formar parte del instrumento operativo.

Se deben usar los campos específicos para las modificaciones. El campo 22A identifica el motivo del mensaje. Todos los campos hasta el 22A se usan para identificar el crédito documentario y para identificar la modificación. Los campos posteriores especifican los detalles de la modificación y solo estarán presentes los que requieran modificaciones.

En caso de querer cancelar un crédito documentario, se utiliza el mensaje MT 707, ya que se trataría de una modificación de las condiciones (campo 23S).

Cuando un MT 707 transmite la modificación real y completa, este mensaje forma parte del instrumento operativo.

		MT 707 Modificación de un crédito documentario[2]	
Rango	**Etiqueta**	**Nombre del campo**	**Núm.**
O	27	Secuencia total	1
O	20	Referencia del emisor (para identificar el mensaje)	2
O	21	Referencia del receptor del mensaje (si es desconocido NONREF)	3
O	23	Referencia de banco emisor (número de crédito)	4
V	52a	Banco emisor (cuando se notifica la modificación a un segundo banco avisador se usa este campo)	5
V	50B	Emisor no bancario	6
O	31C	Fecha de emisión del crédito	7
O	26E	Número de modificación	8
O	30	Fecha de modificación	9
O	22A	Propuesta de mensaje (lleva los códigos *ACNF, ADVI, ISSU*)	10
V	23S	Solicitud de cancelación (este campo especifica que se solicita la cancelación del instrumento)	11
V	40A	Tipo de crédito documentario	12
V	40E	Reglas aplicables	13
V	31D	Lugar y fecha de vencimiento	14
V	50	Detalles de los cambios solicitados (este campo especifica la parte en nombre del cual se emite el crédito documentario, en el caso de que los detalles hayan cambiado)	15
V	59	Beneficiario	16
V	32B	Cantidad por la que ha aumentado el importe del crédito en el caso de que se haya modificado	17
V	33B	Cantidad por la que ha disminuido el importe del crédito en el caso de que se haya modificado	18
V	39A	Si el porcentaje de tolerancia sobre el importe del crédito se modifica, en este campo se expresará la nueva tolerancia	19
V	39C	Este campo especifica las modificaciones de los importes adicionales cubiertos, como seguros, fletes, intereses, etc.	20
V	41a	Banco designado (se indicará cómo se utiliza el crédito)	21

Continúa

[2] El contenido de gran parte de los campos es similar al MT 700. Los campos nuevos o los que experimenten alguna variación tienen su explicación entre paréntesis.

Continuación

Rango	Etiqueta	Nombre del campo	Núm.
V	42C	Plazo en el que se libran los giros	22
V	42a	Banco librado de los giros	23
V	42M	Fechas, Importes y forma de determinar un crédito de pagos combinados	24
V	42P	Fecha de pago en un crédito utilizable mediante pago diferido o negociación	25
V	43P	Embarques parciales	26
V	43T	Transbordos	27
V	44A	Lugar de carga o expedición o toma para carga de la mercancía	28
V	44E	Puerto de carga/aeropuerto de salida	29
V	44F	Puerto de descarga/ aeropuerto de destino	30
V	44B	Lugar de destino de la mercancía	31
V	44C	Fecha máxima para el embarque	32
V	44D	Período durante el cual la mercancía puede ser embarcada	33
V	45B	Descripción de la mercancía *(ADD, DELETE, REPALL)*	34
V	46B	Documentos requeridos en el crédito *(ADD, DELETE, REPALL)*	35
V	47B	Condiciones adicionales *(ADD, DELETE, REPALL)*	36
V	49M	Condiciones de pago especiales del beneficiario *(ADD, DELETE, REPALL)*	37
V	49N	Condiciones de pago especiales del banco receptor *(ADD, DELETE, REPALL)*	38
V	71D	Gastos	39
V	71N	Gastos de la modificación *(APPL, BENE, OTHR)*	40
V	48	Período de presentación en días	41
V	49	Instrucciones de confirmación	42
V	58a	Banco al que se le requiere la confirmación	43
V	53a	Banco reembolsador	44
V	78	Instrucciones para el banco pagador, aceptante o negociador	45
V	57a	«Avisar a través de». Nombre del banco a través del cual el crédito debe ser avisado cuando es distinto del banco receptor	46
V	72Z	Información de banco receptor	47

O: condiciones obligatorias; V: condiciones opcionales (voluntarias).
Fuente: Traducción a partir de los estándares SWIFT.

Tabla 5.1. Campos el mensaje MT 707.

Cuando el MT 707 es utilizado para mostrar solamente un resumen de las modificaciones y no es, por tanto, considerado como parte del instrumento operativo, en el campo 72Z debe contener la frase «SIGUEN DETALLES» *(«DETAILS TO FOLLOW»).*

Si la modificación contiene instrucciones de reembolso que no se indicaron previamente en el crédito original (salvo que se especifique lo contrario), los reembolsos en virtud del crédito documentario emitido están sujetos, en su caso, a las reglas uniformes para reembolsos bancarios. El banco avisador deberá informar al banco designado la reglas a las que está sujeto (UCP o URR).

El MT 707 (mensaje de modificación de un crédito documentario) se ha mejorado significativamente para estar en línea con los mensajes MT 700, MT 710 y MT 720, con campos estructurados para detalles de modificación en lugar de los pocos campos de formato libre que se utilizaron en las versiones anteriores (hasta noviembre de 2018).

El significado de los códigos del campo 22A es:

- *ACNF:* Aviso y confirmación de la modificación.
- *ADVI:* Aviso de la modificación del crédito.
- *ISSU:* Emisión de la modificación del crédito.

El significado de los códigos de los campos 45B, 46B, 47B, 49M y 49N es:

- *ADD:* Debe ir seguido del texto que se agregará.
- *DELETE:* Debe ir seguido del texto que se va a eliminar.
- *REPALL (Replace all):* Debe ir seguido del texto que reemplaza todo el texto en el mismo campo. No se puede usar otro código.

1.2 Mensaje MT 708 (páginas sucesivas)

Cuando la modificación de un mensaje de crédito documentario excede la longitud máxima del mensaje, se debe transmitir la modificación adicional a través de uno o más MT 708 (tabla 5.2). Se pueden enviar hasta siete MT 708, además del MT 707.

La información en los campos de MT 708 no debe repetir la información en los mismos campos del mensaje MT 707 relacionado o en cualquier MT 708 relacionado. Además, no debe entrar en conflicto con otros campos de los mensajes.

MT 708 Modificación de un crédito documentario			
Rango	Etiqueta	Nombre del campo	Núm.
O	27	Secuencia total	1
O	20	Referencia del emisor	2
O	23	Referencia del banco emisor	3
O	26E	Número de modificación	4
O	30	Fecha de modificación	5
V	45B	Descripción de la mercancía	6
V	46B	Documentos requeridos en el crédito	7
V	47B	Condiciones adicionales	8
V	49M	Condiciones de pago especiales del beneficiario	9
V	49N	Condiciones de pago especiales del banco receptor	10

O: condiciones obligatorias; V: condiciones opcionales (voluntarias).
Fuente: Traducción a partir de los estándares SWIFT.

Tabla 5.2. Campos de un mensaje MT 708.

La modificación más usual es la relativa a las **fechas de embarque o al vencimiento.**

En algunos casos, la modificación se produce por la imposibilidad de la exportadora de reunir un documento determinado que no es básico para la operación (no se recomienda solicitar este tipo de documentos). (Véase el caso práctico 5 en cap. 9.)

En el texto modificado se indicarán las condiciones que se rectifican, señalando que el resto de las instrucciones permanecen invariables.

Hay algunas modificaciones que presentan problemas a la hora de ser aceptadas por las partes implicadas, como el aumento en la cantidad de la mercancía o su precio. En ese caso, el banco emisor tendrá que estudiar los verdaderos efectos de las modificaciones, sobre todo en cuanto a riesgos que no estén cubiertos suficientemente por parte del ordenante.

2   El porqué del preaviso

El preaviso es la información preliminar de apertura de un crédito documentario, cuyos detalles completos se encuentran en el MT 700. En el preaviso figuran los siguientes campos: clase de crédito, número de crédito, fecha de vencimiento, ordenante, beneficiario e importe. Además, podrán aparecer otros campos que aparecen como voluntarios en la tabla 5.3.

El preaviso no supone un compromiso para el banco emisor, que lo hace a título informativo y sin responsabilidad por su parte (la única responsabilidad es emitir el crédito). El compromiso nace cuando emite el MT 700, momento en que hará referencia al preaviso cursado.

El preaviso se utiliza para garantizar al exportador que el importador ha pasado las instrucciones a su banco, de modo que el exportador tenga la garantía del banco emisor de que va a emitir el crédito documentario a su favor (véase el caso práctico 6 en cap. 9).

Cuando un banco emisor envía un preaviso queda irrevocablemente comprometido a emitir, lo antes posible, el instrumento operativo del crédito o la modificación en unos términos que no sean incongruentes con la notificación previa (art. 11b UCP 600).

2.1   Mensaje MT 705

Es una breve notificación de un crédito documentario cuyos detalles completos se encuentran ya en un mensaje MT 700.

El preaviso no es un instrumento operativo del crédito. A menos que se indique lo contrario, el banco emisor debe reenviar el instrumento de crédito operativo lo antes posible.

3   Consideraciones sobre la teletransmisión de los créditos

El artículo 11a de las UCP 600 hace mención de las siguientes consideraciones sobre la teletransmisión de los créditos documentarios:

- Una teletransmisión autenticada de un crédito o de una modificación se considera su instrumento operativo, y cualquier confirmación posterior por correo no se tendrá en cuenta.

MT 705 Preaviso de crédito documentario			
Rango	**Etiqueta**	**Nombre del campo**	**Núm.**
O	40A	Tipo de crédito documentario	1
O	20	Número del crédito	2
O	31D	Lugar y fecha de vencimiento	3
O	50	Ordenante	4
O	59	Beneficiario	5
O	32B	Moneda de pago e importe	6
V	39A	Porcentaje de tolerancia (±)	7
V	39C	Importes adicionales, cubiertos, fletes, intereses, etc.	8
V	41a	Banco designado	9
V	44A	Lugar de carga o expedición, o toma para carga de la mercancía	10
V	44E	Puerto de carga/aeropuerto de salida	11
V	44F	Puerto de descarga/aeropuerto de destino	12
V	44B	Lugar de destino de la mercancía (entrega)	13
V	44C	Fecha máxima para el embarque	14
V	44D	Período de embarque	15
V	45A	Descripción de las mercancías (también se especificarán reglas Incoterms)	16
V	57a	«Avisar a través de...»	17
V	79Z	Información adicional sobre del crédito	18
V	72Z	Información del remitente al receptor *(PHONBEN* o *TELEBEN)*	19

O: condiciones obligatorias; V: condiciones opcionales (voluntarias).
Fuente: Traducción a partir de los estándares SWIFT.

Tabla 5.3. **Campos del mensaje MT 705.**

- Si el banco emisor abre el crédito documentario o emite una modificación, considerando que no es el instrumento operativo de ambos, debe especificar **«siguen detalles completos»** (o una expresión similar), en cuyo caso deberá emitir sin demora el instrumento operativo del crédito o la modificación en términos que no sean incongruentes con la teletransmisión.

En el capítulo 9 se ofrecen dos casos prácticos relacionados con este capítulo:

- Caso práctico 5: Modificación de un crédito documentario.
- Caso práctico 6: Preaviso de un crédito documentario.

Capítulo 6
Los reembolsos interbancarios

El reembolso interbancario es el realizado por un tercer banco ajeno al crédito documentario y que está a favor del banco designado para honrar o negociar el crédito.

El banco reembolsador es el autorizado por el banco emisor para que atienda por su cuenta las peticiones de reembolso que le efectué el banco que honre o negocie un crédito documentario. No forma parte de la cadena de bancos que intervienen en el crédito, ya que es la entidad bancaria que se utiliza para que el banco designado pueda obtener el reembolso de los pagos efectuados por la utilización del mismo.

Los reembolsos pueden surgir porque:

- Se acuerda liquidar el pago de la operación objeto de la compraventa en una moneda distinta a la de los países que intervienen en la operación.
- El beneficiario quiere recibir el crédito documentario a través de su banco, teniendo que solicitar el reembolso al corresponsal del emisor.

Cuando interviene el banco reembolsador se puede utilizar el artículo 13 de las UCP 600 para los aspectos relativos a los reembolsos o aplicar a esos aspectos las Reglas uniformes para los reembolsos interbancarios, publicación 725 de 2008 (URR). El uso de estas reglas debe quedar reflejado en el condicionado de apertura así:

- Si se aplica las UCP 600 (art. 13) al reembolso, hay que hacer constar ***APPLICABLE RULES 40E UCP LATEST VERSION.***
- Si se aplican las URR al reembolso, se debe indicar ***APPLICABLE RULES 40E UCPURR LATEST VERSION.***

1   Acuerdos sobre reembolsos entre bancos

1.1   UCP 600

Según las UCP 600, en su artículo 13, los acuerdos sobre reembolsos entre las entidades bancarias:

> «Si el crédito establece que un banco designado ("banco peticionario") debe obtener el reembolso mediante reclamación a un tercero ("banco reembolsador"), el crédito deberá indicar si el reembolso está sujeto a las reglas para reembolsos interbancarios de la CCI en vigor en la fecha de emisión del crédito.
>
> Si el crédito no indica que el reembolso está sujeto a las reglas para reembolsos interbancarios de la CCI, será de aplicación lo siguiente:
>
> - El banco emisor debe proporcionar al banco reembolsador una autorización de reembolso que sea conforme a la disponibilidad indicada en el crédito. La autorización de reembolso no debería estar sujeta a una fecha de vencimiento.
> - No debe requerirse al banco peticionario que proporcione al banco reembolsador un certificado de cumplimiento de los términos y condiciones del crédito.
> - El banco emisor será responsable de cualquier pérdida por intereses, junto con cualquier otro gasto incurrido, si el banco reembolsador no efectúa el reembolso a primer requerimiento de acuerdo con los términos y condiciones del crédito.
> - Los gastos del banco reembolsador son por cuenta del banco emisor. No obstante, si los gastos son por cuenta del beneficiario, es responsabilidad del banco emisor indicarlo así en el crédito y en la autorización de reembolso. Si los gastos del banco reembolsador son por cuenta del beneficiario, serán deducidos del importe debido al banco peticionario en el momento del reembolso. De no producirse reembolso, los gastos del banco reembolsador seguirán siendo obligación del banco emisor.
>
> El banco emisor no queda exonerado de ninguna de sus obligaciones de proveer el reembolso si el banco reembolsador no efectúa el reembolso a primer requerimiento».

1.2   URR

Debido al enorme desarrollo que han experimentado los reembolsos interbancarios, la CCI impulsó la publicación de las Reglas uniformes para reembolsos interbancarios relacionados con los créditos documentarios **(URR)**, recogidas en su primera versión en la publicación 525, en vigor desde el 1 de julio de 1996, y que han sido actualizadas para adaptarse a las UCP 600, a través de la publicación 725, en vigor desde el 1 de octubre de 2008.

Con estas reglas se ha pretendido uniformar las prácticas locales que se venían utilizando en los diferentes países (excepto en Estados Unidos, donde los bancos habían adoptado reglas operativas propias).

Los aspectos más destacados de sus estipulaciones son los siguientes:

- Son vinculantes para todas las partes, salvo que se estipule lo contrario en la autorización de reembolso.
- Al igual que las UCP 600, incluye en su artículo 2 definiciones de banco emisor, banco reembolsador, autorización de reembolso, etc.
- Esta autorización es independiente del crédito al que se refiere, y el banco reembolsador no se ve afectado u obligado por los términos y las condiciones del crédito, aun cuando se incluya cualquier referencia a los términos y condiciones del crédito en la autorización de reembolso.
- Salvo por lo dispuesto en los términos de su compromiso de reembolso, el banco reembolsador no está obligado a atender una petición de reembolso, en cuyo caso debe informar al banco emisor sin demora.
- El compromiso de reembolso que emita el banco reembolsador es irrevocable y no puede ser anulado ni modificado sin el consentimiento del banco peticionario. Todo ello al margen del crédito documentario en cuestión.
- El banco emisor no debe solicitar en la autorización de reembolso un certificado de que se han cumplido los términos y condiciones del crédito.
- La autorización de reembolso y sus posibles modificaciones han de ser completas y precisas, y en ellas deben figurar, entre otros datos, el número de referencia del crédito, su importe y la divisa en que esté denominado, el nombre y dirección completa del banco peticionario (uno concreto, o uno indefinido en créditos libremente negociables), por cuenta de quién corren los gastos del banco reembolsador y los del banco peticionario, etc.
- La autorización de reembolso no debe tener fecha de vencimiento y el importe no utilizado ha de cancelarse de acuerdo con las instrucciones que pase el banco emisor al reembolsador.
- Un banco reembolsador tiene un máximo de tres días hábiles, contados a partir del día de la recepción de la solicitud de reembolso, para realizar el pago.
- Si el banco reembolsador decide no atender el reembolso a causa de una petición no conforme en virtud de un compromiso de reembolso o por cualquier

otra razón, debe comunicar esta decisión lo más rápido posible al banco peticionario y al banco emisor: no más tarde del tercer día hábil bancario siguiente al día de la recepción de la petición.

- Los gastos del banco reembolsador son por cuenta del banco emisor, aunque al atender la petición de reembolso el banco reembolsador está obligado a seguir las instrucciones respecto a los gastos contenidas en la autorización de reembolso:

  - Si la autorización de reembolso indica que los gastos son por cuenta del beneficiario, se deducen del importe de pago al banco peticionario cuando se realice el reembolso. Si no se pagan o no se presenta la autorización de reembolso, son responsabilidad del banco emisor.
  - Los gastos pagados por el banco reembolsador se añaden al importe de la autorización, siempre que el banco peticionario indique el importe de esos gastos.
  - Si el banco emisor no facilita al banco reembolsador instrucciones referente a los gastos, todos los gastos serán asumidos por el emisor.

> El contenido del artículo 13 de las UCP 600 cubre los elementos esenciales de los reembolsos interbancarios sin entrar en detalles. Un banco emisor puede encontrar que el artículo 13 de las UCP 600 es más flexible debido a su falta de contenido, pero en la práctica internacional se debe considerar seriamente la adopción de las URR.

2   El reembolso y el mensaje SWIFT

En el texto del mensaje SWIFT MT 700 aparece en la casilla 53a (53A/53D). Este campo especifica el nombre del banco que ha sido autorizado por el emisor para atender el reembolso, de acuerdo con una autorización de reembolso emitida por el banco emisor.

El banco reembolsador puede ser un corresponsal del emisor o del receptor, o un banco totalmente diferente.

Con la excepción de los créditos válidos para negociación, si existe una cuenta de corresponsal entre remitente y receptor de la moneda del crédito, la ausencia de indicación de este campo 53A quiere decir que la cuenta será la utilizada para el reembolso.

Código	Nombre del campo	Características
740	Autorización de reembolso	Este mensaje se envía desde el banco emisor al banco reembolsador para autorizarle la realización del reembolso
742	Reclamación del reembolso	Este mensaje es enviado por el banco donde es utilizable el crédito al banco reembolsador, reclamándole su importe
744	Aviso de no conformidad de reembolso[1]	Este mensaje es enviado por el banco que reembolsa al banco que reclama el reembolso, indicándole la no conformidad de las instrucciones
747	Modificación de autorización de reembolso	– Se utiliza para informar al receptor sobre las modificaciones de los términos y condiciones del crédito correspondiente a la autorización para reembolsar – La modificación se ha de considerar como parte de la autorización para reembolsar

Fuente: Traducción a partir de los estándares SWIFT.

Tabla 6.1. Mensajes SWIFT relacionados con los reembolsos.

Para dar instrucciones complementarias sobre reembolsos se puede utilizar el campo 78 del mensaje SWIFT.

El sistema SWIFT utiliza los mensajes que muestra la tabla 6.1 para comunicar las autorizaciones del reembolso, su modificación o reclamación.

3   Mensajes SWFIT relativos al reembolso: autorización y reclamación

La autorización de reembolso es el mensaje MT 740 que envía el banco emisor al banco reembolsador autorizándole a realizar el reembolso (tabla 6.2). En el campo 40F se identifican las reglas aplicables, indicando *URR LATEST VERSION,* si está sujeto a las reglas de reembolsos interbancarios, o *NOTURR,* para especificar que están sujetos a las UCP 600.

La reclamación del reembolso la realiza el banco donde es utilizable el crédito al banco reembolsador, a través de mensaje MT 742 (tabla 6.3).

---

[1] Es uno de los mensajes en los estándares SWIFT, en vigor desde noviembre de 2018.

		MT 740 Autorización de reembolso	
Rango	**Etiqueta**	**Nombre del campo**	**Núm.**
O	20	Número del crédito documentario	1
V	25	Este campo identifica la cuenta en la que se van a cargar los reembolsos	2
O	40F	Reglas aplicables *(NOTURR, URR LATEST VERSION)*	3
V	31D	Lugar y fecha de vencimiento	4
V	58a	Banco negociador	5
V	59	Beneficiario	6
O	32B	Moneda de pago e importe	7
V	39A	Porcentaje de tolerancia (±)	8
V	39C	Importes adicionales cubiertos, fletes, intereses, etc.	9
O	41a	Banco designado	10
V	42C	Giros	11
V	42a	Librado	12
V	42M	Detalles de pago mixto	13
V	42P	Detalles de pago diferido/negociación	14
V	71A	Gastos del banco reembolsador *(CLM, OUR)*	15
V	71D	Otros gastos	16
V	72Z	Este campo contiene instrucciones específicas para el banco reembolsador (receptor)	17

O: condiciones obligatorias; V: condiciones opcionales (voluntarias).
CLM: gastos por cuenta del banco que reclama el reembolso; OUR: gastos a cargo del remitente.
Fuente: Traducción a partir de los estándares SWIFT.

Tabla 6.2. **Campos del mensaje MT 740.**

		MT 742 Reclamación de reembolso	
Rango	**Etiqueta**	**Nombre del campo**	**Núm.**
O	20	Referencia del banco que realiza la reclamación	1
O	21	Número del crédito	2
V	31C	Fecha de emisión	3
O	52a	Banco emisor	4
O	32B	Importe reclamado	5
V	33B	Cantidades adicionales reclamadas, así como las especificaciones del campo 39C de MT 700	6
V	71D	Gastos (se puede indicar uno o más de los códigos indicados)	7
O	34a	Importe total reclamado (opción A/B)*	8
V	57a	Banco, si es diferente del receptor	9
V	58a	Banco beneficiario	10
V	72Z	Este campo contiene instrucciones o información adicional para el receptor *(REIMBREF,* referencia del banco reembolsador)	11

O: condiciones obligatorias; V: condiciones opcionales (voluntarias).
*Este campo especifica el código de moneda y el importe total reclamado por el banco reembolsador, si está presente. Representa la fecha valor del importe reclamado (opción A es: fecha, moneda importe; opción B es: moneda e importe).
Fuente: Traducción a partir de los estándares SWIFT.

Tabla 6.3. Campos del mensaje MT 742.

En el capítulo 9 se ofrece un caso práctico relacionado con este capítulo:

- Caso práctico 7: Reembolsos interbancarios.

Capítulo 7
Clases de créditos documentarios

Un crédito documentario se puede clasificar de distintas maneras, según quién asume los compromisos que se contraen, según la forma y el lugar de utilización, y según si es o no transferible.

- *En función de los compromisos contraídos:*

  - Crédito documentario irrevocable.
    Desde el punto de vista del compromiso del banco emisor, los créditos documentarios son irrevocables. El crédito documentario revocable dejó de estar amparado por las Reglas y usos uniformes (UCP) a partir de la última revisión.
    Representa un compromiso firme del banco que lo emite ante el beneficiario, siempre que este haya cumplido estrictamente las condiciones que figuren en el clausulado del crédito documentario. Los términos de estos créditos **no pueden ser anulados o modificados sin el acuerdo** previo de todas las partes implicadas.

- *En función de los compromisos asumidos por el banco intermediario:*

  - Crédito documentario irrevocable confirmado.
  - Crédito documentario irrevocable no confirmado.

- *En función de la forma de utilización:*

  - Crédito utilizable mediante pago a la vista.
  - Crédito utilizable mediante pago diferido.

– Crédito utilizable mediante aceptación.
– Crédito utilizable mediante negociación.

• *En función del lugar de utilización:*

– Crédito utilizable en las cajas del banco emisor confirmado por el banco intermediario.
– Crédito utilizable en las cajas del banco emisor simplemente avisado por el banco intermediario.
– Crédito utilizable en las cajas del banco intermediario confirmado.
– Crédito utilizable en las cajas del banco intermediario no confirmado.
– Crédito utilizable en las cajas de un tercer banco (distinto del emisor/avisador).

Todos los tipos de crédito documentario anteriormente mencionados se analizan en el capítulo 4. En este capítulo nos vamos a centrar en la transferencia de un crédito documentario, la cesión del producto del crédito y distintas modalidades de crédito documentario.

1   Créditos transferibles

El vendedor de la mercancía en el contrato de compraventa es el beneficiario en el crédito documentario, pero a veces ese vendedor adquiere la mercancía de uno o varios fabricantes (segundos beneficiarios), en cuyo caso surge la necesidad de trasmitir el crédito a un segundo o varios segundos beneficiarios.

Un crédito transferible es aquel en virtud del cual el beneficiario («primer beneficiario») pone a disposición de otro beneficiario («segundo beneficiario») el importe total o parcial del crédito. El artículo 38a de la UCP 600 señala lo siguiente: «Un banco no tiene la obligación de transferir un crédito salvo dentro de los límites y en la forma expresamente consentidos por dicho banco». El artículo 38b, define conceptos relativos a las transferencias, tal y como se exponen a continuación:

• **Crédito transferible:** se indica de forma expresa que es «transferible».
• **Banco transferente:** es el banco designado que transfiere el crédito o, en un crédito disponible en cualquier banco, el banco que está específicamente autorizado por el banco emisor para transferir y que transfiere el crédito. El banco emisor puede ser banco transferente.

- **Crédito transferido:** es el que el banco transferente ha puesto a disposición de un segundo beneficiario.

Como ya se ha explicado anteriormente, en la casilla 40A del mensaje SWIFT, se indica expresamente lo siguiente:

– *FORM OF DOCUMENTARY CREDIT 40A IRREVOCABLE TRANSFERABLE.*

Un crédito puede ser transferido parcialmente a más de un segundo beneficiario, a condición de que las utilizaciones o expediciones parciales estén autorizadas.

Un crédito transferido no puede serlo a petición del segundo beneficiario a un posterior beneficiario,[1] ya que el primer beneficiario no se considera un posterior beneficiario.

Si las utilizaciones o expediciones parciales no están autorizadas, el crédito solo se podrá transferir de una sola vez a un único segundo beneficiario (tabla 7.1):

«Cualquier solicitud de transferencia debe indicar si las modificaciones pueden ser notificadas al segundo beneficiario y en qué condiciones pueden serlo. El crédito transferido debe indicar de forma clara dichas condiciones» (art. 38e UCP 600).

Transferencia a varios segundos beneficiarios	
40A IRREVOCABLE TRANSFERABLE 43P ALLOWED	Se puede transferir a varios segundos beneficiarios o transferir solo una parte del crédito (es lo que se conoce como crédito transferible de forma parcial)
Transferencia a un segundo beneficiario	
40A IRREVOCABLE TRANSFERABLE 43P NOT ALLOWED	Se puede transferir a un solo segundo beneficiario

Tabla 7.1. Códigos SFWIT para transferencias a varios segundos beneficiarios o a un segundo beneficiario.

---

[1] En caso de que queramos transferirlo más de una vez, debe indicarse en la casilla 47A, dejando sin efecto el artículo 38d.

«Si un crédito es transferido a más de un segundo beneficiario, el rechazo de una modificación por uno o más segundos beneficiarios no invalida la aceptación por los demás, con respecto a los cuales quedará modificado el crédito. Para los segundos beneficiarios que rechazaron las modificaciones, el crédito se mantendrá inalterado» (art. 3f UCP 600).

> Las **condiciones** estipuladas en el crédito deben permanecer inalteradas (incluyendo la confirmación, si la hubiera). **Sí se permite modificar (reducir o acortar):**
>
> - El importe del crédito.
> - Cualquier precio unitario indicado en él.
> - Fecha de vencimiento.
> - Período de presentación.
> - Fecha última de embarque o el período determinado de expedición.

Cuando se modifica el importe por un total menor, la diferencia se la queda el primer beneficiario (intermediario). El motivo de acortar los plazos de vencimiento, embarque y período de presentación de documentos de transporte se debe a la necesidad de contar con un margen de tiempo suficiente para sustituir las facturas del segundo beneficiario por las del primero, y que la documentación se presente dentro del plazo de validez del crédito original.

El porcentaje de la cobertura de seguro puede incrementarse de manera que proporcione el valor de la cobertura estipulada en el crédito original. El nombre del primer beneficiario podrá sustituir al del ordenante del crédito, a no ser que el crédito requiera que el nombre del ordenante aparezca en algún documento distinto de la factura, lo que debe quedar reflejado en el crédito transferido (art.38g UCP 600).

Las Reglas UCP 600 acerca de estos cambios de condiciones son:

«El primer beneficiario tiene derecho a sustituir por la suya la factura del segundo beneficiario, y cualquier giro, si lo hay, por un importe que no exceda el estipulado en el crédito; y, si realiza tal sustitución, el primer beneficiario girar al amparo del crédito la diferencia, si la hay, entre su factura y la factura del segundo beneficiario» (art. 38h UCP 600).

«Cuando el primer beneficiario deba presentar su propia factura y giro, si lo hay, pero no lo hace a primer requerimiento, o si las facturas presentadas por el primer beneficiario ocasionan discrepancias que no existían en la presentación realizada por el segundo beneficiario, y el primer beneficiario no las subsana a primer requerimiento, el banco transferente tiene derecho a presentar los documentos al banco emisor tal como los recibió del segundo beneficiario, sin posterior responsabilidad ante el primer beneficiario» (art. 38i UCP 600).

«En su solicitud de transferencia, el primer beneficiario puede indicar que el crédito se honre o negocie al segundo beneficiario en el lugar donde el crédito ha sido transferido, inclusive hasta la fecha de vencimiento del crédito. Todo ello sin perjuicio del derecho del primer beneficiario a la sustitución de las facturas o giros, si los hay» (art. 38j UCP 600).

«Salvo otro acuerdo en el momento de la transferencia, todos los cargos (tales como comisiones, honorarios, costes o gastos) incurridos en relación con una transferencia deberán ser pagados por el primer beneficiario» (art. 38c UCP 600).

1.1 Funcionamiento del crédito documentario transferible

En un crédito transferible intervienen dos contratos de compraventa:

- **Contrato 1:** La parte compradora (importadora) y la intermediaria (beneficiario 1) firman un contrato de compraventa, en el que se señala como modalidad de pago para cancelar la operación el crédito documentario transferible (importe de 100.000 USD).
- **Contrato 2:** La parte intermediaria (beneficiario 1) y la vendedora (exportador-beneficiario 2) firman un contrato de compraventa en el que se indica que el pago lo recibirá a través de un crédito documentario transferido a su favor (importe de 90.000 USD).

El funcionamiento es idéntico al de cualquier crédito documentario, con la salvedad de que el segundo beneficiario recibe un menor importe que el primero (la diferencia suele ser la comisión del intermediario) (figura 7.1).

En la figura 7.2 se esquematiza con un ejemplo cómo funciona el crédito documentario transferible por el importe mencionado de 100.000 USD y transferido por un importe de 90.000 USD. Y a continuación se desarrollan paso a paso sus 15 fases.

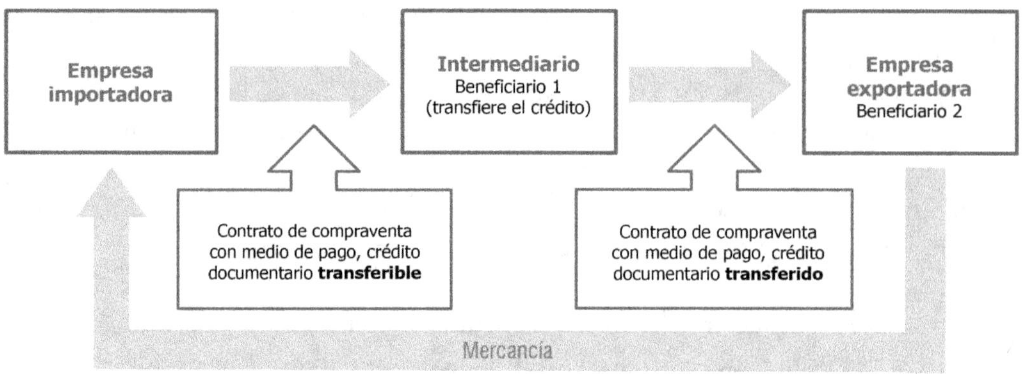

Figura 7.1. Esquema de funcionamiento del crédito documentario transferible.

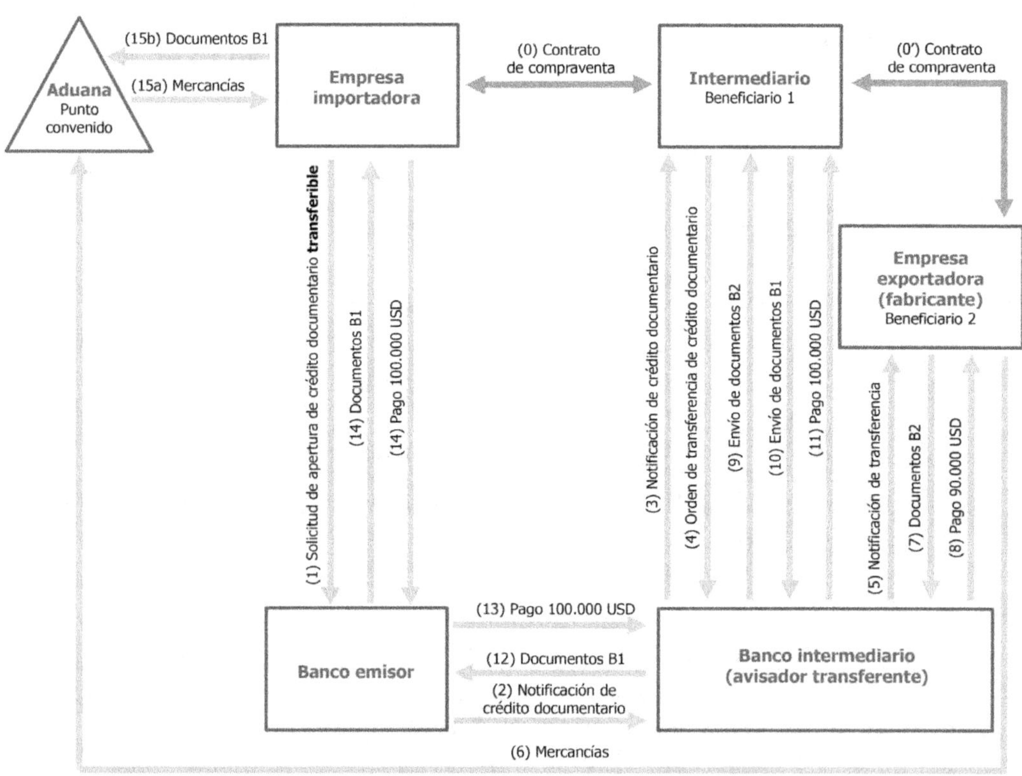

Figura 7.2. Fases del crédito documentario transferible.
(Véase figura ampliada en www.margebooks.com)

0 El comprador (importador) y el intermediario (beneficiario 1) firman un contrato de compraventa en el que se señala como modalidad de pago para cancelar la operación el crédito documentario transferible.

0′ El intermediario (beneficiario 1) y el vendedor (exportador-beneficiario 2) firman un contrato de compraventa en el que se indica que el pago lo recibirá a través de un crédito documentario transferido a su favor.

1 El comprador (importador-ordenante) solicita a su banco (emisor) la apertura de un crédito documentario transferible a favor del intermediario-beneficiario 1), indicándole las instrucciones acordadas (documentos requeridos, fechas, etc.).

2 El banco emisor, una vez analizados los riesgos de la operación y los pormenores de las instrucciones, procede a abrir el crédito documentario transferible a favor del intermediario (beneficiario 1). Notifica la apertura del crédito documentario al banco del intermediario (entidad bancaria designada que cumple la función de avisador) a través de mensaje SWIFT MT 700/701.

3 El banco avisador notifica a su cliente (intermediario-beneficiario 1) la apertura del crédito documentario transferible; este, una vez se haya analizado y se haya comprobado que las condiciones coinciden con las pactadas, prepara las instrucciones de modificación.

4 El intermediario (beneficiario 1) solicita a su banco (avisador-transferente) la transferencia del crédito documentario, con las modificaciones pertinentes, instruyéndole sobre el cambio de facturas y rogando que comunique la utilización del crédito por parte del segundo beneficiario (exportador).

5 El banco transferente, una vez recibida del beneficiario la orden de transferencia (si accede a ella), procederá a comunicar al segundo beneficiario la transferencia a su favor, con las nuevas instrucciones y plazos. Lo habitual es que se emita un MT 720 al banco del exportador y este le notifique al mismo la transferencia del crédito, aspecto que hemos eliminado del gráfico por la complejidad que podría suponer.

6 El segundo beneficiario examinará los condicionantes y, si está de acuerdo con ellos, expide la mercancía con destino al puerto o lugar de desembarco.

7 El segundo beneficiario presenta los documentos al banco designado/ transferente (documentos B2).

8 El banco transferente, una vez revisados los documentos y considerándolos conformes, paga al segundo beneficiario el importe de 90.000 USD.

9 El banco designado envía los documentos B2 al intermediario (beneficiario 1) y este prepara el nuevo juego de documentos (documentos B1).

10 El beneficiario 1 presenta el nuevo juego de documentos (documentos B1) al banco designado.

11   El banco designado, una vez revisados los documentos y considerándolos conformes, paga al beneficiario 1 el importe de 10.000 USD, que es la diferencia entre el crédito original y el crédito transferido.

12 y 13   El banco designado remite los documentos (documentos B1) al banco emisor y le reclama el reembolso de su valor en los términos previstos en el crédito original (100.000 USD).

14   El banco emisor entrega los documentos (documentos B1) al importador, adeudándole simultáneamente, su valor en cuenta.

15a y 15b   El importador presenta los documentos en el lugar convenido y procede a retirar la mercancía.

1.2   Mensaje 720

Cuando un beneficiario solicita la transferencia de un crédito documentario a un segundo beneficiario, el banco transferente envía al banco avisador del segundo beneficiario el mensaje MT 720. Este se utiliza para informar al receptor acerca de los términos y condiciones del crédito documentario transferido (tabla 7.2).

(Véase en el capítulo 9 el caso práctico 7 sobre una operación de exportación liquidada a través de un crédito documentario transferible.)

2   Créditos no transferibles

Como ya se ha explicado al inicio del capítulo, si el condicionado del crédito no indica nada, el crédito no se considera transferible. La regla es que un crédito documentario es intransferible, a no ser que se indique de forma expresa que es transferible.

2.1   Cesión del producto del crédito

La cesión del producto de un crédito documentario consiste en la transferencia a favor de una tercera parte de los derechos de cobro sobre el crédito (figura 7.3). Las UCP 600 indican que:

«El hecho de que un crédito no indique que es transferible no afecta al derecho del beneficiario a ceder cualquier producto del que pueda ser o pueda llegar a ser

MT 720 Transferencia de un crédito documentario			
Rango	**Etiqueta**	**Nombre del campo**	**Núm.**
O	27	Secuencia total	1
O	40B	Tipo de crédito documentario (además de la forma, se incluye sin el banco transferente añade o no la confirmación)	2
O	20	Referencia del banco transferente	3
O	21	Número de crédito documentario	4
O	31C	Fecha de emisión	5
O	40E	Reglas aplicables	6
O	31D	Lugar y fecha de vencimiento	7
V	52a	Banco emisor del crédito original	8
V	50B	Emisor no bancario del crédito original	9
O	50	Primer beneficiario	10
O	59	Segundo beneficiario	11
O	32B	Moneda de pago e importe.	12
V	39A	Porcentaje de tolerancia en importe (+ -)	13
V	39C	Importes adicionales cubiertos, fletes, intereses, primas de seguros, etc.	14
O	41a	Banco designado	15
V	42C	Plazo en que se libran los giros	16
V	42a	Banco librado de los giros	17
V	42M	Fechas, importes y forma de determinar un crédito de pagos combinados	18
V	42P	Fecha de pago en un crédito utilizable mediante pago diferido o negociación	19
V	43P	Embarques parciales	20
V	43T	Transbordos	21
V	44A	Lugar de carga o expedición o toma para carga de la mercancía	22
V	44E	Puerto de carga/aeropuerto de salida	23
V	44F	Puerto de descarga/aeropuerto de destino	24
V	44B	Lugar de destino de la mercancía	25
V	44C	Fecha máxima para embarque	26

Continúa

Continuación

Rango	Etiqueta	Nombre del campo	Núm.
V	44D	Período en el que la mercancía puede ser embarcada	27
V	45A	Descripción de las mercancías (se especifica en las reglas Incoterms). Se pueden modificar los precios unitarios	28
V	46A	Documentos requeridos en el crédito	29
V	47A	Condiciones adicionales	30
V	49G	Condiciones de pago especiales del beneficiario	31
V	49H	Condiciones de pago especiales del banco receptor	32
V	71D	Gastos. Si este campo está vacío, todos los gastos (excepto negociación y transferencia) deben ser pagados por el ordenante	33
V	48	Período de presentación en días	34
O	49	Instrucciones de confirmación	35
V	58a	Banco al que se le requiere la confirmación	36
V	78	Instrucciones para el banco pagador, aceptante o negociador	37
V	57a	«Avisar a través de». Nombre del banco a través del cual el crédito debe ser avisado cuando es distinto del banco receptor	38
V	72Z	Información del remitente receptor (*PHONBEN, TELEBEN*)	39

O: condiciones obligatorias; V: condiciones opcionales (voluntarias).
Fuente: Traducción a partir de estándares SWIFT.

Tabla 7.2. Tipos de mensaje MT 720.

titular en virtud del crédito, de acuerdo con las disposiciones de la ley aplicable. Este artículo se refiere únicamente a la cesión del producto y no a la cesión del derecho a actuar en virtud del crédito» (art. 39 UCP 600).

3   Créditos respaldados o *back to back*

Se define como un crédito documentario que es respaldado por un segundo crédito documentario. Se trata de dos créditos, el primero respalda al segundo, y de ahí su denominación (figura 7.4). En este tipo de créditos hay dos operaciones implicadas:

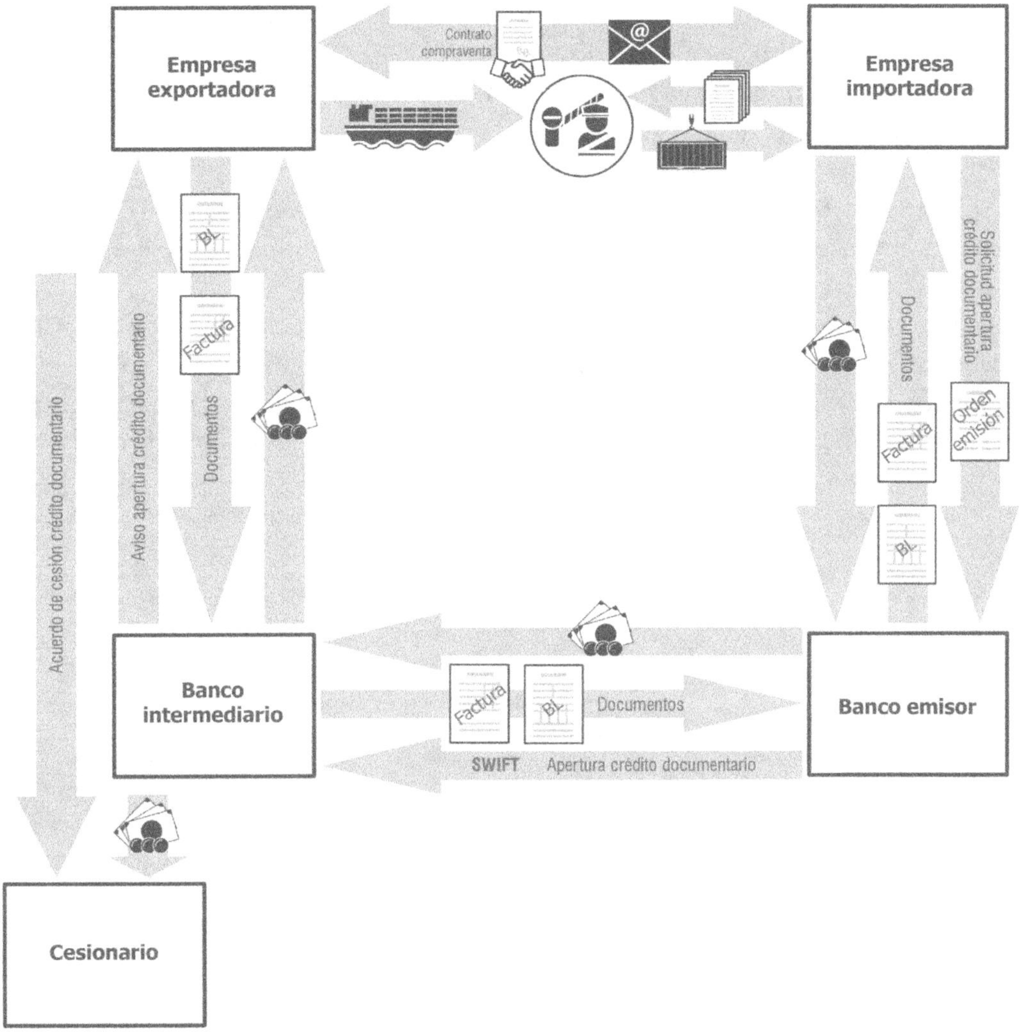

Figura 7.3. **Cesión del producto del crédito.**

Figura 7.4. **Crédito respaldado** o *back to back.*

- **Operación 1:** Una empresa que vende a su cliente exigiéndole que le pague a través de crédito documentario.
- **Operación 2:** El proveedor que le suministra la mercancía le requiere, a su vez, que le abra un crédito documentario a su favor.

En el escenario que plantea la figura 7.4 se podría hacer un crédito transferible, pero por diversos motivos puede ser aconsejable que determinados créditos no sean transferibles (créditos liquidados en divisas diferentes, etc.).

La parte vendedora de la operación 1, beneficiaria del crédito que le ha abierto su cliente, solicita a su banco que emita por su cuenta un crédito documentario a favor de su proveedor (operación 2), aportando como garantía el crédito en el que figura como beneficiaria. En la figura 7.5 se muestran esquemáticamente los pasos de la operación.

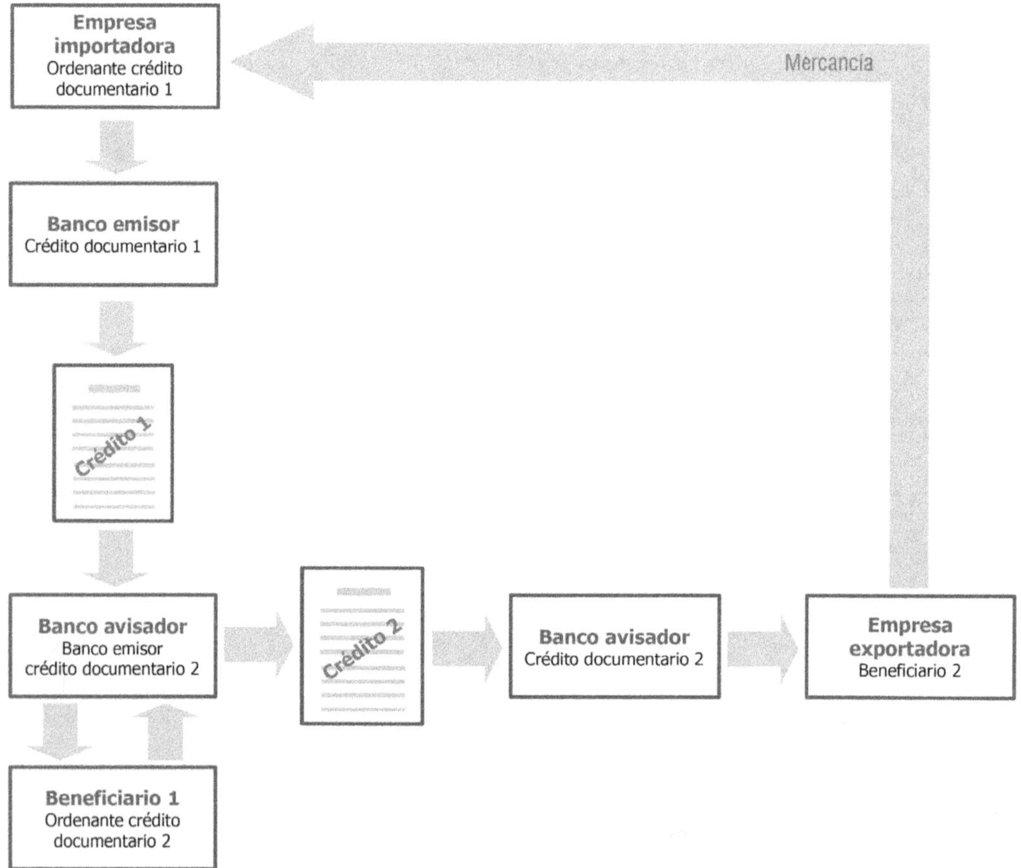

Figura 7.5. Esquema operativo de un crédito respaldado o *back to back*.

El crédito respaldado implica un riesgo para el banco avisador del primer crédito, que es requerido para emitir el segundo. Si el beneficiario-ordenante tiene línea de crédito abierta con su banco, no existe mayor problema, pero es más habitual que esta se limite a los fondos que proporciona la utilización del primer crédito, que es además lo que justifica la figura utilizada. Este tipo de operaciones exige cierta especialización de los bancos, ya que se trata de dos créditos que, aun cuando estén vinculados entre sí, tienen un condicionado específico que debe cumplirse en ambas operaciones, por lo que los bancos españoles no suelen realizar este tipo de crédito, ya que está a expensas de que su cliente cumpla con el condicionado del crédito.

> La **falta de seguridad** de estos créditos hace que los bancos no los vean con agrado; de hecho, son operaciones excepcionales de escaso uso.

Algunas recomendaciones del Comité español de la CCI[2] respecto a este tipo de créditos:

«Los *back to back* son dos créditos distintos. Esto no es un consejo, es una afirmación y además rotunda (…), el hecho de tener que efectuar el pago de uno no presupone en absoluto garantizarse el cobro de otro. Esta figura de los *back to back* es muy utilizada en mercados asiáticos, donde llega incluso a presentarse la operación de forma muy confusa, como si de un solo crédito se tratase.

Hablan de *master l/c*, de *baby l/c* y de *middelman*.

La realidad es que no hay una carta de crédito *master* u otra *baby,* sino dos cartas de crédito absolutamente independientes. Y no hay *middelman,* sino una figura que en un crédito es beneficiario y en otro ordenante».

3.1 *Crédito subsidiario o contracrédito*

Es una variante del crédito respaldado que proporciona mayor control de la operación, ya que el banco emisor del primer crédito es el que abre el segundo crédito subsidiario del primero, cuyo importe se deduce de él.

....

[2] Francisco Javier Fornt Alsina, *opus cit.*

4   Créditos rotativos o *revolving*

También denominado como crédito documentario renovable, se puede definir como aquel que, una vez utilizado y reembolsado, se renueva automáticamente en sus condiciones originales, una o varias veces y por el plazo que en él se determine.

La figura del crédito documentario rotativo como tal no está contemplada en las UCP 600 y, por tanto, no hay una regulación oficial. Se trata de créditos que se interpretan por su propio texto y cada uno es distinto y específico.

Debido a la falta de regulación, consideramos que el campo 31D debe indicar la fecha de vencimiento final del crédito (fecha de la última utilización); el campo 44C debe indicar la última fecha de embarque, y el campo 43P permite los embarques parciales y la concreción del crédito *revolving*, indicando cada una de sus condiciones y plazos. Debe darse de forma clara e inequívoca dentro del propio condicionado del crédito, utilizando el campo 47A («Condiciones adicionales»).

A través de esta modalidad de crédito documentario, la parte beneficiaria puede efectuar disposiciones periódicas hasta un importe máximo establecido hasta su fecha de validez.

En las UCP 600 se establece que «si el crédito establece una utilización o expedición fraccionada en períodos determinados y no se utiliza o expide alguna fracción dentro del período correspondiente a esa fracción, cesará la disponibilidad del crédito para dicha fracción y las posteriores» (art. 32 UCP 600).

En la obra *El crédito documentario y sus documentos,*[3] el autor remarca que «este derecho marca en la práctica la diferencia entre un crédito rotativo y un crédito fraccionado, en el que cumplimiento o incumplimiento del envío previsto en un período concreto no afecta al derecho del beneficiario a seguir utilizando el crédito por los importes restantes en los períodos subsiguientes, hasta cubrir el importe total por el que el banco emisor está obligado. En el crédito rotativo, al contrario, la nueva disponibilidad se supedita al reembolso por el ordenante de la anterior disposición, siendo este pago el automatismo de la renovación».

Este tipo de crédito es adecuado para liquidar operaciones en las que el envío de mercancías se realiza de forma fraccionada y en intervalos regulares, durante un cierto período, pues es más sencillo este tipo de crédito que ordenar la apertura de uno nuevo cada vez que se va a realizar un envío.[4]

---

[3] Molina Martínez L. *El crédito documentario y sus documentos.* Madrid: FC Editorial, 2001.

[4] El coste de la renovación suele ser inferior al de apertura de un crédito documentario. Véase más detalles en el apartado sobre el coste del crédito documentario en el capítulo 8.

Los créditos rotativos pueden ser renovables por tiempo y por importe. Los aspectos a tener en cuenta son:

- **Tiempo disponible y número de utilizaciones:** El crédito estipula un período en el que el crédito estará disponible y las veces que se va a utilizar. *Ejemplo:* crédito rotativo de 50.000 € disponible mensualmente con 10 utilizaciones.
- **Importe:** Se establece una cantidad máxima a utilizar dentro del periodo de utilización especificado. *Ejemplo:* un crédito de 50.000 € rotativo mensual de 5.000 € es aquel en el que se puede utilizar un máximo de 5.000 € al mes hasta agotar los 50.000 € del importe previsto.

4.1   Clases de créditos rotativos

- **Crédito rotativo acumulativo:** El saldo no utilizado en un período se acumula al período o períodos siguientes. *Ejemplo:* un crédito rotativo acumulativo de 50.000 € con 10 renovaciones de 5.000 € cada una. En caso de disponer en la primera utilización de 4.000 €, se dispondrá de 6.000 € para la segunda y así sucesivamente hasta agotar el plazo de validez del crédito.
- **Crédito rotativo no acumulativo:** El saldo no utilizado en un período no se acumula al período o períodos siguientes. Ejemplo: un crédito rotativo acumulativo de 50.000 € con 10 renovaciones de 5.000 € cada una. En caso de disponer en la primera utilización de 4.000 €, se dispondrá de 5.000 € para la segunda, no pudiendo disponer en cada utilización más del importe especificado por utilización.

(Véase en el capítulo 9 el caso práctico 8 sobre una operación de importación liquidada a través de crédito documentario rotativo con pago a la vista, utilizable en las cajas del banco emisor.)

5   Créditos anticipatorios

Son aquellos en los que el pago es anticipado a la fecha de la presentación de los documentos del crédito. En el libro *El crédito documentario*[5] se explica que «el pago es anticipado por cuanto se adelantan al beneficiario fondos sobre el producto de la carta

[5] James-Otis Rodner S. *El crédito documentario.* Caracas: Editorial Arte, 1999.

de crédito antes de que este, a su vez, haya presentado o cumplido con los requisitos documentarios y demás términos y condiciones del crédito. No existe disposición bajo las UCP 600 que regule el pago anticipado del crédito; este, por el contrario, ha surgido de la práctica mercantil. Muchas veces los beneficiarios de las cartas de crédito documentario requieren parte del producto de lo que va a ser el importe del crédito documentario como capital de trabajo para la producción de los bienes objeto de la venta cubierta por la carta de crédito. Los dos mecanismos que se utilizan tradicionalmente para adelantar fondos sobre una carta de crédito son la cláusula roja y la cláusula verde».

La denominación de cláusula *roja* y *verde* tiene su origen en que, al principio, se escribía con tinta roja o verde, según el caso, la disponibilidad del pago anticipado.

Este tipo de créditos se utilizan para que el exportador pueda disponer de fondos con anterioridad al embarque de las mercancías, por lo que es útil para los exportadores que necesitan financiación previa al embarque de las mercancías.

Se recomienda que estas cláusulas se indiquen en el campo 47A del mensaje SWIFT MT 700, incluyéndose la autorización con el respectivo importe y/o porcentaje de pago anticipado pactado entre partes compradora y vendedora.

5.1   Créditos con cláusula roja

Prevé pagos anticipados al beneficiario por una parte o el valor total del crédito documentario antes del cumplimiento de sus términos y condiciones. El pago se realiza contra la presentación de un simple recibo, comprometiéndose a cumplir los términos y condiciones del crédito documentario.

5.2   Créditos con cláusula verde

Es una variante de la cláusula roja en la que los pagos anticipados se autorizan contra la presentación de ciertos documentos que evidencian que la mercancía ha sido comprada y se ha depositado en un almacén como garantía a favor del banco designado al que se va a solicitar el anticipo.

6   Créditos contingentes o cartas de crédito *standby*

La carta de crédito contingente «es un crédito documentario que se emite para garantizar una obligación de un tercero (el ordenante normalmente) a favor de un beneficiario. En la misma, el emisor se obliga a pagar al beneficiario una suma de dinero en el momento de la presentación de los documentos descritos en ella, los cuales generalmente son documentos donde se afirma que el ordenante ha incumplido una obligación a favor del beneficiario de la carta de crédito. En la carta de crédito contingente, el emisor da una garantía, pero en lugar de tener la forma tradicional de garantía personal (la fianza), tiene la forma de un crédito documentario».[6]

Como se ha explicado anteriormente la carta de crédito *standby* se emitirá en un mensaje MT 760 en el que se indicarán las reglas aplicables: UCPR, si está sujeto a las reglas de los créditos documentarios (UCP 600), o ISPR, si está sujeto a las reglas específicas de las cartas de crédito *standby* (ISP 98).

El objetivo principal del crédito contingente **no es el de utilizarse como medio de pago** al beneficiario, que debería hacerse por otro medio (cheque, transferencia, etc.), sino como **garantía de pago.** El crédito solo se utiliza cuando ha habido un incumplimiento en la obligación del ordenante, de ahí su nombre *standby letter of credit,* o «carta de crédito en espera».

6.1 *Orígenes y reglamentación de la carta de crédito* standby

Los créditos contingentes o *standby* nacieron en Estados Unidos al limitarse en ese país, por ley, la emisión bancaria de garantías ordinarias para obligaciones de terceros. Los bancos estadounidenses solventaron este problema con créditos documentarios en suspenso hasta que se cumpliera la condición que originaba el instrumento financiero. Por su proximidad con las garantías bancarias independientes, este tipo de crédito se ha regulado en algunos casos mediante otras normas de la CCI, como las Reglas uniformes relativas a las garantías a primer requerimiento (URDG), publicación 758. Sin embargo, el uso creciente de este tipo de crédito más allá de las fronteras de Estados Unidos lo ha convertido en un producto internacional con identidad propia.[7]

Con la introducción del término *standby,* a partir de las UCP 400, se intentó facilitar la utilización de los créditos para garantizar obligaciones contractuales, y evitar así los problemas originados por la existencia de legislaciones diferentes aplicables a los avales bancarios internacionales.

---

[6] James-Otis Rodner S. *Opus cit.*
[7] ISBP98 (prólogo a la edición en castellano).

El artículo 1 de las UCP 600 indica lo siguiente: «Las Reglas y usos uniformes para créditos documentarios (revisión 2007), publicación 600 de la CCI (UCP), son de aplicación a cualquier crédito documentario («crédito»), **incluyendo en la medida en que les sean aplicables las cartas de crédito contingente**, cuando el texto del crédito indique expresamente que está sujeto a estas reglas».

Durante la revisión de las UCP 600, algunos comités nacionales de la CCI sugirieron que se suprimiera de las UCP la referencia a los créditos contingentes. Su razonamiento era que con la puesta en práctica de las ISP98 ya había reglas específicas para estos créditos. Después de bastantes discusiones, el grupo redactor pensó que no se podía eliminar la referencia a los créditos contingentes, ya que, a pesar de la entrada en vigor de las ISP98, aún había un significativo número de créditos que seguían emitiéndose sujetos a las UCP. El grupo redactor creyó también que aun suprimiendo la referencia, los bancos continuarían emitiendo créditos contingentes sujetos a UCP.[8]

6.1.1   *Usos internacionales relativos a los créditos contingentes*

Las ISP98 se publican por primera vez en 1998 (ISP98, publicación 590) y entran en vigor el 1 de enero de 1999. Estas reglas cubren todos los aspectos de la operación de crédito contingente, desde la emisión hasta la presentación, examen, notificación, transferencia, cancelación y participación.

Las ISP98 son el reflejo de una selección de prácticas procedente de una amplia gama de usuarios de créditos contingentes (banca y las empresas, las agencias de calificación, directores financieros, gestores del crédito, funcionarios gubernamentales y organismos reguladores del sistema bancario). Estas reglas están llamadas a convertirse en el patrón de uso de los créditos contingentes en las operaciones internacionales.

> La principal **diferencia entre un crédito documentario y una carta de crédito** *standby* es que en el primero el beneficiario tiene que presentar los documentos en las fechas indicadas para evidenciar que ha cumplido con las condiciones estipuladas, mientras que en la carta de crédito *standby* el exportador (beneficiario) deberá aportar los documentos que permitan demostrar el incumplimiento de las obligaciones contraídas por el importador (ordenante).

---

[8] CCI: Comentarios sobre las UCP 600. Publicación CCI 680, 2008.

Los documentos que se suelen requerir para la utilización de la carta de crédito *standby*, utilizada para avalar el pago de una compra u otra transacción comercial, son los siguientes:

- Declaración firmada por el beneficiario (exportador) de que el importador (ordenante) no ha pagado el importe de la operación afianzada en las fechas previstas en el condicionado.
- Copia de la factura impagada por el importador en la que se indica la fecha de vencimiento para pago.
- Copia del documento de transporte que permita demostrar que el beneficiario realizó la entrega de bienes cuyo pago se garantiza con la carta de crédito.

En el capítulo 9 se ofrecen dos casos prácticos relacionados con este capítulo:

- Caso práctico 8: Operación de exportación liquidada a través crédito documentario transferible.
- Caso práctico 9: Operación de importación liquidada a través de crédito documentario *revolving* con pago a la vista, utilizable en las cajas del banco emisor.

Capítulo 8
Recursos de apoyo profesional

En este capítulo se exponen algunos aspectos no relacionados directamente con el proceso operativo de un crédito documentario. Se trata de recomendaciones, avisos o herramientas de trabajo útiles para profesionales, profesores y estudiantes de comercio internacional.

1 Aspectos conflictivos del crédito documentario

En este manual práctico se han detallado las bondades y ventajas de uso de los créditos documentarios como medio de pago internacional. La experiencia nos enseña que, en la práctica, siempre pueden surgir inconvenientes o factores inesperados que alteren el buen funcionamiento de cualquier operación.

Aun habiendo entendido y aplicado los contenidos de este manual, y conociendo las consecuencias de una mala negociación en un crédito documentario, hay que estar alerta y evitar también algunas situaciones como las que se exponen a continuación.

1.1 Fraude documental

En caso de engaño a la entrega de la mercancía (figura 8.1), si los documentos presentados son correctos, el banco emisor tendrá que pagar al beneficiario a no ser que se demuestre fraude en los documentos y un juez paralice el pago.

Para evitar esta situación, el importador debe solicitar un **documento que acredite la inspección de la mercancía** a través de una empresa especializada.

Fuente: El País (9/12/2014).[1]

Figura 8.1. Ejemplo de estafa en la mercancía.

1.2   Defectos formales

Un fallo desde el punto de vista formal puede hacer fracasar la operación. Se puede dar el caso que hayamos reunido todos los documentos del crédito y que en la casilla 47A se indique que **todos los documentos van en inglés** e identificados con el número de crédito. Pues bien, aunque los documentos llevaran el número

---

[1] Noticia completa disponible en: https://elpais.com/ccaa/2014/12/09/catalunya/1418113136_868233.html.

de crédito bien identificado, si no se cumple esa condición, el exportador está en riesgo de no cobrar.

El artículo 14d de las UCP 600 indica que «los datos en un documento, cuando sean examinados en el contexto del crédito, del propio documento y de la práctica bancaria internacional estándar, no es necesario que sean idénticos, pero no deben ser contradictorios, a los datos en ese documento, en cualquier otro documento requerido en el crédito».

1.3 Gastos bancarios

Dado que no hay reglas que regulen las **comisiones bancarias** y estas pueden llegar a ser altas, es aconsejable que la parte exportadora e importadora se hagan cargo cada una de los gastos de su país e intentar que los bancos intervinientes sean corresponsables entre sí. Como ya se ha visto en capítulos anteriores, se indica en la casilla 71D.

1.4 Incoterms del grupo D

Las reglas Incoterms del grupo D[2] (las que atañen a operaciones de exportación donde el exportador se hace cargo de los costes derivados del transporte principal, asumiendo los riesgos que pudiera sufrir la mercancía durante su transporte) no se ajustan adecuadamente a las exigencias de los **medios de pago documentarios,** pues, pese a que la entrega se produce en destino, la empresa vendedora pone la mercancía a disposición de la porteadora en origen, situación que genera perjuicios en función de los documentos requeridos por el crédito documentario.

1.5 Análisis de condiciones

Tanto la empresa exportadora como la importadora deben **analizar las condiciones del crédito documentario** para no llevarse sorpresas en el sentido de que se acepten términos y condiciones imposibles de cumplir o que puedan dar lugar al incumplimiento del contrato.

---

[2] Para ampliar información, véase el libro de Alfonso Cabrera Cánovas *Manual de uso de las reglas Incoterms 2020. Casos prácticos, ejemplos y test.* Barcelona Marge Books 2020.

2   Reglamento DOCDEX[3]

El Reglamento de peritaje de la Cámara de Comercio Internacional (CCI) para la solución de controversias en materia de instrumentos documentarios, conocido como DOCDEX (por su acrónimo en inglés *DOCumentary instruments Dispute resolution EXpertise),* es un mecanismo de solución de controversias diseñados específicamente para abordar problemas relacionados con las normas relativas a créditos documentarios, reglas uniformes para reembolsos interbancarios, reglas uniformes relativas a las cobranzas, reglas relativas a las garantías a primer requerimiento y reglas relativas a la obligación de pago bancarias entre otras.

Entró en vigor el 1 de mayo de 2015 y mejoró significativamente el avanzado mecanismo de resolución de disputas de la CCI.

DOCDEX es un procedimiento rápido, rentable y basado en documentos, que ofrece a directivos y ejecutivos de instituciones financieras, empresarios y comerciantes en todo el mundo **un medio para resolver disputas derivadas de instrumentos documentarios.** Este reglamento no solo ayuda a las partes a minimizar los daños causados por una disputa, sino también elimina la necesidad de presentar una solicitud o demanda en una corte de arbitraje.

Las decisiones son alcanzadas por un panel de tres expertos independientes e imparciales y después son valoradas por un asesor técnico de la comisión bancaria, que verifica el cumplimiento de las reglas de la CCI. Las decisiones no son vinculantes, a menos de que ambas partes decidan lo contrario, liberando con ello a los expertos independientes del «debido proceso» y aunando flexibilidad al mismo.

El reglamento DOCDEX contribuye a minimizar los daños causados por una disputa al eliminar la necesidad de litigios prolongados.

Las reglas también mejoran la transparencia, ya que requieren que la CCI publique las decisiones redactadas en cada caso DOCDEX. De esta forma, se establecen precedentes para futuros casos, y se permite que la CCI analice el panel de expertos encomendados con la toma de decisiones. Ello asegura la imparcialidad y una experiencia práctica en la materia (a diferencia de aquellos que solo operan sobre bases teóricas).

Por último, el reglamento DOCDEX prevé que el proceso se realice de forma electrónica, mediante plantillas estándares disponibles en la página web de CCI.[4]

---

[3] En la web de la CCI, puede descargarse la publicación: https://iccwbo.org/publication/icc-docdex-rules-english-version/. Descargar reglas en español: https://cms.iccwbo.org/content/uploads/sites/3/2016/11/2015-DOCDEX-Rules-in-Spanish-version.pdf.

[4] Véase www.iccdocdex.org.

Aunque el proceso DOCDEX siempre ha sido reconocido y apreciado por su rapidez (las decisiones suelen alcanzarse antes de los 30 días desde la reclamación), el uso del formato electrónico agiliza aún más la administración de los casos y, en consecuencia, de los procedimientos.

3   Coste del crédito documentario

Los bancos tienen a disposición de sus clientes (en sus páginas web) las tarifas para determinar el coste de un crédito documentario. Hay que diferenciar entre las **comisiones imputables a las partes** importadora y exportadora.

El crédito documentario obliga a asumir importantes costes en concepto de comisiones, utilización, revisión de documentos, discrepancias, entre otros, que pueden suponer un coste elevado para la empresa en relación con otros medios de pago. Sin embargo, ofrece a la empresa exportadora la posibilidad de ampliar su mercado sin asumir riesgos, mejorando así su posición competitiva.

Las comisiones medias que aplica la banca española a los exportadores e importadores nacionales se resumen en las tablas 8.1 y 8.2 (se han calculado valores medios de las comisiones publicadas por varias entidades financieras a principios de 2018).

4   Consultas del grupo de expertos del Comité Español de la CCI

En el año 2000 y por iniciativa de Caixa de Catalunya se creó el grupo de expertos del Comité Español de la CCI, cuya misión principal es resolver disputas que plantean las entidades financieras, empresas y particulares. Tanto las consultas como las respuestas se publican en el portal de internet de la Cámara y quedan disponibles para todas las personas usuarias (figura 8.2). Consultar no tiene ningún coste, tan solo se requiere completar un formulario. Y hay que tener en cuenta que **el dictamen no es vinculante** para las partes.

4.1   Cómo realizar una consulta

En el menú Consultas de la web se pueden realizar consultas (figura 8.3) o simplemente consultar las existentes que siempre se acompañan de las conclusiones del grupo de expertos.

Operaciones de importación	Comisiones en euros		
Tipo de operación	%	Mínimo	Importe fijo
Apertura de crédito documentario (por trimestre o fracción y no prorrateable)	0,85	65	
Comisión de irrevocabilidad	0,20	45	
Comisión de pago diferido[a]	0,50	30	
Comisión por preaviso			55
Modificación[b]			30
Comisión de cambio	1,00	7	
Gastos de SWIFT[c]			24

[a] El porcentaje es trimestral, prorrateable por meses, salvo el mínimo, a calcular sobre el período de aplazamiento de pago.

[b] A percibir en los casos en que el ordenante de un crédito documentario, solicite la modificación del mismo, con independencia del cobro de las comisiones suplementarias a que pudiera dar lugar el incremento de importe o la extensión del plazo de la operación.

[c] Si el ordenante del crédito documentario solicita que se envíe un aviso o justificante de crédito mediante correo electrónico o cualquier otro medio electrónico de comunicación se cobrará 0,30 € por envío.

En los créditos *revolving* (rotativos) se percibirán todas las comisiones correspondientes a la apertura, y posteriormente, en cada renovación solo se percibirá una comisión en concepto de «renovación» del 0,25 % (mínimo 35 €).

En ocasiones pagará comisión de discrepancias el importador, cuando los documentos presentados se consideren no conformes con los términos del crédito documentario y sea necesaria una previa consulta al ordenante, antes de efectuar el pago o dar la conformidad, siempre que se haya pactado con el ordenante que, en vez de rechazar el pago, se realice la gestión cuando haya discrepancias. Con carácter general, esta comisión será por cuenta del presentador de los documentos, aunque podrá ser repercutida al ordenante en caso de no ser aceptada por el cedente de los documentos o de recibir instrucciones del ordenante para asumir el cargo de esta comisión.

Tabla 8.1. Comisiones bancarias a los créditos documentarios de importación (media de entidades bancarias en España, enero 2018).

Para realizar una consulta sobre una operación se pide información sobre la consulta, datos básicos de la operación, descripción de la misma, y se da la opción de adjuntar archivos (copia de mensaje SWIFT o lo que consideremos oportuno para que puedan responder a nuestra consulta).

Al hacer la consulta tendremos que declarar (mediante clic en casilla de aprobación) que la presente consulta no está referida a un caso que está en proceso judicial, o en trámite de precontencioso, ya que de ser así el grupo de expertos en temas bancarios del Comité Español de la CCI se abstiene de dar cualquier respuesta ni formular interpretaciones.

Operaciones de exportación	Comisiones en euros		
Tipo de operación	%	Mínimo	Importe fijo
Comisión de preaviso			18
Comisión de notificación[a]	0,12	55	
Comisión de confirmación (sobre el importe del crédito por trimestre)[b]	1,50	125	
Comisión de utilización (sobre el importe de los documentos)	1,40	75	
Comisión de pago en nuestras cajas	0,20		
Comisión de pago diferido en nuestras cajas[c]	0,50	60	
Comisión de estudio (a percibir exclusivamente en concepto de estudio de las documentaciones presentadas en cada utilización del crédito)			30
Comisión de reembolso a un tercer banco			60
Comisión por cancelación[d]			40
Comisión por transferencia o cesión del producto del mismo[e]	0,45		90
Comisión por discrepancias[f]			90
Comisión de cambio de divisa	1,00	7	
Gastos de SWIFT[g]			24

[a] Por aviso al beneficiario y/o al banco avisador indicado en el crédito documentario.

[b] Por trimestre o fracción, transcurridos entre la fecha de confirmación y la fecha de pago del crédito documentario. El valor % estará en función de la categoría del banco emisor o del riesgo país, según los criterios de aplicación contenidos en la normativa del Banco de España.

[c] Por trimestre y prorrateable por meses, salvo el mínimo, sobre los importes aplazados.

[d] La comisión por cancelación se percibirá, además de las que procedan, cuando el crédito expire sin ser utilizado.

[e] Se aplicará esta comisión cuando el beneficiario de instrucciones de transferir o ceder el producto del crédito documentario, ya sea total o parcialmente a favor de un tercero. El importe sobre el que se aplica la comisión será el importe transferido o cedido.

[f] Se percibirá en caso de que los documentos presentados en utilización del crédito documentario contengan discrepancias y sea preceptiva una comunicación con el cliente presentador de los documentos para solicitar instrucciones sobre su tramitación, siempre que se haya pactado con el cliente que en vez de enviar los documentos con discrepancias se realice la gestión.

[g] Si el ordenante del crédito documentario solicita que se envíe un aviso o justificante de crédito mediante correo electrónico o cualquier otro medio electrónico de comunicación se cobrará 0,30 € por envío.

Tabla 8.2. **Comisiones bancarias a los créditos documentarios de exportación (media de entidades bancarias en España, enero 2018).**

Figura 8.2. Web de la Cámara de Comercio Internacional: ICC Spain en www.iccspain.org/.

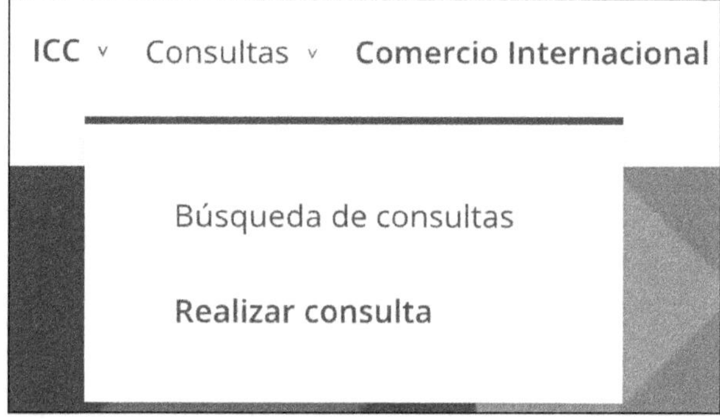

Figura 8.3. Opciones de consulta en www.iccspain.org/.

En las respuestas del grupo de expertos, se indica que deben ser tomadas como meramente informativas, que sirven de orientación a las partes implicadas y que no tendrán implicaciones jurídicas:

«La respuesta a la consulta planteada refleja el punto de vista de los componentes del Grupo de Expertos del Comité Español de la Cámara de Comercio Internacional (CCI), no de la Comisión Bancaria de la CCI.

Esta consulta y su conclusión deberán ser tomadas en consideración, por la parte consultante, con carácter meramente informativo y, en su caso, deberá ser refrendada por la propia Comisión Bancaria en una próxima reunión de la misma.

La respuesta dada no debe ser interpretada en otro sentido distinto al indicado, es decir, servir de orientación a la parte o partes involucradas y, por tanto, no tendrá implicaciones jurídicas.

Si el caso está en trámite judicial, el grupo de expertos obviará cualquier opinión sobre el particular.

Ni el Comité Español ni ninguno de sus empleados, incluyendo al presidente, secretario y vicesecretaria serán responsables ante ninguna persona física o jurídica por cualquier pérdida o daño surgido de cualquier acto u omisión relacionados con el punto de vista expresado».

4.2   Buscar consultas contestadas por el grupo de expertos

La web de la CCI ofrece un buscador por palabras clave. Permite realizar, también gratuitamente y sin necesidad de registrarse, búsquedas específicas sobre temas concretos; por ejemplo, tolerancias, banco emisor, reembolsos o lo que consideremos oportuno (figura 8.4).

Antes de formular una consulta, es recomendable buscar algún concepto clave relacionado con nuestra duda. Siempre que existan consultas relativas al tema que nos interesa, el filtro de resultados nos las mostrará y podremos analizar la solución dada por el grupo de expertos.

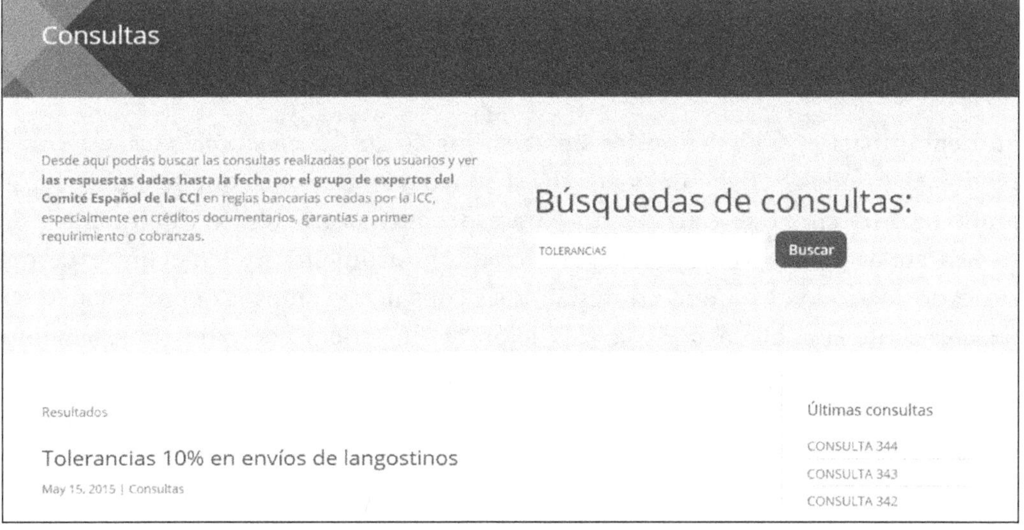

Figura 8.4. Consulta sobre tolerancias en el buscador de la CCI.

5   Grupos de Linkedin como herramienta de consulta

Linkedin es una red social profesional, es decir, está orientada a relaciones comerciales y profesionales en la que encontrar empresas y profesionales de cada sector de actividad. En Linkedin se pueden encontrar **grupos de debate** de diversos **contenidos profesionales.**

Hay grupos bastante serios que tratan temas relativos a créditos documentarios, medios de pago, comercio exterior, reglas Incoterms, ICEX, etc., en los cuales se reflexiona sobre distintos aspectos.

Se pueden realizar consultas y otros miembros pueden responderlas. Encontraremos respuestas precisas y correctas, pero también las habrá erróneas o malintencionadas, incluso con intereses por medio. Sea como sea, como todas las redes sociales hay que usarla con prudencia.

5.1   Grupo «Medios de pago internacional»

Grupo administrado por el autor de este manual,[5] en el que se pretende debatir contenidos relacionados con los medios de pago internacional. Actualmente, tiene un perfil formativo, con un alto porcentaje de miembros que son alumnado de comercio internacional. El objetivo es que el grupo aumente en número de miembros expertos en comercio internacional para convertirse en un foro de debate en el que se aprenda a aclarar cualquier situación planteada relativa a medios de pago, créditos documentarios, etc.

5.2   Grupo «CDCS – Letter of credit»

Su denominación CDCS son las siglas en inglés de *Certified documentary credit specialist*,[6] ya que el origen del grupo es el apoyo a las personas que se están preparando para obtener este **Certificado para especialistas en crédito documentario.**

Se trata de un grupo muy serio sobre créditos documentarios, en el que expertos bancarios de todo el mundo contestan a las consultas planteadas e intervienen en debates sobre la coherencia de la aplicación de un artículo determinado, basando sus respuestas en las UCP 600, en la práctica bancaria internacional (ISPB) y otras reglas y normativas (figura 8.5).

---

[5] https://www.linkedin.com/groups/4501202.
[6] https://www.linkedin.com/groups/3709833.

in

Luis Sánchez Cañizares
Profesor Comercio Internacional

... 2meses

PARTIAL SHIPMENTS

Dear experts,

In a documentary credit operation, 3 shipments are planned,

the three shipments are indicated in field 44C as follows:

LATEST DATE OF SHIPMENT 44C o Shipment Period 44D
FIRST SHIPMENT 180315
SECOND SHIPMENT 180415
THIRD SHIPMENT 180515

Or would you indicate the latest shipment in the field 44C/44D 180315 and in the field 47A, specify the previous shipments?

According to the SWIFT manual field 44C, specifies the latest date for loading on board/dispatch/taking in charge and 44D, the field specifies the period of time during which the goods are to be loaded on board/despatched/taken in charge.

Thank you very much

Recomendar   Comentar   👍 7   💬 22

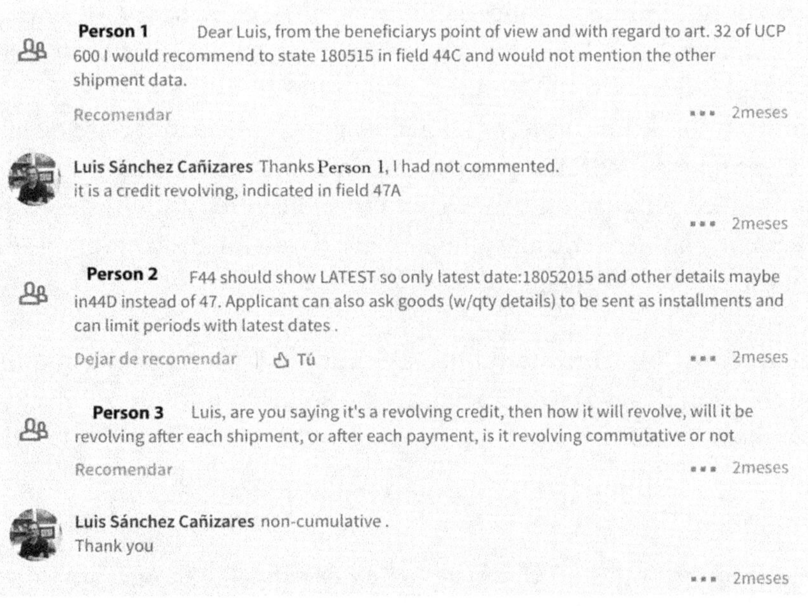

Figura 8.5. **Consulta sobre credito documentario en un grupo profesional de Linkedin.**

El CDCS es el estándar internacional para especialistas en crédito documentario. Es una cualificación profesional reconocida mundialmente como un punto de referencia de competencia para profesionales internacionales.

En sus inicios, el CDCS se desarrolló en consulta con expertos para garantizar que la cualificación reflejara las mejores prácticas. Fue creado por la Asociación Internacional de Servicios Financieros (IFSA) y el Instituto de Banca y Finanzas de Londres.[7] En la actualidad, el CDCS está gestionado por el Instituto de Banca y Finanzas de Londres, en asociación con la Cámara de Comercio Internacional (ICC).

Además de los grupos anteriormente mencionados podemos encontrar muchos más que pueden ser de interés para el lector, como Trade Finance, Letter of Credit Collection.com, ICEX España Exportación e inversiones e Incoterms, entre otros.

6   Actualización de las reglas *versus* práctica mejorable

Ha pasado una década desde la última revisión formal de las Reglas UCP.[8] Aun así, el Comité Ejecutivo de la Comisión Bancaria de la CCI y los diversos comités nacionales consideran que no es el momento de realizar una nueva revisión de las UCP (UCP 700). En julio de 2019 entró en vigor el nuevo suplemento de las UCP 600 (eUCP 2.0) para presentaciones electrónicas.

Dado que las ISBP 745 entraron en vigor en 2013 y han servido para aclarar varios aspectos de la práctica bancaria internacional, el Comité Ejecutivo de la Comisión Bancaria de la CCI consideró que no había una justificación inmediata para revisar las Reglas UCP.

Los comentarios de los comités nacionales de la CCI[9] dejaron claro que los problemas existentes no están relacionados con las reglas mismas, sino con su aplicación, es decir, con la práctica («práctica bancaria internacional estándar») de las reglas.

En resumen, se puede afirmar que la mayoría de los problemas en los créditos documentarios son consecuencia de:

- **Documentos (mal) presentados.** Por ello, la CCI concluye que una mayor comprensión de las ISBP 745 ayudaría a solucionar las incidencias relacionadas con ese factor de error.

---

[7] Véanse detalles del *Certificate for Documentary Credit Specialists* (CDCS®): http://cdcs.libf.ac.uk/home.
[8] Véase https://www.tradefinance.training/blog/articles/ucp-700-icc-decision/.
[9] Reunión de la Comisión Bancaria de la CCI, celebrada en Yakarta (Indonesia) en abril de 2017.

- **Otros motivos que no se solucionarían con una revisión de las Reglas UCP,** ya que quedan fuera del alcance de la corrección del beneficiario, son:

  - Una redacción pobre, incompleta, etc. del propio crédito documentario.
  - La falta de comprensión del funcionamiento del crédito documentario y de las UCP 600.
  - La desatención en los detalles y la mala gestión en la preparación de los documentos.
  - Los datos excesivos e innecesarios que se agregan a los documentos.
  - El hecho que las ISBP 745 sean de acceso restringido.

Sin embargo, la justificación de no actualizar las UCP 600 no impide que se tomen otras medidas para solucionar los problemas de los créditos documentarios.

La Comisión Bancaria de la CCI ha recomendado para los próximos años desarrollar tres líneas de trabajo:

- **Orientación:** Formación y orientación más exhaustiva y ampliamente difundida.
- **Acceso:** Revisión de precios y disponibilidad digital de las reglas y prácticas de UCP.
- *Marketing:* Realizar una estrategia de la información para lograr una mayor conciencia por parte de los profesionales.

Ante la constante evolución de los acuerdos internacionales, los cambios económicos y sociopolíticos en todo el mundo, las diferencias culturales, los distintos idiomas... el reto es mejorar las relaciones comerciales internacionales y evitar problemas derivados de una mala práctica. Este manual es una contribución a la formación y difusión sobre créditos documentarios.

6.1 Hacia un nuevo escenario digital: Reglas uniformes de ICC para las operaciones comerciales digitales (URDTT)

La Comisión Bancaria de ICC ha aprobado y publicado otras normas electrónicas para avanzar en la digitalización de las prácticas de financiación de operaciones comerciales *(trade finance),* como son, por ejemplo, los suplementos electrónicos de las *Reglas uniformes relativas a las cobranzas* (URC 522) y las *Reglas y usos uniformes para créditos documentarios* (UCP 600). Como ya hemos visto anteriormente, las eURC y las eUCP establecen normas para registros electrónicos que interaccionan con productos de *trade finance* ya existentes y bien consolidados. Sin embargo, estas normas no están totalmente digitalizadas, ya que siguen dependiendo de procesos manuales de conciliación. Las *Reglas uniformes de ICC para las operaciones comerciales digitales (URDTT),* en cambio, prevén operaciones que se evidencian de un modo totalmente digitalizado.

Las URDTT en su introducción indican que el objeto de las mismas es «regir un escenario digital, teniendo en cuenta la innovación más reciente no solo en la tecnología de registros distribuidos, sino también en el uso de inteligencia artificial, el procesamiento del lenguaje natural, el aprendizaje automático, el análisis de datos, los contratos inteligentes, los objetos inteligentes y el internet de las cosas. Todos estos elementos tendrán un impacto considerable en la forma de hacer negocios en el futuro».[10]

Recursos en internet

Ponemos a su disposición algunos materiales de apoyo en la web de Marge Books para dar continuidad a la lectura de este libro.

Materiales audiovisuales y gráficos

- Canal de vídeos en YouTube, a cargo del autor, con información especializada.
- Cronograma de las etapas de una operación de crédito documentario (pág. 68, figura 4.1)
- Orden de emisión de un crédito documentario (banco emisor) (pág. 78, figura 4.5)
- Fases de un crédito documentario transferible (pág. 170, figura 7.2)

Test de autoevaluación

Esta prueba de autoevaluación está dividida en cinco áreas temáticas, con un total de 75 preguntas, que permiten evaluar si una persona está preparada para gestionar correctamente un crédito documentario.

www.margebooks.com

---

[10] Se pueden obtener de forma gratuita a través de: https://www.iccspain.org/reglas-uniformes-de-icc-para-las-operaciones-comerciales-digitales-urdtt/

Capítulo 9
Análisis de casos

En este capítulo final se presentan nueve casos prácticos con ejemplos que desarrollan los conocimientos adquiridos a lo largo del manual. Los casos describen y analizan situaciones y hechos concretos, y proporcionan ayuda e instrucciones específicas para poner en práctica un crédito documentario. Asimismo, cada caso cuenta con un cuestionario final que invita a razonar y autoevaluarnos aprendiendo. El lector encontrará las respuestas y soluciones en el anexo.

Caso práctico 1

Operación completa de importación liquidada a través crédito documentario con pago diferido, utilizable en las cajas del banco emisor

La empresa española Empresa Murciana, SL (domiciliada en la avenida Juan Carlos I, 18, E-30800 Lorca) está gestionando una importación de uva de Chile de la empresa proveedora Comercial XXX Limitada (domiciliada en Chacabuco xxx, Valparaíso, Chile).

La operación se va a liquidar a través de crédito documentario irrevocable, cuyo pago realizará Lorbank, 90 días después del embarque, realizándose la entrega en condiciones «FOB Puerto de Valparaíso, Chile. Reglas Incoterms 2020». En esas condiciones el precio por caja de uva ha quedado cerrado en 10 €. El importe de la factura de compraventa es de 16.560 €. (En la figura 9.1 se presenta la factura proforma correspondiente a la operación.)

Se trata de una importación definitiva a consumo de uva fresca de mesa de origen chileno (mercancía de terceros países). La mercancía se presenta en bolsas agrupadas en cajas de 40 cm × 30 cm × 20 cm (largo × ancho × alto).

<table>
<tr><td colspan="7" align="center">COMERCIAL XXX LIMITADA
Chacabuco, Valparaíso
Chile</td></tr>
<tr><td colspan="7" align="center">***PROFORMA Commercial Invoice***
PURCHASE CONTRACT
Nº: PRO9601
Dated: 5/10/20XX</td></tr>
<tr><td colspan="2">PROFORMA Invoice of</td><td colspan="5">Uva fresca de mesa: 1.656 cajas de 7 kilos embaladas en 23 europalés</td></tr>
<tr><td colspan="2">For account & risk for</td><td colspan="5">Empresa Murciana SL
Avda. Juan Carlos I, 18
Lorca (Murcia), ESPAÑA</td></tr>
<tr><td colspan="2">From/To</td><td colspan="5">Puerto de Valparaíso (Chile)/Puerto de Valencia (España)</td></tr>
<tr><td colspan="2">Payment terms</td><td colspan="5">L/C 90 días después de la emisión de BL en LORBANK</td></tr>
<tr><td colspan="7">Sale Terms: FOB Puerto de Valparaíso, Chile. Incoterms 2020</td></tr>
<tr><td>Net weight</td><td>Gross weight</td><td>Marks and Nº</td><td>Description of goods</td><td colspan="2">Unit price</td><td>Amount</td></tr>
<tr><td>11.592 kilos</td><td>12.167 kilos</td><td>1 a 1.656
Cajas
23 europalés</td><td>UVA FRESCA DE MESA
HS 080610</td><td colspan="2">10 EUR</td><td>16.560 EUR</td></tr>
<tr><td colspan="5"></td><td align="right">Total:</td><td>16.560 EUR</td></tr>
<tr><td colspan="7">Currency: EURO</td></tr>
<tr><td colspan="7">

Términos y condiciones
1. Fecha de embarque NO MÁS TARDE DEL 15 DE NOVIEMBRE DE 20XX.
2. La mercancía se transportará por vía marítima en contenedor Reefer 40 pies. Temperatura +2 ºC.
3. Los documentos requeridos en el crédito documentario serán:
    - Factura comercial en 03/02 (original/copias).
    - Lista de contenido.
    - Conocimiento de embarque limpio a bordo, a la orden de LORBANK, con la indicación de flete debido *(freight collect)*.
    - Certificado de origen EUR 1.
    - Certificado NIMF/ISPM15 de tratamiento de palés.
4. Ley aplicable: Las partes acuerdan que la ley para las obligaciones estipuladas en el presente contrato será la Convención de las Naciones Unidas de 1980 sobre los contratos de compraventa internacional de mercaderías.
5. Solución de controversias: Todas las controversias o reclamaciones en relación con el presente contrato o la ejecución del mismo se resolverán amistosamente mediante negociación. En caso de que no se llegue a ningún acuerdo entre las partes, se someterá a arbitraje de derecho en la Corte de Arbitraje de la Cámara Oficial de Comercio, Industria y Navegación de Murcia con sujeción a lo dispuesto en su Reglamento y en la Ley 60/2003, de 23 de diciembre, de Arbitraje.
6. Oferta válida hasta el 30/11/20XX.

El comprador   El vendedor

</td></tr>
</table>

Figura 9.1. Factura proforma, que equivale a contrato de compraventa.

Para su transporte se utilizan europalés (1,2 m × 0,8 m), en cada europalé se transportan 72 cajas (distribuidas en nueve pisos, en cada piso se disponen ocho cajas).

El peso de cada caja es de 7 kg. Cada europalé presenta un peso bruto de 529 kg (contando el peso del propio europalé) y un peso neto de 504 kg (sin incluir los 25 kg del europalé). Por tanto, el peso bruto asciende a 12.167 kg y el peso neto a un total de 11.592 kg.

Todo el envío se presenta en un total de 23 europalés y 1.656 cajas y para su transporte se va a utilizar un contenedor refrigerado de 40 pies. Según las condiciones FOB, el comprador ha contratado mediante su agente de carga o transitario habitual el transporte marítimo del contenedor desde Valparaíso a Valencia (puerto de importación en España).

La empresa transitaria es Transvalencia SL (domiciliada en avenida del Puerto, 150, E-46011 Valencia). El transporte del contenedor se ha efectuado por la naviera American Shipping Company y el buque ha sido el *ASC World.*

La reserva del transporte se formalizó en documento de número 10/AB/20XX.

El destinatario de la mercancía es la empresa española, pero se conviene por acuerdo entre las partes (y debido al uso del crédito documentario) emitir el BL *(bill of lading* o conocimiento de embarque) a la orden del banco de la parte importadora *(TO ORDER OF LORBANK).*

El flete será pagado por el comprador/importador (debido, *COLLECT)* en consonancia con las reglas Incoterms utilizadas en la operación, recordemos: «FOB Puerto de Valparaíso, Chile. Reglas Incoterms 2020».

El conocimiento de embarque es el número ASC1987859 y es emitido con fecha de 30/10/XX por el agente consignatario de la naviera en el puerto de embarque. El contenedor es el número ASCU2104896 y su precinto se identifica como SN 657XX35.

La factura proforma actúa como orden de compra/pedido/contrato de compraventa.

El importador confirma la operación con firma y sello, devolviéndosela e indicándole el resto de condiciones del crédito documentario.

Resto de condiciones del crédito documentario

- Crédito documentario irrevocable sujeto a la última versión de las Reglas y usos uniformes.
- Vencimiento: 25 de noviembre de 20XX.
- La presentación de documentos se realizará 7 días después del embarque.
- Embarques parciales prohibidos.
- Transbordos permitidos.
- Tolerancias en precio (± 10%).
- Todos los gastos fuera de España serán por cuenta del beneficiario.
- Todos los documentos deben indicar el número de crédito documentario.
- Por cada documento con discrepancias deduciremos 130 €.
- Al recibir los documentos correctos realizaremos el pago según sus instrucciones.
- Notificar cuando se haya realizado el aviso al beneficiario.

A continuación, Empresa Murciana SL rellena el cuestionario de crédito documentario con las instrucciones pactadas con la chilena Comercial XXX Limitada, y con fecha 20 de octubre de 20XX se lo entrega firmado a Lorbank.

Una vez firmadas las condiciones por el ordenante, Lorbank procede a la apertura del crédito documentario a través de mensaje SWIFT MT 700 (figura 9.3) y lo envía al Banco Chileno, asignándole el número KPRINCIPE01234.

En la figura 9.4, por su parte, se recoge la carta de notificación del crédito documentario que el Banco Chileno dirige a la parte beneficiaria.

Comercial XXX Limitada procede a la preparación de las mercancías, su envío y la obtención de los documentos para el cobro, como se aprecia en la carta de la figura 9.5.

Otros documentos que se requieren y cuyos ejemplos se ofrecen a continuación son la factura comercial (figura 9.6), la relación de contenido (figura 9.7), el conocimiento de embarque (figura 9.8), el correspondiente certificado de circulación EUR 1 (figura 9.9) y el certificado NIMF/ISPM 15 de tratamiento de los palés, emitido por el beneficiario (figura 9.10).

LORBANK
C/Juan Antonio Dimas 3
Lorca (Murcia) 9684441XX

Orden de Emisión de Crédito documentario irrevocable
Muy Sres. nuestros
Rogamos establezcan por nuestra cuenta un crédito documentario con las siguientes características

1. Ordenante y Domicilio (50) EMPRESA MURCIANA S.L c/ Juan Carlos I, 18 30.800 Lorca (Murcia)	**2. Beneficiario y Domicilio (59)** COMERCIAL XXX Limitada CHABUSCO (CHILE) CTA Nº 0000000000000000XXX
3. Banco avisador y domicilio BANCO CHILENO, SANTIADO DE CHILE **Soliciten del Banco avisador, añada su confirmación** ☐ Sí ☑ No	**4. Tipo de Crédito (40A):** IRREVOCABLE ☐ Transferible ☐ Otros____________ **5. Reglas Aplicables (40E):** UCP ÚLTIMA VERSIÓN
6. Importe y Moneda (32B) 16.560 EUR	**7. Tolerancias en Importe** ☐ Exacto ☑ (39A) Porcentaje 10/10 ☐(39C) Otros: ___
8. Validez hasta (31D): 25-11-20XX **9. Disponible en (41A):** LORBANK LORCA **Forma de utilización** ☐ Vista ☐ Negociación ☐ Aceptación ☐ Otro ☑ Pago Diferido: Detalles Diferido **(42P):** 90 DIAS FECHA CONOCIMIENTO DE EMBARQUE.	**10. Descripción de la mercancía (45A)** SEGÚN FACTURA PROFORMA Nº PRO9601 DE FECHA 05/10/20XX **Condiciones de Entrega de la mercancía (FOB, CIF, etc.)** FOB PUERTO VALPARAISO, CHILE (INCOTERMS 2020) Tolerancias en Cantidad (45A):

11. Este crédito es utilizable contra entrega de los siguientes documentos (Indicar nº de originales y copias) (46A)
☑ Factura comercial EN 03/02 (ORIGINAL/COPIAS)
☐ Póliza, certificado de seguro
☑ Lista de Contenido
☑ Otros
   ☑ CERTIFICADO DE ORIGEN EUR1
   ☑ CERTIFICADO NIMF/ISPM15 DE TRATAMIENTO DE LOS PALETS.
	12. Documentos de transporte cubriendo envío por (46A)
	☐ Ferrocarril ☑ Buque ☐ Avión ☐ Terrestre
	13. ☐ A la orden y endosado en blanco ☑ A la orden
	   LORBANK LORCA Limpio a Bordo
	   ☐ Otros
	14. Indicando Flete ☑ Debido ☐ Pagado
	15. ☑ **Fecha límite de Embarque de la mercancía (44C)**
	   15/11/20XX
	16. Transbordos (43T) ☑ Permitidos ☐ Prohibidos
	17. Expediciones parciales (43P)
	   ☐ Permitidos ☑ Prohibidos
	
	18. Fecha Límite para presentación de documentos (48)
	7 DÍAS DESPUÉS DE LA FECHA DE ENVÍO.
	
	19. Procedente desde (44A – 44E -): VALPARAISO - CHILE
	   Hasta (44B-44F): VALENCIA – ESPAÑA

20. Condiciones adicionales (47A y otros campos no descritos en este documento) - POR CADA DOCUMENTO CON DISCREPANCIAS DEDUCIREMOS 130 EUROS - TODOS LOS DOCUMENTOS DEBEN INDICAR EL NÚMERO DE CRÉDITO DOCUMENTARIO	
21. Gastos Bancarios (71D) TODOS LOS GASTOS FUERA DE ESPAÑA SON POR CUENTA DEL BENEFICIARIO	**22. Información del remitente al receptor (72Z)** NOTIFICAR CUANDO SE HAYA AVISADO AL BENEFICIARIO
23. Instrucciones de Pago / Aceptación /Negociación (78) RECIBIDOS LOS DOCUMENTOS DE ACUERDO CON LAS CONDICIONES DEL CRÉDITO AL VENCIMIENTO PAGAREMOS DE ACUERDO CON SUS INSTRUCCIONES.	

24. Como previsión para responder del pago del importe de este crédito ingreso/ingresamos hoy en una entidad la cantidad de ____________________ Euros los pagos efectuados/las aceptaciones prestadas en virtud de este crédito, se servirán adeudarlas en mi/Ntra. cuentea nº ES93 1234 5678 0901 12345678 con esa entidad remitiendo los documentos por nuestra cuenta y riesgo a EMPRESA MURCIANA SL

(31C)   Lorca a 20 de octubre de 20XX

Vº Bº de la Oficina   atentamente,

Firma del Ordenante

(Ver instrucciones al dorso)

Figura 9.2. **Solicitud de apertura de crédito documentario.**
(Véase figura ampliada en www.margebooks.com)

```
MESSAGE MT 700: ISSUE OF A DOCUMENTARY CREDIT
BASIC HEADER: LORBESMMXXX LORBANK LORCA
DATE: 20-10-20XX 11:20 SES-ISN: 0000 000000 PRIORIDAD: N
APPLICATION HEADER: BACHCLRMXXX BANCO CHILENO CHILE SANTIAGO
DATE: 20-10-20XX 14.15:04 SES-OSN: 0000 000000 APLICACION: F
SEQUENCE TOTAL                      27       1/1
FORM OF DOCUMENTARY CREDIT          40A      IRREVOCABLE
DOCUMENTARY CREDIT NUMBER           20       KPRINCIPE01234
DATE OF ISSUE                       31C      XX1020
APPLICABLE RULES                    40E      UCP LATEST VERSION
DATE AND PLACE OF EXPIRY            31D      XX1125 SPAIN
APPLICANT                           50       EMPRESA MURCIANA, SL
                                             AVDA. JUAN CARLOS I 18
                                             LORCA, 30800 MURCIA, ESPANA
BENEFICIARY                         59       COMERCIAL XXX LIMITADA.
                                             CHACABUCO XXX
                                             VALPARAISO, CHILE
CURRENCY/AMOUNT                     32B      CURRENCY EUR AMOUNT  16.560
(%) TOLE POS/NEG                    39A      10/10
AVAILABLE WITH...BY                 41A      LORBESMMXXX
                                             BY DEF PAYMENT
DEFERRED PAYMENT DETAILS            42P      90 DAYS FROM B/L DATE
PARTIAL SHIPMENTS                   43P      NOT ALLOWED
TRANSHIPMENT                        43T      ALLOWED
PORT OF LOADING/AIRPORT DEP         44E      VALPARAISO, CHILE
PORT OF DISCHARGE/AIRPORT DES       44F      VALENCIA, ESPANA
LATEST DATE OF SHIPMENT             44C      XX1115
DESCRIPTION OF GOODS OR SERVICES    45A      AS PER PROFORMA INVOICE Nº PRO9601 DATED 5-10-XX
                                             FOB PUERTO VALPARAISO CHILE (INCOTERMS 2020)
DOCUMENTS REQUIRED                  46A      + COMMERCIAL INVOICE IN 03/02 (ORIGINAL/COPIES)
                                             + PACKING LIST
                                             + FULL SET CLEAN ON BOARD MARINE BILL OF LADING,
                                             CONSIGNED TO THE ORDER OF LORBANK MARKED "FREIGH
                                             COLLECT"
                                             + CERTIFICATE OF ORIGIN EUR 1
                                             + NIMF/ISPM 15 CERTIFICATE FOR THE TREATMENT OF PALLETS
ADDITIONAL CONDITIONS               47A      + FOR EACH SET OF DOCUMENTS PRESENTED WITH
                                             DISCREPANCIES, WE DEDUCTED COLLECTED EUR.130
                                             + ALL DOCUMENTS MUST INDICATE NUMBER OF L/C
CHARGES                             71D      ALL BANKING CHARGES OUTSIDE SPAIN
                                             ARE FOR BENEFICIARY S ACCOUNT
PERIOD FOR PRESENTATION IN DAYS     48       7
CONFIRMATION INSTRUCTIONS           49       WITHOUT
INSTRUCTIONS TO THE PAYING/         78       + AGAINST RECEIPT DOCUMENTS IN ORDER WITH THE
ACCEPTING/NEGOTIATING BANK                   CREDIT TERMS AND CONDITIONS, AND AT MATURITY DATE
                                             FIXED, WE WILL COVER TO THE PAYMENT AS PER THEIR
                                             INSTRUCTIONS
SENDER TO RECEIVER INFORMATION      72Z      ADVISE SAME VIA, WHEN YOU NOTIFY
                                             THIS L/C TO BENEFICIARY
MAC 0000000
CHK AFCBEB85096B
```

Figura 9.3. Emisión material del crédito documentario (mensaje SFWIT MT 700, en inglés).

BANCO CHILENO
Calle Bandera x, Santiago
Chile
Telf:0267169xx
Fax: 0267169xx

Santiago, 21 de octubre de 20XX

COMERCIAL XXX LIMITADA
CHACABUCO XXX
VALPARAISO CHILE

De acuerdo con las instrucciones recibidas del banco emisor en fecha 20.10.20XX les avisamos la apertura a su favor del crédito documentario KPRINCIPE01234, por importe de 16.560 EUR.

A continuación, les remitimos el condicionado del crédito. Sírvanse revisarlo y analizarlo y, en caso de no ser de su conformidad, les pedimos contacten directamente con el ordenante con el fin de comunicar al banco emisor las oportunas instrucciones de modificación. En relación con lo indicado, encontrará junto al presente aviso una guía para facilitarle el análisis del condicionado del crédito.

Les avisamos el crédito documentario sin responsabilidad ni compromiso por nuestra parte.

Quedamos a su disposición para tramitar el cobro de los documentos relativos a este crédito. A tal efecto les facilitamos la carta-modelo de utilización de crédito documentario que nos podrán entregar cumplimentada junto con los documentos.

Todos los gastos relativos a este crédito en nuestro país son por cuenta suya.

Este crédito documentario queda sujeto a las *Reglas y usos uniformes sobre créditos documentarios de la CCI (Publicación n.º 600).*

Reciba un cordial saludo

Banco Chileno

Figura 9.4. Notificación del crédito documentario al beneficiario.

COMERCIAL XXX LIMITADA

Chacabuco, 4 de noviembre de 20XX

BANCO CHILENO
Calle Bandera x
Santiago
Chile
Telf: 0267169xx
Fax: 0267169xx

Estimados señores:

Adjunto les remitimos documentación correspondiente al crédito documentario nº KPRINCI-PE01234, cuyos datos se indican a continuación, con el fin de que procedan a su gestión y envío de documentos al siguiente banco:

> LORBANK
> Departamento de Comercio Exterior
> C/ Juan Antonio Dimas 3
> E-30800 Lorca (Murcia, España)
> Tel.: +34 9684441XX
> Fax: +34 9684437XX

El vencimiento es 90 días después de la fecha del conocimiento de embarque, debiendo abonar el importe, una vez cobrado en nuestra cuenta de la entidad Banco Chileno, cuyos datos son los siguientes:

> 1092222XXXX SWIFT (BIC): BACHCLRMXXX

Cliente:

Empresa Murciana, S.L.
Avda. Juan Carlos I, 18
E-30800 Lorca (Murcia, España)
Tel. y fax: +3496846XXXX
FRA. N.º: 9.601............ 16.560 EUR

Documentos que se adjuntan:

- Factura comercial en 03/02 (original/copias).
- Lista de contenido.
- Conocimiento de embarque limpio a bordo, a la orden de LORBANK, indicando flete debido.
- Certificado de origen EUR 1.
- Certificado NIMF/ISPM 15 de tratamiento de los palés.

Atentamente
COMERCIAL XXX LIMITADA

Figura 9.5. **Presentación de documentos al banco notificador.**

<table>
<tr><td colspan="6" align="center">COMERCIAL XXX LIMITADA
Chacabuco, Valparaíso
Chile</td></tr>
<tr><td colspan="3">Commercial Invoice Nº: PRO9601</td><td colspan="3">Dated: 5/10/20XX</td></tr>
<tr><td colspan="2">Invoice of</td><td colspan="4">Uva fresca de mesa: 1.656 cajas de 7 kilos embaladas en 23 europalés</td></tr>
<tr><td colspan="2">Proforma invoice</td><td colspan="4">PRO9601 fecha 5/10/20XX</td></tr>
<tr><td colspan="2">For account & risk for</td><td colspan="4">Empresa Murciana SL
Avda. Juan Carlos I, 18
Lorca (Murcia), ESPAÑA</td></tr>
<tr><td colspan="2">Shipped per</td><td colspan="4">Por mar contenedor Reefer</td></tr>
<tr><td colspan="2">From/To</td><td colspan="4">Puerto de Valparaíso (Chile)/Puerto de Valencia (España)</td></tr>
<tr><td colspan="2">Letter of Credit Nº</td><td colspan="4">KPRINCIPE01234 emitido por Lorbank (Lorca, España)</td></tr>
<tr><td colspan="6">Sale Terms: FOB Puerto de Valparaíso, Chile. Incoterms 2020</td></tr>
<tr><td>Net weight</td><td>Gross weight</td><td>Marks and Nº</td><td>Description of goods</td><td>Unit price</td><td>Amount</td></tr>
<tr><td>11.592 kilos</td><td>12.167 kilos</td><td>1 a 1.656
Cajas
23 europalés</td><td>UVA FRESCA DE MESA
HS 080610</td><td>10 EUR</td><td>16.560 EUR</td></tr>
<tr><td colspan="4">Currency: EURO - €</td><td>Total:</td><td>16.560 EUR</td></tr>
<tr><td colspan="6">Factura comercial número 9.601. Fecha 25/10/20XX
Mercancía destinada a la exportación exenta de IVA.
Mercancía originaria de Chile.
Contenedor Reefer número ASCU2104896, número de serie SN 657XX35</td></tr>
</table>

Figura 9.6. **Factura comercial cumplimentada.**

<table>
<tr><td colspan="5" align="center">COMERCIAL XXX LIMITADA
Chacabuco, Valparaíso
Chile</td></tr>
<tr><td colspan="5" align="center">Packing list
Nº: CXL/9601/20XX
Dated: 25/10/20XX</td></tr>
<tr><td>Invoice nº:</td><td colspan="4">9601   Dated: 25/10/20XX</td></tr>
<tr><td>Invoice of</td><td colspan="4">Uva fresca de mesa: 1.656 cajas de 7 kilos embaladas en 23 europalés</td></tr>
<tr><td>Proforma invoice</td><td colspan="4">PRO9601 Dated 5/10/20XX</td></tr>
<tr><td>For account & risk for</td><td colspan="4">Empresa Murciana SL
Avda. Juan Carlos I, 18
Lorca (Murcia), ESPAÑA</td></tr>
<tr><td>Shipped per</td><td colspan="4">Por mar contenedor Reefer</td></tr>
<tr><td>From/To</td><td colspan="4">Puerto de Valparaíso (Chile)/Puerto de Valencia (España)</td></tr>
<tr><td>Letter of Credit Nº</td><td colspan="4">KPRINCIPE01234 emitido por Lorbank (Lorca, Spain)</td></tr>
<tr><td>Container</td><td>Marks and Nº</td><td>Description of goods</td><td>GWT (kg)</td><td>NWT (kg)</td></tr>
<tr><td>Tipo Reefer
40'

ASCU2104896

número de serie: 657XX35</td><td>1 a 1.656
Cajas
23 europalés</td><td>UVA FRESCA DE MESA
HS 080610</td><td>12.167 kg</td><td>11.592 kg</td></tr>
<tr><td>Total:</td><td colspan="2" align="center">1.656 cajas
23 europalés
1,2 × 0,8 × 2,05 m
Volumen total: 45,26 m³</td><td>12.167 kg</td><td>11.592 kg</td></tr>
<tr><td colspan="5">Packing details:
Medidas de las cajas: 40 cm × 30 cm × 20 cm
Medidas europalé cargados: 1,2 m × 0,8 m × 2,05 m.
72 cajas cada europalé.</td></tr>
<tr><td colspan="5">Packing list Nº CXL/9601/20XX   Dated: 25/10/20XX</td></tr>
<tr><td colspan="5">Transport instructions:
Temperatura: +2 °C.</td></tr>
<tr><td colspan="5">Sale Terms: FOB Puerto de Valparaíso, Chile. Reglas Incoterms 2020.

Factura comercial número 9.601. Fecha 25/10/20XX
Mercancía destinada a la exportación exenta de IVA
Mercancía originaria de Chile
Contenedor Reefer número ASCU2104896, número de serie SN 657XX35</td></tr>
</table>

Figura 9.7. *Packing list* o relación de contenido cumplimentada.

<table>
<tr>
<td colspan="2">

BILL OF LADING
FOR PORT-TO-PORT OR MULTIMODAL TRANSPORT

ORIGINAL
NOT NEGOCIABLE UNLESS CONSIGNED TO ORDER

</td>
<td colspan="2" align="center">

AMERICAN SHIPPING COMPANY

</td>
</tr>
<tr>
<td colspan="2">

1. SHIPPER/EXPORTER (Name and full address)
**Comercial XXX Limitada
Chacabuco, Valparaíso
Chile**

</td>
<td>

BOOKING No
10/AB/20XX.

</td>
<td>

BL No
ASC1987859

</td>
</tr>
<tr>
<td colspan="2"></td>
<td colspan="2">4 EXPORT REFERENCES</td>
</tr>
<tr>
<td colspan="2">

2. CONSIGNEE (Name and full address)
TO ORDER OF LORBANK (SPAIN)

</td>
<td colspan="2">5 FORWARDING AGENT AND REFERENCES</td>
</tr>
<tr>
<td colspan="2">

3. NOTIFY PARTY/ADDRESS
**Empresa Murciana SL
Avda. Juan Carlos I, nº 18
Lorca (Murcia) ESPAÑA**

</td>
<td colspan="2">

6 ALSO NOTIFY PARTY AND INLAND ROUTING INSTRUCTIONS
**TRANSVALENCIA, SL
Avenida del Puerto, 150,
46.011 Valencia. ESPAÑA**

</td>
</tr>
<tr>
<td colspan="2">

7. VESSEL AND VOYAGE No
ASC WORLD

</td>
<td colspan="2">10. INITIAL CARRIAGE BY (MODE)</td>
</tr>
<tr>
<td colspan="2">

8. PORT OF LOADING
VALPARAÍSO

</td>
<td colspan="2">

11. PLACE OF RECEIPT
XXXXXXXXXX

</td>
</tr>
<tr>
<td colspan="2">

9. PORT OF DISCHARGE
VALENCIA

</td>
<td colspan="2">

12. PLACE OF DELIVERY
XXXXXXXXXX

</td>
</tr>
</table>

13. Marks and Numbers	14. No pkgs	15. Description of Packages and Goods	16.Gross Weight (kg)	17. Measurement
ASCU2104896 **Seal number: 657XX35**	**1** **23** **1.656**	**High Reefer 40' container Said to contain** **23 europalés** **1656 cajas de uva fresca de mesa de medidas 40×30×20 y peso unitario 7 kilos cada una** FOB Puerto de Valparaíso, Chile. Incoterms 2020 **SHIPPER'S LOADED, STOWED AND COUNTED Letter of Credit KPRINCIPE01234 Issued by Lorbank (Lorca, Spain)** **Temperatura: + 2 º C** **Ventilación: 30 metros cúbicos/hora**	**12.167**	

<table>
<tr>
<td colspan="2">18 FREIGHT AND CHARGES</td>
<td>PREPAID (CURRENCY)</td>
<td>COLLECT (CURRENCY)</td>
</tr>
<tr>
<td colspan="2" align="center">

As Arranged

</td>
<td></td>
<td></td>
</tr>
<tr>
<td colspan="2" align="center">

FREIGHT COLLECT

</td>
<td></td>
<td></td>
</tr>
<tr>
<td>

19. Number of Original Bill Of Lading
3/THREE

</td>
<td>

20. Movement
FCL/FCL

</td>
<td colspan="2" rowspan="2">

Received in apparent good order and condition for carriage on the terms and conditions hereof including the terms and conditions on the reverse side hereof.
In witness it have been signed three originals Bill of Lading, all of them delivered to the Shipper, one of which being accomplished, the others to stand null and void.
Oriental Shipping Company LTD
As Carrier

SEAGENT
As Agent ONLY
Signature

</td>
</tr>
<tr>
<td>

21. BL Number

ASC1987859

</td>
<td>

22. Place and Date of Issue
**VALPARAÍSO
30.10.XX**

</td>
</tr>
</table>

Figura 9.8. Conocimiento de embarque cumplimentado.

1. Exportador (nombre, apellidos, dirección completa y país) **Comercial XXX Limitada** **Chacabuco, Valparaíso** **Chile**	**EUR.1 N° A 320XX15** **2. Certificado utilizado en los intercambios preferenciales entre**
3. Destinatario (nombre, apellidos, dirección completa y país)(mención facultativa) **Empresa Murciana SL** **Avda. Juan Carlos I, n° 18** **Lorca (Murcia) ESPAÑA**	CHILE y UE (Indíquese los países, grupos de países o territorios a que se refiera)

	4. País, grupo de países o territorio de donde se consideran originarios los productos CHILE	**5. País, grupo de países o territorio de destino** ESPAÑA

6. Información relativa al transporte (mención facultativa) **BARCO. VÍA MARÍTIMA.**	**7. Observaciones** **Letter of Credit N° KPRINCIPE01234** **Issued by Lorbank (Lorca, Spain)**

8. Numero de orden, marcas, numeración, número y naturaleza de los bultos, designación de las mercancías **23 PALÉS CON 1.656 CAJAS DE UVA FRESCA DE MESA**	**9. Masa bruta (kg) u otra medida (litros, m^3, etc.)** **12.167 kilos**	**10. Facturas** (mención facultativa) **9.601**

11. VISADO DE LA ADUANA Declaración certificada conforme Documento de exportación Modelo **DUS** N°. **XX-2442578** del **30/10/20XX** Aduana de **VALPARAÍSO** País o territorio de expedición: **CHILE** En **VALPARAÍSO** a **30/10/20XX** **VISADO ADUANA VALPARAÍSO** (Firma)	Sello	**12. DECLARACIÓN DEL EXPORTADOR** El que suscribe declara que las mercancías arriba designadas cumplen con las condiciones exigidas para la expedición del presente certificado. En **Valparaíso** a **30/10/20XX.** **COMERCIAL XXX LIMITADA** (Firma)

Figura 9.9. Certificado de circulación EUR 1 cumplimentado.

COMERCIAL XXX LIMITADA
Chacabuco, Valparaíso
Chile

DOCUMENTO DE TRATAMIENTO
TREATMENT DOCUMENT
Fecha/Dated
25/10/20XX

MERCANCÍA / *MARCHANDISE*	IDENTIFICACIÓN / *IDENTIFICATION*
Madera	Palés
	Descripción de la madera
Contenedor/Camión: ASCU2104896	23 palés

LUGAR DE TRATAMIENTO / *SITUATION OF TREATMENT*

PALÉS VALPARAISO
Xxx VALPARAISO - CHILE

PROCEDENCIA / *ORIGIN*	DESTINO / *DESTINATION*
CHILE	ESPAÑA

MARCADO

Nº de Registro oficial: CL-XX-XXX/HT-DB

TIPO DE TRATAMIENTO / *TYPE OF TREATMENT:*

PALÉS DE ACUERDO CON LAS PAUTAS DE LA NORMA NIMF15

LETTER OF CREDIT Nº KPRINCIPE01234

Figura 9.10. Certificado NIMF/ISPM 15 de tratamiento de los palés (emitido por el beneficiario).

CASO PRÁCTICO 1
Cuestionario

1.1 ¿Comercial XXX Limitada seguro que cobrará la operación?

1.2 ¿Empresa Murciana SL puede anularle el pedido una vez abierto el crédito documentario a su favor?

1.3 Una vez abierto el crédito documentario, ¿Empresa Murciana SL podría modificar las condiciones del crédito (por ejemplo, enviar menos europalés de los indicados)?

1.4 ¿Por qué se le exige a Comercial XXX Limitada que presente el documento EUR 1?

1.5 Revisa los documentos presentados por Comercial XXX Limitada y comprueba si se han emitido correctamente.

1.6 El crédito documentario es utilizable en las cajas de Lorbank. ¿Qué significa?

1.7 ¿Podría Lorbank negarse a pagar el crédito, si la presentación de documentos de Comercial XXX Limitada es conforme?

1.8 Si el crédito hubiera indicado utilizable en las cajas del Banco Chileno, ¿podría haberse negado a pagar dicho banco?

1.9 Si el campo 41A se expresara como 41D. ¿Qué significa?

1.10 ¿Qué indica la fecha de vencimiento del crédito?

1.11 ¿Qué indica el campo 48? ¿Qué sucederá si dicho campo no aparece en el mensaje SWIFT?

1.12 Si los transbordos estuvieran prohibidos, ¿qué ocurre si queremos transbordar la mercancía?

1.13 ¿Qué significa la expresión «expediciones parciales no permitidas»?

1.14 Si en las condiciones de entrega consta CFR VALENCIA, ¿cómo aparecería indicado el flete?

1.15 ¿Qué te parece la utilización del Incoterms FOB en esta operación?

1.16 Conclusiones del caso

Caso práctico 2

Exportación a Malasia con crédito documentario pagadero a la vista y utilizable en las cajas del banco confirmador (con reembolso)

Lorca Export va a realizar una exportación de tintas de impresión a la empresa Import Ltd. Malaysia por valor de 22.357 dólares USA, posición CFR Puerto de Singapur. Import Ltd. Malaysia va a liquidar la operación mediante crédito documentario irrevocable, confirmado por Lorbank.

El día 14 de enero, Lorbank recibe el siguiente crédito documentario procedente del Banco de Malasia:

```
MESSAGE MT 700: ISSUE OF A DOCUMENTARY CREDIT
BASIC HEADER: BAMAMYKL, BANK OF MALAYSIA BERHAD
DATE: 14-01-20XX 09:20 SES-ISN: 0000 000000 PRIORIDAD: N
APPLICATION HEADER: LORBESMMXXX LORBANK LORCA
DATE: 14-01-20XX 12.15:04 SES-OSN: 0000 000000APLICACION: F
SEQUENCE TOTAL                      27      1/1
FORM OF DOCUMENTARY CREDIT          40A     IRREVOCABLE
DOCUMENTARY CREDIT NUMBER           20      0012345DECP0007
DATE OF ISSUE                       31C      XX0114
APPLICABLE RULES                    40E     UCP LATEST VERSION
DATE AND PLACE OF EXPIRY            31D     XX0315 SPAIN
APPLICANT                           50      IMPORT LTD MALAYSIA
                                            No. 1XX, Jalan Perak
                                            50450 Kuala Lumpur - Malaysia
BENEFICIARY                         59      LORCA EXPORT
                                            Polígono Industrial SapreLorca XXXX
                                            LORCA (MURCIA) SPAIN
CURRENCY/AMOUNT                     32B     CURRENCY USD AMOUNT 22.357
(%) TOLEPOS/NEG                     39A     10/10
AVAILABLE WITH...BY...              41A     LORBESMMXXX
                                            BY PAYMENT
PARTIAL SHIPMENTS                   43P     NOT ALLOWED
TRANSHIPMENT                        43T     NOT ALLOWED
 PORT OF LOADING/AIRPOR             44E     ANY PORT IN SPAIN
DEPEPARTURE
PORT OF DISCHARGE /AIRPOR OF        44F     SINGAPUR, MALAYSIA
DESTINATION
LATEST DATE OF SHIPMENT             44C     XX0301
DESCRIPTION OF GOODS OR             45A     OFFSET PRINTING INK ALL OTHER DETAILS AS PER
SERVICES                                    PROFORMA INVOICE Nº 456123 DATED 02-01-20XX
                                            CFR SINGAPUR PORT MALAYSIA (INCOTERMS 2020)
```

DOCUMENTS REQUIRED	46A	+ COMMERCIAL INVOICE IN 03/02 (ORIGINAL/COPY) + PACKING LIST + FULL SET CLEAN ON BOARD MARINE BILL OF LADING, MARKED "FREIGH PREPAID" + CERTIFICATE OF ORIGIN IN 1 ORIGINAL AND 3 COPIES THAT GOODS ARE OF SPANISH ORIGIN. + SEPARATE CERTIFICATE OF WEIGHT IN 01 ORIGINAL AND 03 COPIES DECLARING GROSSAND NET WEIGHT OF GOODS SHIPPED + BENEFICIARY'S CERTIFICATE CONFIRMING THAT ALL BOXES AND ITEMS HAVE BEEN LABELLED WITH COUNTRY OF ORIGIN SPAIN.
ADDITIONAL CONDITIONS	47A	+ ALL DOCUMENTS MUST SHOW THIS L/C NO, AND THE NAME OF OUR BANK. + ALL DOCUMENTS MUST BE ISSUED IN ENGLISH LANGUAGE. + USD 90.00 OR EQUIVALENT PLUS SWIFT CHARGES WILL BE DEDUCED FROM AMOUNT OF ANY DISCREPANT SET OF DOCUMENT PRESENTED UNDER THIS L/C AND ACCEPTED BY APPLICANT. + DOCUMENTS INDICATING AS THE CONSIGNOR OR SHIPPER A PARTY OTHER THAN BENEFICIARY IS NOT ACCEPTABLE. ARTICLE 14K IS NOT APPLICABLE.
CHARGES	71D	ALL BANKING CHARGES OUTSIDE MALAYSIA ARE FOR BENEFICIARY ACCOUNT, INCLUDING COSTS REIMBURSEMENT
PERIOD FOR PRESENTATION IN DAYS	48	10
CONFIRMATION INSTRUCTIONS	49	CONFIRM
REQUESTED CONFIRMATION PARTY	58A	LORBESMMXXX
REIMBURSING BANK	53A	BKTRUS33
INSTRUCTIONS TO THE PAYING/ ACCEPTING/NEGOTIATING BANK	78	1 ORIGINAL AND DUPLICATE SET OF DOCUMENTS MUST BE DELIVERED TO US IN TWO CONSECUTIVE SETS BY SPEED COURIER. OUR FULL NAME AND ADDRESS IS AS FOLLOWS: BANK OF MALAYSIA BERHAD, ATTN TRADE SERVICES DEPT, MENARA BANK OF MALAYSIA, JALAN PERAK, KUALA LUMPUR, 50XX. MALAYSIA Tel: 0000XXX1. FAX:0000XXX2. 2- AT MATURITY YOU ARE AUTHORIZED TO CLAIM REIMBURSEMENT FROM DEUTSCHE BANK, NEW YORK UNDER SWIFT ADVICE TO US FOUR WORKING DAYS PRIOR TO MATURITY DATE PROVIDED THAT DOCUMENTS NEGOTIATED ARE AS PER L/C TERM AND CONDITIONS.
SENDER TO RECEIVER INFORMATION	72Z	ADVISE SAME VIA, WHEN YOU NOTIFY THISL/C TO BENEFICIARY

MAC 0000000
CHK AFCBEB85096B

....

[1] El banco reembolsador es Deutsche Bank Trust Company Americas. New York.

CASO PRÁCTICO 2
Cuestionario

2.1   ¿Quién ordena la apertura de este crédito documentario del crédito?

2.2   ¿Quién es el emisor?

2.3   ¿Quién es el exportador?

2.4   ¿Quién es el banco avisador?

2.5   ¿Dónde presentará el beneficiario los documentos?

2.6   ¿A qué reglas está sujeto este crédito?

2.7   ¿Podríamos haber puesto alguna norma más de sujeción de este crédito?

2.8   ¿El banco emisor solicita la confirmación del crédito? ¿Cómo?

2.9   ¿Quién es la parte interesada en la confirmación?

2.10   Al presentar los documentos, el importe de la factura es de 21.239,15 USD. ¿Se aceptará dicho documento cómo válido?

2.11   En caso de inestabilidad política en Malasia, si Lorca Export hace una presentación conforme, ¿cobrará? Razona.

2.12   En caso de quiebra del Banco de Malasia, si Lorca Export hace una presentación conforme, ¿cobrará? Razona.

2.13   En caso de que Import Ltd. Malasya entre en concurso de acreedores, si Lorca Export hace una presentación conforme, ¿cobrará? Razona.

2.14   Los transbordos están prohibidos, ¿se puede transbordar la mercancía?

2.15   En puerto de embarque (campo 44E) consta *ANY PORT IN SPAIN*. ¿Habría sido más oportuno indicar un puerto concreto (Valencia, Barcelona, Bilbao...)?

2.16   En algunos créditos documentarios en el campo 48 aparece indicado lo siguiente:

    DOCUMENTS MUST BE PRESENTED WITHIN 21 DAYS AFTER SHIPMENT DATE AND WITHIN VALIDITY TERMS OF THIS DOCUMENTARY CREDIT.

Expresa tu opinión.

2.17   ¿En qué fecha presentará los documentos Lorca Export?

2.18   ¿Existe banco reembolsador en este crédito? Si es así explica brevemente la gestión del reembolsador a través de los mensajes SWIFT correspondientes [Este punto 19 se realizará una vez leído el capítulo 6.]

2.19   Conclusiones del caso.

Caso práctico 3

Análisis de un crédito documentario: errores importantes

Española de la Piel, en Getafe (Madrid, España), ha establecido contacto con la empresa uruguaya Uruguay Import y tras varias conversaciones telefónicas acuerdan que cierran una operación de venta de diversas piezas de cuero de vacuno por un importe de 22.250 €.

Acuerdan que el medio de pago a utilizar va a ser crédito documentario, sin concretar las condiciones.

El día 30 de septiembre de 20XX, Banco de Uruguay de Madrid recibe el siguiente crédito documentario procedente del Banco Uruguay de Montevideo, el cual notifica a Española de la Piel para que analice el condicionado.

La empresa española envía por correo electrónico la copia del MT 700 a su responsable de pagos, para que lo analice, le dé su opinión sobre el contenido del mensaje y le indique si aceptan las condiciones o solicita alguna modificación. El mensaje es el siguiente:

```
MENSAJE: 700 EMISION DE CREDITO DOCUMENTARIO
EMISOR: BAURUYMMXXX BANCO URUGUAY MONTEVIDEO
FECHA: 30-09-20XX 11:20
RECEPTOR: BAURESMMXXX BANCO URUGUAY MADRID
FECHA: 30-09-20XX 16.40
SECUENCIA TOTAL                   27       1/1
CLASE DE CRÉDITO DOCUMENTARIO     40A      IRREVOCABLE
NÚMERO DE CRÉDITO DOCUMENT        20       0034EDEP0123
FECHA DE EMISIÓN                  31C      XX0930
REGLAS APLICABLES                 40E      UCP LATEST VERSION
FECHA LUG.VENCIMIENTO             31D      XX1125 URUGUAY
POR ORDEN DE                      50       URUGUAY IMPORT
                                           JOSE LLUPES XXX
                                           MONTEVIDEO (URUGUAY)
CLIENTE BENEFICIARIO              59       ESPAÑOLA DE LA PIEL.
                                           POLÍGONO INDUSTRIAL SAN MARCOS
                                           CALLE BELL XX
                                           28906 GETAFE - MADRID
DIVISA / IMPORTE                  32B      CURRENCY EUR AMOUNT22.250
(%) TOLERANCIA  POS/NEG           39A      10/10
DISPONIBLE. CON...POR...          41A      BAURUYMMXXX
                                           BY DEF PAYMENT
```

DETALLES PAGO DIFERIDO	42P	60 DÍAS FECHA CONOCIMIENTO DE EMBARQUE
EMBARQUES PARCIALES	43P	ALLOWED
TRANSBORDOS	43T	NO ALLOWED
PUERTO CARGA/APTO PARTIDA	44E	PUERTO DE VALENCIA ESPAÑA
PUERTO DESCARGA /APTO DEST	44F	PUERTO DE MONTEVIDEO URUGUAY
FECHA LÍMITE PARA EMBARQUE	44C	XX1030
DESCRIPCIÓN MERCANCÍA	45A	1 CONTENEDOR DE 12.000 kGS. DE DESCARNES WET – BLUE DE VACUNO, SEGÚN FACTURA PROFORMA DE FECHA 15-09-XX FOB
DOCUMENTOS REQUERIDOS	46A	+ FACTURA COMERCIAL FIRMADA EN 4 EJEMPLARES + LISTA DE BULTOS EN 4 EJEMPLARES + CONOCIMIENTO DE EMBARQUE LIMPIO A BORDO A LA ORDEN DEL BANCO DE URUGUAY MONTEVIDEO INDICANDO FLETE PAGADO + CERTIFICADO DE ORIGEN + CERTIFICADO FIRMADO POR URUGUAY IMPORT, INDICANDO EL RECIBO DE LA MERCANCÍA. + POLIZA DE SEGURO NEGOCIABLE EN URUGUAY EN TRES EJEMPLARES + CERTIFICADO SANITARIO EN 01 EJEMPLARES Y 2 COPIAS + CERTIFICADO DE PCP EMITIDO (ORIGINAL Y DOS COPIAS)
CONDICIONES ADICIONALES	47A	+ SE APLICA UN GASTO ADICIONAL CITADO ABAJO, A CADA JUEGO DE DOCUMENTOS PRESENTADOS CON DISCREPANCIAS CONFORME A LOS TÉRMINOS DE ESTE CRÉDITO. EL GASTO DEBERÁ SER SOPORTADO POR LOS BENEFICIARIOS SIN TENER EN CUENTA QUE TALES DOCUMENTOS DEFINITIVAMENTE SEAN ACEPTADOS O NO SEAN ACEPTADOS POR NOSOTROS. NUESTROS GASTOS SON EUR 90.00 O SU CONTRAVALOR. + ENVIEN LOS DOCUMENTOS EN UN SOLO LOTE + ENVIEN DOCUMENTOS A BANCO URUGUAY MONTEVIDEO AVENIDA 18 DE JULIO 1300 (MONTEVIDEO)
DETALLE DE LOS GASTOS	71D	TODOS LOS GASTOS FUERA DE NUESTRAS CAJAS SON POR CUENTA DEL BENEFICIARIO
INSTRUCCIONES DE CONFIRMACIÓN	49	WITHOUT
INTRUCCIONES DE PAGO /ACEP / NEGO	78	+ RECIBIDOS LOS DOCUMENTOS DE ACUERDO CON LAS CONDICIONES DEL CRÉDITO AL VENCIMIENTO PAGAREMOS DE ACUERDO CON SUS INSTRUCCIONES.
INFORMACIÓN	72Z	NOTIFICAR CUANDO SE HAYA AVISADO ESTA L/C AL BENEFICIARIO

MAC 0000000
CHK AFCBEB85096B

CASO PRÁCTICO **3**
Cuestionario

3.1 Revisa las distintas fechas y da tu opinión sobre ellas. ¿Cuándo se realiza la presentación de documentos?

3.2 ¿Te parece correcta la forma de expresar las condiciones de entrega?

3.3 Analiza los documentos solicitados.

3.4 ¿Por qué el conocimiento de embarque va a la orden del Banco de Uruguay de Montevideo?

3.5 En el campo 43P (embarques parciales) y 43T (transbordos), ¿se podría haber puesto la expresión PROHIBIDOS/PERMITIDOS?

3.6 Indica las modificaciones que Española de la Piel solicitará al importador.

3.7 ¿Quién realiza las modificaciones? ¿Cómo?

3.8 En caso de inestabilidad política en Uruguay, si Española de la Piel hace una presentación conforme, ¿cobrará? Razona.

3.9 En caso de quiebra del Banco de Uruguay Montevideo, si Española de la Piel hace una presentación conforme, ¿cobrará? Razona.

3.10 En caso de que Uruguay Import entre en concurso de acreedores, si Española de la Piel hace una presentación conforme, ¿cobrará? Razona.

3.11 ¿Cómo se realizará la notificación indicada en el campo 72Z?

3.12 Conclusiones del caso.

Caso práctico 4

Notificación a un segundo banco avisador

Lorca Export va a realizar una operación de exportación del producto X a la empresa Mascuba, en La Habana (Cuba), por valor de 9.000 €, posición FOB Puerto de Valencia. Mascuba va a liquidar la operación mediante crédito documentario irrevocable, emitido por el Banco de La Habana, enviando mensaje MT 700 a su corresponsal en España, Banco Español, que notificará al beneficiario a través de su banco Lorbank, mediante el envío de un MT 710 (aviso a un tercer banco).[2]

El 17 de marzo, Banco Español recibe el siguiente crédito documentario procedente del Banco de Cuba, para que notifique al beneficiario a través de Lorbank:

MENSAJE: 700 EMISION DE CREDITO DOCUMENTARIO
EMISOR: BAHACUHHXXX LA HABANA CU
FECHA: 17-03-20XX
RECEPTOR: BAESESMMXXX MADRID
FECHA: 17-03-20XX

SECUENCIA TOTAL	27	1/1
CLASE DE CRÉDITO DOCUMENTARIO	40A	IRREVOCABLE
NÚMERO DE CRÉDITO DOCUMENT	20	12345
FECHA DE EMISIÓN	31C	XX0317
REGLAS APLICABLES	40E	UCP LATEST VERSION
FECHA LUG.VENCIMIENTO	31D	XX0730 ESPAÑA
POR ORDEN DE	50	MASCUBA LA HABANA CUBA
CLIENTE BENEFICIARIO	59	LORCA EXPORT POLÍGONO INDUSTRIAL SAPRELORCA XXXX 30.800 LORCA MURCIA ESPAÑA
DIVISA / IMPORTE	32B	CURRENCY EUR AMOUNT9.000
DISPONIBLE. CON...POR...	41A	BAESESMMXXX BY PAYMENT

....

[2] Detalles del mensaje MT 710, en *Standards MT November 2018 (Category 7)*. Disponible en: https://www2.swift.com/uhbonline/books/a2z/standards_mt.htm.

EMBARQUES PARCIALES	43P	ALLOWED
TRANSBORDOS	43T	ALLOWED
PUERTO CARGA/APTO PARTIDA	44E	VALENCIA, ESPAÑA
PUERTO DESCARGA /APTO DEST	44F	LA HABANA CUBA
FECHA LÍMITE PARA EMBARQUE	44C	XX0620
DESCRIPCIÓN MERCANCÍA	45A	PRODUCTO X FOB PUERTO DE VALENCIA, ESPAÑA (INCOTERMS 2020)
DOCUMENTOS REQUERIDOS	46A	+ FACTURA COMERCIAL EN 03/02 (ORIGINAL/COPIAS) + LISTA DE CONTENIDO + CONOCIMIENTO DE EMBARQUE LIMPIO A BORDO, A LA ORDEN DE MASCUBA INDICANDO FLETE DEBIDO. + CERTIFICADO DE ORIGEN
CONDICIONES ADICIONALES	47A	+ TODOS LOS DOCUMENTOS DEBEN INDICAR EL NÚMERO DE CRÉDITO DOCUMENTARIO
DETALLE DE LOS GASTOS	71D	TODOS LOS GASTOS FUERA DE CUBA SON POR CUENTA DEL BENEFICIARIO
INSTRUCCIONES DE CONFIRMACIÓN	49	WITHOUT
AVISAR A TRAVÉS DE	57A	LORBESMMXXX

        MAC 0000000
        CHK AFCBEB85096B

Al recibo del crédito documentario el Banco Español envía mensaje MT710 a Lorbank para que notifique la apertura a Lorca Export.

MENSAJE: 710 AVISO A TERCER BANCO DE CRÉDITO DOCUMENTARIO
EMISOR: BAESESMMXXX MADRID
FECHA: 21-03-20XX
RECEPTOR: LORBESMMXXX
FECHA: 21-03-20XX

SECUENCIA TOTAL	27	1/1
CLASE DE CRÉDITO DOCUMENTARIO	40B	IRREVOCABLE WITHOUT OUR CONFIRMATION
REFERENCIA DE ENVIO	20	0000BEXX
NÚMERO DE CRÉDITO DOCUMENT	21	12345
FECHA DE EMISIÓN	31C	XX0317
REGLAS APLICABLES	40E	UCP LATEST VERSION
FECHA LUG.VENCIMIENTO	31D	XX0730 ESPAÑA
BANCO EMISOR	52A	BAHACUHHXXX

POR ORDEN DE	50	MASCUBA LA HABANA CUBA
CLIENTE BENEFICIARIO	59	LORCA EXPORT POLÍGONO INDUSTRIAL SAPRELORCA XXXX LORCA MURCIA ESPAÑA
DIVISA / IMPORTE	32B	CURRENCY EUR AMOUNT9.000
DISPONIBLE. CON...POR...	41A	BAESESMMXXX BY PAYMENT
EMBARQUES PARCIALES	43P	ALLOWED
TRANSBORDOS	43T	ALLOWED
PUERTO CARGA/APTO PARTIDA	44E	VALENCIA, ESPAÑA
PUERTO DESCARGA /APTO DEST	44F	LA HABANA CUBA
FECHA LÍMITE PARA EMBARQUE	44C	XX0620
DESCRIPCIÓN MERCANCÍA	45A	PRODUCTO X FOB PUERTO DE VALENCIA, ESPAÑA (INCOTERMS 2020)
DOCUMENTOS REQUERIDOS	46A	+FACTURA COMERCIAL EN 03/02 (ORIGINAL/COPIAS) + LISTA DE CONTENIDO + CONOCIMIENTO DE EMBARQUE LIMPIO A BORDO, A LA ORDEN DE MASCUBA INDICANDO FLETE DEBIDO. + CERTIFICADO DE ORIGEN
CONDICIONES ADICIONALES	47A	+ TODOS LOS DOCUMENTOS DEBEN INDICAR EL NÚMERO DE CRÉDITO DOCUMENTARIO
DETALLE DE LOS GASTOS	71D	TODOS LOS GASTOS FUERA DE CUBA SON POR CUENTA DEL BENEFICIARIO
INSTRUCCIONES DE CONFIRMACIÓN MAC 0000000 CHK AFCBEB85096B	49	WITHOUT

CASO PRÁCTICO 4
Cuestionario

4.1   ¿Quién es el ordenante?

4.2   ¿Quién es el banco emisor?

4.3   ¿Quién es el banco avisador?

4.4   ¿Por qué no se emite el crédito documentario a favor del banco del beneficiario?

4.5   En caso que el banco emisor solicitara confirmar el crédito, ¿qué banco sería el confirmador? Y ¿cómo se indicaría en el MT 700 y MT 710?

4.6   ¿Dónde presenta los documentos el beneficiario?

4.7   ¿En qué fecha se realizará la presentación de documentos?

4.8   ¿Que opinas si usáramos el Incoterms FCA terminal de contenedores Puerto de Valencia y exigiéramos a Lorca Export un BL *on board*, tal como se explica en Incoterms 2020?

4.9   Conclusiones del caso.

Caso práctico 5

Modificación de un crédito documentario

Utilizando el caso práctico 1, el beneficiario al recibo del mensaje no está conforme y solicita las siguientes modificaciones al ordenante:

- Ampliar la fecha de validez del crédito hasta el 27 de diciembre.
- El nuevo importe es 18.860[3] (aumenta en 2300 €).
- Última fecha de embarque: 30 de noviembre.
- Embarques parciales permitidos.
- Documentos adicionales requeridos: certificado sanitario.

El banco emisor del crédito, atendiendo a la solicitud de modificación, envía el 25 de octubre, siguiente mensaje de modificación al banco avisador para que lo notifique al beneficiario:

```
MENSAJE: 707 MODIFICACIÓN DE UN CREDITO DOCUMENTARIO
SENDER: LORBESMMXXX
FECHA: 25-10-20XX
RECEIVER: BACHCLRMXXX
FECHA: 25-10-20XX
SECUENCIA TOTAL                    27      1/1
REFERENCIA EMISOR                  20      LOR1234
REFRENCIA RECEPTOR                 21      NONREF
REFERENCIA BANCO EMISOR            23      KPRINCIPE01234
FECHA DE EMISIÓN                   31C     XX1020
NÚMERO DE MODIFICACIÓN             26E     001
FECHA DE MODIFICACIÓN              30      XX1025
PROPUESTA DEL MENSAJE              22A     ISSU
FECHA Y LUGAR DE VENCIMIEN         31D     XX1227 SPAIN
INCREMENTO IMPORTE CRÉDIT          32B     EUR2300
ÚLTIMA FECHA DE EMBARQUE           44C     XX1130
EMBARQUES PARCIALES                43P     ALLOWED
DOCUMENTOS REQUERIDOS              46B     /ADD/ + CERTIFICADO SANITARIO
             END OF MENSSAGE TEXT/TRAILER
```

[3] El importe del MT 700 era 16.560 €.

CASO PRÁCTICO 5
Cuestionario

5.1 Explica paso a paso, como se llevaría a cabo el proceso para modificar este crédito documentario.

5.2 Al no estar el beneficiario de acuerdo con las condiciones del crédito y solicitar la modificación, ¿está obligado el banco emisor a emitir la modificación? Razona.

5.3 ¿Podría negarse el ordenante a aceptar la modificación?

5.4 En caso de que el crédito fuera confirmado, ¿está obligado el banco confirmador a aceptar la modificación? Razona.

5.5 Explica brevemente el campo 22A. ¿Qué otros códigos se podrían haber utilizado?

5.6 En caso de que se quisiera solicitar un documento menos:

    a) ¿Qué campo utilizarías y cómo lo indicarías?

    b) El documento que no queremos que se solicite es «CERTIFICADO NIMF/ISPM15 DE TRATAMIENTO DE PALÉS».

    ¿Cómo se expresaría en el mensaje SWIFT MT 707?

5.7 ¿Qué campo utilizaríamos en caso de que el importe del crédito fuera de 15.000 €? ¿Cómo se expresaría?

5.8 Tras consultar el mensaje MT 707 de los estándares SWIFT, explica brevemente el campo 71N.

Caso práctico 6

Preaviso de un crédito documentario

Siguiendo el caso práctico 1, Lorbank emitirá su crédito documentario irrevocable KPRINCIPE01234, por valor de 16.560 €, a nombre de Empresa Murciana SL

El crédito está a favor de la chilena Comercial XXX Limitada, según factura proforma número pro9601, de fecha 5-10-20XX FOB Puerto Valparaíso, Chile (reglas Incoterms 2020).

La validez del crédito es hasta el 25 de noviembre de 20XX.

El 13 de octubre de 20XX, Lorbank envía un preaviso del crédito documentario al banco notificador (entidad bancaria chilena).

El MT 700 será el descrito en el caso práctico 1.

```
MENSAJE: 705 PREAVISO DE CREDITO DOCUMENTARIO
EMISOR: LORBESMMXXX
FECHA: 13-10-20XX
RECEPTOR: BACHCLRMXXX
FECHA: 13-10-20XX
```

CLASE CREDITO DOCUMENT	40A	IRREVOCABLE
NUMERO CREDITO DOCUMEN	20	KPRINCIPE01234
FECHA VENCIMIENTO Y LUGAR	31D	XX1125 SPAIN
POR ORDEN DE	50	EMPRESA MURCIANA, SL AVDA. JUAN CARLOS I 18 LORCA, 30800MURCIA, ESPANA
CLIENTE BENEFICIARIO	59	COMERCIAL XXX LIMITADA CHACABUCO XXX VALPARAISOCHILE
DIVISA-IMPORTE	32B	CURRENCY EUR AMOUNT 16.560
PTO CARGA/APTO PARTIDA	44E	VALPARAISO, CHILE
PTO DESCARGA/APTO DEST	44F	VALENCIA, ESPANA
FECHA LIMITE EMBARQUE	44C	XX1115
DESCRIPC. MERCANCÍA	45A	SEGÚN FACTURA PROFORMA Nº PRO9601 DE FECHA 5-10-20XX FOB PUERTO VALPARAISO, CHILE (INCOTERMS 2020)

```
END OF MESSAGE TEXT/TRAILER
```

Caso práctico 6
Cuestionario

6.1   El banco emisor que envió el preaviso, ¿está obligado a la apertura del crédito documentario?

6.2   ¿Es obligatorio enviar un preaviso de crédito documentario antes de su apertura?

6.3   En el preaviso, ¿van los mismos detalles que en el mensaje de emisión del crédito documentario?

6.4   Una vez emitido el mensaje de preaviso, ¿es este el instrumento operativo del crédito?

6.5   ¿Cómo aparecería la referencia del preaviso en el mensaje de emisión del crédito documentario (MT 700)?

6.6   Tras consultar el mensaje MT 705 de los estándares SWIFT, explica brevemente el campo 79Z.

Caso práctico 7

Reembolsos interbancarios

El 1 de octubre de 20XX, Anca Bank Limited, en Johannesburgo (Sudáfrica), abre el crédito documentario n.º 170-01-000-X a favor de Empresa Murciana SL. Se emite en nombre de African Industry Ltd. de Johannesburgo y es notificado por Lorbank.

El crédito documentario es utilizable en las cajas de Lorbank, que solicitará reembolso a Barclays, oficina de Ámsterdam (Países Bajos). El mensaje SWIFT MT 700 es el siguiente:

```
MESSAGE MT 700: ISSUE OF A DOCUMENTARY CREDIT
BASIC HEADER: ANCAZAJJXXX ANCA BANK , JOHANNESBURG, South Africa
DATE: 01-10-20XX
APPLICATION HEADER: LORBESMMXXX LORBANK SPAIN
DATE: 01-10-20XX
SEQUENCE TOTAL                      27      1/1
FORM OF DOCUMENTARY CREDIT          40A     IRREVOCABLE
DOCUMENTARY CREDIT NUMBER           20      170-01-000-X
DATE OF ISSUE                       31C     XX1001
APPLICABLE RULES                    40E     UCPURR LATEST VERSION
DATE AND PLACE OF EXPIRY            31D     XX1205 SPAIN
APPLICANT                           50      AFRICAN INDUSTRY LTD
                                            XX SAXON ROAD
                                            JOHANNESBURG, 2196, South Africa
BENEFICIARY                         59      EMPRESA MURCIANA, SL
                                            AVDA. JUAN CARLOS I 18
                                            LORCA, 30800MURCIA, SPAIN
CURRENCY/AMOUNT                     32B     CURRENCY EUR AMOUNT65.143,19
AVAILABLE WITH...BY...              41A     LORBESMMXXX
                                            BY PAYMENT
PARTIAL SHIPMENTS                   43P     NOT ALLOWED
TRANSHIPMENT                        43T     ALLOWED
LOADING IN CHARGE                   44A     SPAIN
PORT OR LOADING/AIRPORT OF DEP      44E     ANY EUROPEAN PORT
PORT OF DISCHARGE /AIRPORT OF       44F     DURBAN SOUTH AFRICA
DES
LATEST DATE OF SHIPMENT             44C     XX1117
DESCRIPTION OF GOODS OR             45A     AS PER PROFORMA INVOICE Nº SW15-0834-1
SERVICES                                    DATED 15-09-20XX
                                            CIF DURBAN SOTH AFRICA (INCOTERMS 2020)
```

DOCUMENTS REQUIRED	46A	+ SIGNED COMMERCIAL INVOICE, 1 ORIGINAL AND 2 COPIES, STATING THAT MERCHANDISE IS IN ACCORDANCE WITH PRO-FORMA INVOICE NUMBER SW15-0834-1 DATED 15-09-XX + PACKING LIST IN 3 ORIGINALS + FULL SET CLEAN ON BOARD BILL OF LADING, CONSIGNED TO THE ORDER OF ANCA BANK, NOTIFY TO APPLICANT MARKED "FREIGH PREPAID" + MARINE INSURANCE POLICY CERTIFICATE, ORIGINAL AND 2 COPIES FOR FULL INVOICE VALUE PLUS 10 PERCENT, ENDORSED IN BLANK, FROM PLACE OF DISPATCH TO PLACE OF DESTINATION COVERING INSTITUTE CARGO CLAUSES 'A' (2009), INSTITUTE WAR CLAUSES, INSTITUTE STRIKES CLAUSES, MARKED CLAIMS PAYABLE IN RSA AND IN THE CURRENCY OF THE LETTER OF CREDIT.
ADDITIONAL CONDITIONS	47A	+ FOR EACH SET OF DOCUMENTS PRESENTED WITH DISCREPANCIES, WE DEDUCTED COLLECTED EUR.130 + ALL DOCUMENTS TO BE ISSUED IN ENGLISH
CHARGES	71D	+ ALL BANK CHARGES OUTSIDE SOUTH AFRICA ARE FOR THE BENEFICIARY'S ACCOUNT EXCEPT REIMBURSEMENT CHARGES.
PERIOD FOR PRESENTATION IN DAYS	48	10
CONFIRMATION INSTRUCTIONS	49	WITHOUT
REIMBURSING BANK	53A	BARCNL21XXX
INSTRUCTIONS TO THE PAYING/ ACCEPTING/NEGOTIATING BANK	78	NEGOTIATING BANK IS TO SEND ALL DOCS BY COURIER IN ONE LOT TO ANCA BANK, ATTN TRADE SERVICES DEPT, FLOOR 57 18X COMMISSIONER ST. JHB, 2001 REPUBLIC OF SOUTH AFRICA . PLEASE ADVISE PRESENTATION OF COMPLIANT DOCS BY AUTHENTICATED MEANS TO OUR SWIFT ANCAZAJJCWI. WE AUTHORISE YOU TO CLAIM REIMBURSEMENT FROM THE REIMBURSING BANK AT MATURITY.IN CASE OF DISCREPANT DOCS, REMIT ON APPROVAL BASIS.ONLY AFTER OUR AUTHENTICATED ADVICE OF ACCEPTANCE THEREOF, MAY YOU CLAIM.
SENDER TO RECEIVER INFORMATION MAC 0000000 CHK:C5B2C33DXXXX	72Z	PLEASE ACKNOWLEDGE RECEIPT

El banco emisor envía autorización de reembolso (MT 740) a Barclays oficina de Ámsterdam (Países Bajos) cuyo código es BARCNLMMXXX.

MT740: Autorización de reembolso
MESSAGE MT 740: AUTHORISATION TO REIMBURSE
BASIC HEADER: ANCAZAJJXXX ANCA BANK , JOHANNESBURG, South Africa
DATE: 05-10-20XX
APPLICATION HEADER: BARCNL21XXX NETHERLANDS
 DATE: 05-10-20XX
DOCUMENTARY CREDIT NUMBER   20   170-01-000-X
APPLICABLE RULES   40F   URR LATEST VERSION
DATE AND PLACE OF EXPIRY   31D   XX1205 SPAIN
BENEFICIARY   59   EMPRESA MURCIANA, SL
                                             AVDA. JUAN CARLOS I 18
                                             LORCA, 30800MURCIA, SPAIN
CURRENCY/AMOUNT   32B   CURRENCY EUR AMOUNT 65.143,19
AVAILABLE WITH...BY...   41A   LORBESMMXXX
                                             BY PAYMENT
REIMBURSING BK'S CHARGES   71A   OUR
END OF MESSAGE TEXT/TRAILER

El 29 de noviembre de 20XX, Lorbank solicita el reembolso por parte de la oficina de Ámsterdam (Países Bajos) de Barclays, para que pague a Lorbank, número de cuenta ES93 1234 5678 0901 1234 5678.

La cantidad reclamada incluye el importe total del crédito documentario: 65.143,19 € y 150 € de comisión.

MT742: Reclamación de reembolso
MESSAGE MT 742: REIMBURSEMENT CLAIM
BASIC HEADER: LORBESMMXXX SPAIN
DATE: 29-11-XX
APPLICATION HEADER: BARCNL21XXX NETHERLANDS
DATE: 29-11-XX
CLAIMING BANK'S   20   CL12345
REFERENCE
DOCUMENTARY CREDIT NUMBER   21   170-01-000-X
DATE OF ISSUE   31C   XX1001
ISSUING BANK   52A   ANCAZAJJXXX
PRINCIPAL AMOUNT CLAIMED   32B   CURRENCY EUR AMOUNT 65.143,19
CHARGES   71D   /COMM/ EUR150
TOTAL AMOUNT CLAIMED   34B   CURRENCY EUR AMOUNT 65.293,19
BENEFICIARY BANK   58A   / ES93 1234 5678 0901 12345678
                                             LORBESMMXXX

END OF MESSAGE TEXT/TRAILER

CASO PRÁCTICO 7
Cuestionario

7.1 ¿A qué reglas está sujeto el reembolso?

7.2 En caso de estar sujeto a las UCP 600, ¿cómo se tendría que poner en el mensaje MT 700 y MT 740?

7.3 ¿Está obligado el banco reembolsador a atender el compromiso de reembolso?

7.4 ¿Quién paga los gastos de reembolso?

7.5 ¿El banco reembolsador entra dentro de la cadena de bancos de un crédito documentario? Explica.

7.6 Conclusiones del caso.

Caso práctico 8

Operación de exportación liquidada a través crédito documentario transferible

La empresa española Trading Murcia SL (domiciliada en avenida Juan de Borbón x, E-30008 Murcia, negocia con la empresa Mascuba, de La Habana (Cuba), la exportación del producto A, del que es fabricante la empresa Galindo SL.

Trading Murcia SL entra en contacto con Galindo SL (domiciliada en la calle Andalucía, polígono industrial La Juaida, E-04240 Viator, Almería), para realizar la operación con la indicación de que puede proporcionarle el producto pero necesita garantía de cobro.

Trading Murcia SL acuerda con Mascuba que el medio de pago a utilizar sea crédito documentario transferible utilizable mediante pago a la vista en las cajas de Lorbank y solicitando que los embarques parciales estén permitidos.

Trading Murcia SL le propone a Galindo SL, como garantía de pago, liquidar la operación transfiriéndole un crédito documentario a su favor e indicándole que el producto a suministrar no debe tener ninguna marca que pueda identificar al fabricante.

Mascuba solicita al banco de La Habana la apertura del crédito documentario transferible a favor de Trading Murcia SL.

Con fecha 2 de agosto, Lorbank recibe el siguiente crédito documentario transferible del banco de La Habana:

MENSAJE MT 700: EMISIÓN DE CREDITO DOCUMENTARIO
EMISOR: BAHACUHHXXX LA HABANA CU
FECHA: 02-08-20XX 12:01
RECEPTOR: LORBESMMXXX ESPANA
FECHA: 02-08-20XX 15:04

SECUENCIA TOTAL	27	1/1
CLASE DE CRÉDITO DOCUMENTAR	40A	IRREVOCABLE TRANSFERABLE
NÚMERO DE CRÉDITO DOCUMENTA	20	TF123456789
FECHA DE EMISIÓN	31C	XX0802
REGLAS APLICABLES	40E	UCP LATEST VERSION
FECHA DE VENCIMIENTO Y LUGAR	31D	XX0921 SPAIN
POR ORDEN DE	50	MASCUBA LA HABANA CUBA

BENEFICIARY	59	TRADING MURCIA SL AVDA. JUAN DE BORBÓN X 30008MURCIA, ESPANA
DIVISA E IMPORTE	32B	CURRENCY EUR AMOUNT 38.138
% TOLE POS/NEG	39A	10/10
DISPONIBLE...POR...	41A	LORBESMMXXX BY PAYMENT
EMBARQUES PARCIALES	43P	ALLOWED
TRANSBORDOS	43T	NOT ALLOWED
LUGAR DE CARGA/TOMA PAR CARGA	44A	AEROPUERTO ESPANOL
LUGAR DESTINO FINAL/LUGAR DE ENT	44B	AEROPUERTO DE LA HABANA
FECHA LÍMITE EMBARQUE	44C	XX0831
DESCRIPCIÓN DE LAS MERCANC/ SERV	45A	PRODUCTO A CPT LA HABANA (INCOTERMS 2020)
DOCUMENTOS REQUERIDOS	46A	+ AIR WAYBILL 2 ORIGINALES Y 3 COPIAS, CONSIGNADA A MASCUBA, LA HABANA FLETE PAGADO + FACTURA COMERCIAL EN 3 ORIGINALES Y 2 COPIAS. + LISTA DE EMPAQUE EN 3 ORIGINALES Y 2 COPIAS + CERTIFICADO DE CALIDAD + CERTIFICADO DE ORIGEN EMITIDO Y ACUÑADO POR LA CÁMARA DE COMERCIO DEL PAÍS DEL PROVEEDOR, ESPECIFICANDO EL PAÍS DE ORIGEN DE LA MERCANCÍA
CONDICIONES ADICIONALES	47A	+ POR CADA DOCUMENTO CON DISCREPANCIAS DEDUCIREMOS 130 EUR + TODOS LOS DOCUMENTOS DEBEN LLEVAR EL NÚMERO DE CRÉDITO DOCUMENTARIO.
INSTRUCCIONES DE CONFIRMACIÓN	49	WITHOUT

MAC 0000000
CHK AFCBEB85096B

Lorbank, después de revisar el crédito, procede a dar aviso del crédito a Trading Murcia SL, que comprueba las condiciones del crédito. Por su parte, Trading Murcia SL envía una carta a Lorbank solicitando transferencia del crédito a Galindo SL con las nuevas condiciones (figura 9.11).

Al recibo de la carta de solicitud de transferencia, Lorbank comprueba que las modificaciones ordenada por Trading Murcia SL están contempladas en al artículo 38 de las UCP 600 y procede a enviar el crédito transferido al Banco de Almería, con las instrucciones de que se notifique a Galindo SL, mediante el siguiente mensaje MT 720:

TRADING MURCIA SL
Avda. Juan de Borbón
30008 MURCIA, ESPANA

Lorbank
Oficina de Murcia

Murcia, 8 de agosto de 20XX

Ref.: Crédito documentario transferible nº TF123456789 de 38.138 €

En relación con el crédito documentario de referencia, rogamos lo transfieran al nuevo beneficiario GALINDO SL en las siguientes condiciones:

Segundo beneficiario: GALINDO SL
Importe: 32.636 €
Ultima fecha de presentación de documentos: 17 de septiembre de 20XX
Banco avisador: Banco de Almería

Las demás condiciones quedan sin modificar.

A la recepción de los documentos presentados por el beneficiario, les rogamos nos pasen aviso para proceder a la sustitución de la factura.

Atentamente
Trading Murcia SL

Figura 9.11. **Carta de transferencia.**

MENSAJE MT 720: TRANSFERENCIA DE CRÉDITO DOCUMENTARIO
EMISOR: LORBESMMXXX ESPANA
FECHA: 10-08-20XX 12:01
RECEPTOR: BAALESMMXXX ESPANA
FECHA: 10-08-20XX 15:04

SECUENCIA TOTAL	27	1/1
CLASE DE CRÉDITO DOCUMENTAR	40B	IRREVOCABLE WITHOUT OUR CONFIRMATION
REFER BANCO TRANSF	20	LB1234
NÚMERO DE CRÉDITO DOCUMENTA	21	TF123456789
FECHA DE EMISIÓN	31C	XX0802
REGLAS APLICABLES	40E	UCP LATEST VERSION
FECHA DE VENCIMIENTO Y LUGAR	31D	XX0917 SPAIN
PRIMER BENEFICIARIO	50	TRADING MURCIA S.L AVDA. JUAN DE BORBÓN 30008MURCIA, ESPANA
SEGUNDO BENEFICIARIO	59	GALINDO SL POLÍGONO INDUSTRIAL LA JUAIDA 04240 VIATOR ALMERÍA, ESPANA
DIVISA E IMPORTE	32B	CURRENCY EUR AMOUNT 32.636
% TOLE POS/NEG	39A	10/10
DISPONIBLE...POR...	41A	LORBESMMXXX BY PAYMENT
EMBARQUES PARCIALES	43P	ALLOWED
TRANSBORDOS	43T	NOT ALLOWED
LUGAR DE CARGA/TOMA PAR CARGA	44A	AEROPUERTO ESPANOL
LUGAR DESTINO FINAL/LUGAR DE ENT	44B	AEROPUERTO DE LA HABANA
FECHA LÍMITE EMBARQUE	44C	XX0831
DESCRIPCIÓN DE LAS MERCANC/ SERV	45A	PRODUCTO A CPT LA HABANA (INCOTERMS 2020)
DOCUMENTOS REQUERIDOS	46A	+ AIR WAYBILL 2 ORIGINALES Y 3 COPIAS, CONSIGNADA A MASCUBA, LA HABANA FLETE PAGADO + FACTURA COMERCIAL EN 3 ORIGINALES Y 2 COPIAS. + LISTA DE EMPAQUE EN 3 ORIGINALES Y 2 COPIAS + CERTIFICADO DE CALIDAD + CERTIFICADO DE ORIGEN EMITIDO Y ACUÑADO POR LA CÁMARA DE COMERCIO DEL PAÍS DEL PROVEEDOR, ESPECIFICANDO EL PAÍS DE ORIGEN DE LA MERCANCÍA.
CONDICIONES ADICIONALES	47A	+ POR CADA DOCUMENTO CON DISCREPANCIAS DEDUCIREMOS 130 EUR + TODOS LOS DOCUMENTOS DEBEN LLEVAR EL NÚMERO DE CRÉDITO DOCUMENTARIO.
INSTRUCCIONES DE CONFIRMACIÓN	49	WITHOUT

MAC 000000
CHK AFCBEB85096B

Caso práctico **8**
Cuestionario

8.1 ¿Por qué el precio del crédito original es 38.138 € y se transfiere por 32.636 €?

8.2 ¿Por qué Trading Murcia SL pide a Galindo SL que elimine las marcas que puedan identificar al fabricante?

8.3 ¿Cuál es el banco transferente?

8.4 ¿Podría haber más de un segundo beneficiario?

8.5 ¿Por qué se modifica la fecha de vencimiento del crédito?

8.6 Además de la fecha de vencimiento, ¿qué otras fechas se pueden modificar?

8.7 ¿Quién se hace cargo de los gastos en este crédito documentario?

8.8 Conclusiones del caso.

Caso práctico 9

Operación de importación liquidada a través de crédito documentario *revolving* con pago a la vista, utilizable en las cajas del banco emisor

Cartagena Import SA está gestionando una importación de 6.000 toneladas de producto a granel X procedente de Corea del Sur del proveedor Keo Won Co. Ltd., empresa ubicada en Seúl, en condiciones «CIF PUERTO DE CARTAGENA SPAIN. Reglas Incoterms 2020».

Según se ha acordado en el contrato de compraventa, Keo Won Co. Ltd. va a realizar tres embarques de 2.000 toneladas por importe de 400.000 € cada uno, antes del 15 de febrero, 15 de julio y 15 de diciembre de 20XX.

La operación se va a liquidar a través de crédito documentario irrevocable *revolving* «no acumulativo».

El 30 de enero, el Banco de Corea recibe el siguiente crédito documentario procedente de Lorbank:

```
MESSAGE MT 700: ISSUE OF A DOCUMENTARY CREDIT
BASIC HEADER: LORBESMMXXX SPAIN
DATE: 30-01-20XX
APPLICATION HEADER: KOBAKRSEXXX SOUTH KOREA
DATE: 30-01-20XX
SEQUENCE TOTAL                  27      1/1
FORM OF DOCUMENTARY CREDIT      40A     IRREVOCABLE
DOCUMENTARY CREDIT NUMBER       20      RV012345
DATE OF ISSUE                   31C     XX0130
APPLICABLE RULES                40E     UCP LATEST VERSION
DATE AND PLACE OF EXPIRY        31D     XX1230  SPAIN
APPLICANT                       50      CARTAGENA IMPORT SA
                                        POLÍGONO INDUSTRIAL LOS CAMACHOS
                                        CALLE URANIO. PARCELA X
                                        30.369 CARTAGENA MURCIA
                                        SPAIN
BENEFICIARY                     59      KEO WON CO., LTD.
                                        ULCHI-RO, CHUNG-KU 10X 79X SEOUL
                                        SOUTH KOREA
CURRENCY/AMOUNT                 32B     CURRENCY EUR AMOUNT 1.200.000
(%) TOLE   POS/NEG              39A     10/10
AVAILABLE WITH...BY...          41A     LORBESMMXXX
                                        BY PAYMENT
PARTIAL SHIPMENTS               43P     ALLOWED
```

TRANSHIPMENT	43T	NOT ALLOWED
PORT OF LOADING/AIRPORT OF DEP	44E	BUSAN PORT, KOREA
PORT OF DISCHARGE/AIRPORT OF DES	44F	CARTAGENA SPAIN
LATEST DATE OF SHIPMENT	44C	XX1215
DESCRIPTION OF GOODS OR SERVICES	45A	6.000 TONS BULK PRODUCT X CIF CARTAGENA PORT, SPAIN (INCOTERMS 2020)
DOCUMENTS REQUIRED	46A	THE NECESSARY DOCUMENTS FOR EACH SHIPMENT UP TO A TOTAL OF 3 SHIPMENTS + SIGNED COMMERCIAL INVOICE WITH "APPROVED EXPORTER" DECLARATION CERTIFYING SOUTH KOREAN ORIGIN OF PRODUCT IN 3 ORIGINALS + CERTIFICATE OF INSPECTION, QUALITY AND WEIGHT IN ONE ORIGINAL AND ONE COPY ISSUED BY SGS + FULL SET CLEAN ON BOARD MARINE BILL OF LADING, CONSIGNED TO THE ORDER OF APPLICANT AND NOTIFY TO APPLICANT. CHARTER PARTY B/L IS ACCEPTABLE, FREIGHT PREPAID AS PER CHARTER PARTY + 1 ORIGINAL OF INSURANCE POLICY/CERTIFICATE MADE OUT IN FAVOUR OF CARTAGENA IMPORT WITH FULL ADDRESS COVERING ALL RISK AS PER ICC "A" FOR 110 PCT OF CIF INVOICE VALUE, EXCLUDING LOSS OF WEIGHT.
ADDITIONAL CONDITIONS	47A	+1) ALL DOCUMENTS WILL BE ISSUED IN ENGLISH LANGUAGE EXCEPT PRE-PRINTED FORMS. +2) ALL DOCUMENTS MUST INDICATE NUMBER OF L/C +3) ALL DOCUMENTS MUST BE DATED. DOCUMENTS DATED PRIOR TO ISSUANCE DATE OF THIS CREDIT ARE NOT ACCEPTABLE. +4) ARTICLE 28-j UCP 600 IS NOT ACCEPTABLE TO THIS L/C. +5) THIS DOCUMENTARY CREDIT IS REVOLVING IN A NON-CUMULATIVE WAY FOR THE NEXT SHIPMENT, UPTO A MAXIMUM TOTAL QUANTITY OF 6.000 TONS AND UPTO A TOTAL OF 3 DELIVERIES OF 2.000 TONS EACH, WHEN: + THE PREVIOUS SHIPMENT HAS BEEN SHIPPED. PAYMENT OF SUCH SHIPMENT HAS BEEN EFFECTED BECAUSE THE ISSUING BANK DETERMINES THAT A COMPLYING PRESENTATION OF DOCUMENTS UNDER SUCH SHIPMENT HAS BEEN DONE, MAKING THE DOCUMENTARY CREDIT AVAILABLE FOR THE AMOUNT OF THE NEXT SHIPMENT. FOR THE PURPOSE OF IDENTIFICATION, THE SHIPMENTS ALLOWED ARE AS PER THE FOLLOWING BREAKDOWN: FIRST SHIPMENT: 400.000 EUR BEFORE XX0215 WHICH CORRESPONDS TO 2.000 TONS SECOND SHIPMENT: 400.000 EUR BEFORE XX0715 WHICH CORRESPONDS TO 2.000 TONS THIRD SHIPMENT: 400.000 EUR BEFORE XX1215 WHICH CORRESPONDS TO 2.000 TONS
CHARGES	71D	ALL BANKING CHARGES OUTSIDE SPAIN ARE FOR BENEFICIARY S ACCOUNT
PERIOD FOR PRESENTATION IN DAYS	48	7
CONFIRMATION INSTRUCTIONS	49	WITHOUT
SENDER TO RECEIVER INFORMATION	72Z	ADVISE SAME VIA, WHEN YOU NOTIFY THIS L/C TO BENEFICIARY

MAC 0000000
CHK:C5B2C33DXXXX

Caso práctico 9
Cuestionario

9.1 ¿Sería correcto indicar en la casilla 40A la modalidad de crédito expresado de la forma siguiente?:

CLASE DE CRÉDITO DOCUMENTARIO 40A: IRREVOCABLE, *REVOLVING NON-CUMULATIVE AND NON TRANSFERIBLE*

Razona la respuesta.

9.2 En este crédito, si un embarque fuera de menor importe, ¿se podría agregar la diferencia al siguiente embarque?

9.3 Si no se realiza un embarque, ¿se podría realizar el siguiente?

9.4 ¿Qué diferencia hay entre un crédito *revolving* y otro utilizable parcialmente por el mismo importe, en el que no se especificara lo indicado en la casilla 47A?

9.5 ¿Se puede transbordar la mercancía?

9.6 Conclusiones del caso.

Bibliografía

Cabrera Cánovas, Alfonso. *Manual de uso de las reglas Incoterms 2020. Casos prácticos, ejemplos y test.* Barcelona: Marge Books, 2020.

Cámara de Comercio Internacional de París. *Guía CCI sobre las operaciones de crédito documentario para las reglas y usos uniformes.* UCP 500 (Publicación 515), 1994.

Cámara de Comercio Internacional de París. *Usos relativos a los créditos contingentes.* ISP98 (Publicación 590), 1990.

Cámara de Comercio Internacional de París. *Reglas y usos uniformes relativos a los créditos documentarios.* UCP 600 (Publicación 600), 2007.

Cámara de Comercio Internacional de París. *Comentarios sobre las UCP 600.* UCP 600 (Publicación 680), 2007.

Cámara de Comercio Internacional de París. *Reglas Uniformes de la CCI para reembolsos interbancarios de créditos documentarios.* URR (Publicación 725), 2008.

Cámara de Comercio Internacional de París. *Práctica bancaria internacional estándar, para el examen de los documentos al amparo de las UCP 600.* ISBP (Publicación 745), 2013.

Cámara de Comercio Internacional de París. *Reglamento de Peritaje de la CCI para la Solución deControversias en materia de Instrumentos Documentarios.* DOCDEX. (Publicación 872), 2015.

Cámara de Comercio Internacional de París. *eUCP. Versión 2.0* (Suplemento UCP600), 2019.

Fornt Alsina, Francisco Javier. *Cómo evitar problemas en los créditos documentarios. Introducción (50 consejos prácticos).* Madrid: CCI, 2012.

García Trius, Albert. *Los 100 documentos de comercio exterior.* Madrid: Global Marketing, 2009.

Hernández Muñoz, Lázaro. *El crédito documentario.* Madrid: ICEX, 2000.

Molina Martínez, Luis. *El crédito documentario y sus documentos.* Madrid: FC Editorial, 2001.

Márquez Narváez, José María. *Medios de pago en la compraventa internacional.* Madrid: ESIC, 1993.

Pardón Lidón, Francisco José. *Medios de cobro y pago en el comercio internacional.* Alicante: Universidad de Alicante, 2003.

Rodner S., James-Otis. *El crédito documentario.* Caracas: Editorial Sucre, 1989.

Soriano Hernández, José Francisco. «El crédito documentario en el comercio internacional», *Boletín Económico de ICE* 2001, núm. 2693.

Serantes Sánchez, Pedro. *Medios de pago internacionales. Casos prácticos.* Madrid: ICEX, 2000.

The SWIFT Institute. «Standards. Category 7 - Documentary Credits and Guarantees/Standby Letters of Credit for Standards MT November 2021». SWIFT (publicado el 21 de julio de 2021). Esta versión da por terminada la actualización de los estándares de la categoría 7 e incluye todas las modificaciones realizadas en 2018.

Anexo

Operación completa de importación liquidada a través crédito documentario con pago diferido, utilizable en las cajas del banco emisor

1.1 Sí, siempre y cuando cumpla las condiciones requeridas en el crédito documentario (presentación correcta de documentos en las fechas indicadas).

Dado que el crédito no es confirmado, podría no cobrar en los siguientes casos:

- Problema de liquidez en España que impidieran la salida de capitales (riesgo país).
- Problemas de insolvencia de Lorbank (riesgo banco emisor).

1.2 Según las UCP 600, los créditos documentarios son irrevocables, por tanto, una vez abierto el crédito documentario, Comercial XXX Limitada tiene la garantía del banco emisor de que, si cumple con las condiciones requeridas en el crédito, cobrará.

Si las partes están de acuerdo, podrá anularse o modificarse el crédito.

1.3 Sí, siempre y cuando las partes (exportadora, banco emisor e importadora) estén de acuerdo. Para modificar el crédito, es necesario enviar un mensaje de modificación (MT 707/708).

1.4 Para beneficiarse del tratamiento arancelario preferencial. El certificado de circulación EUR 1 es un documento justificativo del origen preferencial otorgado por la Unión Europea con aquellos países con los cuales mantiene un acuerdo preferencial.

1.5   – Factura comercial en 03/02 (original/copias).
– Lista de contenido.
– Conocimiento de embarque limpio a bordo, a la orden de Lorbank indicando flete debido.
– Certificado de origen EUR 1.
– Certificado NIMF/ISPM15 de tratamiento de palés.

Una vez revisados los documentos están emitidos correctamente con el número de crédito documentario en ellos.

1.6   Que la presentación de documentos se hará en las cajas del banco emisor (Lorbank).

1.7   No puede negarse a pagar. Cuando el banco emisor (Lorbank) determina que una presentación es conforme, debe honrar el crédito, por tanto, pagará 90 días después de la emisión del BL *(bill of landing* o conocimiento de embarque).

1.8   Sí. Dado que el crédito es no confirmado, el Banco Chileno no está obligado a honrar, limitando su actuación a enviar los documentos y esperar a que el banco emisor pague.

1.9   En lugar de poner el código BIC del banco, se pondrá la dirección completa. Así:

Lorbank
C/ Juan Antonio Dimas, 3
E-30800 Lorca (Murcia)

1.10   Es la fecha última en que el crédito es disponible, es decir, la fecha máxima para realizar la presentación de documentos.

1.11   El número 7 que aparece en dicho campo indica que los documentos se presentarán 7 días después de la fecha de embarque, por tanto, la fecha para presentar los documentos en este crédito es el 6 de noviembre de 20XX.

Si dicho campo no aparece en el mensaje, los documentos deben presentarse no más tarde de 21 días naturales, después de la fecha de embarque, pero en ningún caso con posterioridad a la fecha de vencimiento del crédito.

1.12   Las UCP 600 permiten como norma general los transbordos dentro de un mismo modo de transporte a pesar de que el crédito los prohíba expresamente. Solo se tienen en cuenta dos excepciones:

- Contrato de fletamento.
- Un documento de transporte puerto a puerto, pero solo si la expedición no se realiza por contenedores.

Si la mercancía se transporta en contenedores, la prohibición del transbordo no sirve para nada. Prohibir el transbordo y usar contenedores no tiene sentido.

1.13   Significa que no se podrán realizar embarques parciales y tampoco se podrá utilizar el crédito parcialmente.

1.14   – *Freight paid.*
        – *Freight prepaid.*
        – *Freight payable at origin.*

1.15   De acuerdo con la recomendación de la versión Incoterms 2020, su aplicación debe limitarse a embarques de mercancías no unitizadas (graneles, carga general, maquinaria, ...). Así pues, se desaconseja su uso en operaciones de transporte contenerizado, en el que se recomienda sustituirlo por el Incoterms® FCA. Aunque no es recomendable, FOB es uno de los más usados en la práctica contenerizada, pero presenta el problema de la falta de control del estado de la mercancía en el momento de la entrega (transferencia de riesgos del vendedor al comprador), pues esta se produce cuando se embarca a bordo del buque en el puerto de exportación (en dicho momento no se controla el estado de la mercancía, lo que sí se puede hacer en el almacén del vendedor usando FCA almacén del vendedor). En caso de un siniestro no localizado es posible que se genere una controversia respecto a si el mismo se ha producido antes o después del punto de entrega, lo que se evitaría usando FCA.

1.16   Es un crédito documentario irrevocable y disponible en las cajas del banco emisor, mediante pago diferido a 90 días después del conocimiento de embarque. Proporciona garantía al exportador, que sabe que cobrará si presenta los documentos de forma correcta en las fechas indicadas, siempre y cuando el banco emisor sea solvente y no exista riesgo país.

Soluciones caso práctico 2

Exportación a Malasia con crédito documentario pagadero a la vista y utilizable en las cajas del banco confirmador (con reembolso)

2.1   El importador Import Ltd. Malaysia.

2.2   Banco de Malasia.

2.3   El beneficiario Lorca Export.

2.4   Es el banco receptor del mensaje Lorbank.

2.5   Donde es utilizable el crédito mediante pago (Lorbank).

2.6   Este crédito está sujeto a las UCP 600, dado que es la última versión de existe de Reglas y usos uniformes.

2.7   Dado que este crédito tiene reembolso (campo 53A), el reembolso podría estar sujeto a las reglas relativas a reembolsos interbancarios y se expresaría según los estándares SWIFT de la forma siguiente:

APPLICABLE RULES 40E UCPURR LATEST VERSION.

2.8   Indicando el código *CONFIRM,* que quiere decir que el banco emisor solicita al banco notificador que agregue su confirmación. Si el banco intermediario no aceptara la solicitud de confirmación, deberá informar al banco emisor, sin demora y podrá notificar el crédito sin su confirmación (art.9d UCP 600).

2.9   Lorca Export, que sabe que si hace una presentación conforme en Lorbank cobrará.

2.10   Sí, pues, aunque las expediciones parciales no están permitidas, hay una tolerancia de un 10 % en más o en menos, y en este caso el importe 21.239,15 USD está permitido dentro de la tolerancia.

2.11   Sí, porque el banco confirmador asume las obligaciones del banco emisor como suyas ante una presentación conforme.

2.12   Sí, porque el banco confirmador asume las obligaciones del banco emisor como suyas ante una presentación conforme.

2.13   Sí, porque el banco emisor asume la obligación del importador como suya. Aunque el crédito no fuera confirmado, Lorca Export cobraría del banco emisor.

2.14   Si la mercancía va en contenedor, que sería nuestro caso, aunque los transbordos estén prohibidos, las Reglas UCP 600 los permiten como norma general dentro de un mismo modo de transporte, a pesar de que el crédito los prohíba expresamente. Solo se tienen en cuenta dos excepciones:

- Contrato de fletamento.
- Un documento de transporte puerto a puerto, pero solo si la expedición no se realiza por contenedores.

Si la mercancía se transporta en contenedores, la prohibición del transbordo no sirve para nada. Prohibir el transbordo y usar contenedores no tiene sentido, si a pesar de ello se desean prohibir los transbordos habría que indicar que los transbordos están prohibidos y no será de aplicación el artículo 20c (ii).

2.15   Esto significa que el exportador puede embarcar en *cualquier puerto español,* de tal forma que puede buscar la ruta más apropiada o económica. Al ser CFR Puerto de Singapur (reglas Incoterms), al importador le es indiferente dónde se realice la carga de la mercancía. No obstante, el importador debe valorar esto a efectos del plazo de entrega de la mercancía o de si prefiere un puerto y una naviera en concreto por razones de mayor fiabilidad, etc. Aunque para tener mayor control de la cadena logística el importador debiera haber negociado otra regla Incoterms, como FOB, que le permite elegir la naviera y concretar el puerto de embarque.

2.16   No es necesaria tal expresión, ya que las UCP 600 indican, en su artículo 14c, que si el crédito no especifica la fecha de presentación de documentos y la presentación incluye uno o más documentos de transporte, los documentos deben presentarse no más tarde de 21 días naturales, después de la fecha de embarque, pero en ningún caso con posterioridad a la fecha de vencimiento del crédito.

2.17   Como en el campo 48 (período de presentación endías) indica 10 días, se presentará, como muy tarde, el día 11 de marzo de 20XX, 10 días después del embarque que es el 01/03/XX.

2.18   [Este apartado se realizará una vez leído el capítulo 6.]
El banco reembolsador (53A) es DEUTSCHE BANK, NEW YORK (BKTRUS33). El Banco de Malasia enviará la autorización de reembolso a Deutsche Bank, Nueva York, a través de mensaje MT 740.
El banco donde es utilizable el crédito Lorbank reclamará el reembolso a Deutsche Bank, Nueva York, a través de mensaje MT 742.

2.19   Es un crédito documentario irrevocable y confirmado, utilizable mediante pago a la vista en las cajas del banco confirmador. Proporciona garantía al exportador, que sabe que cobrará si presenta los documentos de forma correcta en su banco en las fechas indicadas, ya que este al confirmar el crédito asume los compromisos del banco emisor.
Al realizar la operación en dólares USA el Banco de Malasia va a pagar a Lorbank a través de su cuenta en dicha divisa en Deutsche Bank, New York (banco reeembolsador).

Soluciones caso práctico 3

Análisis de un crédito documentario: errores importantes

3.1   – Campo fecha de emisión: Es correcto.
       – Campo fecha límite de embarque: 30/10/XX, debemos comprobar si podemos embarcar como muy tarde en dicha fecha, si no fuera posible, solicitaríamos modificación.
       – Campo fecha de vencimiento: 25/11/XX. No habrá ninguna otra fecha en condicionado posterior a esta y la fecha a contar desde la emisión del

documento de transporte nunca podrá superar esta, considerándose la fecha máxima de presentación de documentos.

— Al no indicar el campo 48 (período de presentación en días), la presentación de documentos se realizará 21 días después del embarque, no pudiendo nunca ser posterior a la fecha de vencimiento, por tanto, la fecha tope para presentar documentos es el 21 de noviembre.

Es muy importante realizar esta revisión al recibir el condicionado del crédito, ya que debemos estar seguros que podemos cumplir todas las fechas.

3.2   No. Las reglas Incoterms 2020 señalan que en el Incoterms FOB deberá incluir el puerto de embarque designado. Al indicar FOB, podemos entender que es FOB Puerto de Valencia, pero para que no nos lleve a error debe expresarse como indican los Incoterms «FOB Puerto de Valencia España» (Incoterms 2020).

3.3   + FACTURA COMERCIAL FIRMADA EN 4 EJEMPLARES: No hay ningún problema.

+ LISTA DE BULTOS EN 4 EJEMPLARES: No hay ningún problema para obtenerlo.

+ CONOCIMIENTO DE EMBARQUE LIMPIO A BORDO A LA ORDEN DEL BANCO DE URUGUAY MOTEVIDEO INDICANDO FLETE PAGADO: Al ser regla Incoterms FOB, el flete se paga en destino, por tanto debería indicar FLETE DEBIDO.

+ CERTIFICADO DE ORIGEN: No hay ningún problema para obtenerlo en la cámara de comercio.

+ CERTIFICADO FIRMADO POR URUGUAY IMPORT, INDICANDO EL RECIBO DE LA MERCANCÍA: **Jamás debemos dejar en manos del importador la obtención de cualquier documento**, ya que estaría en sus manos el cobro de la mercancía. Podría ocurrir que nunca lo firmara y por tanto no cobraríamos.

+ PÓLIZA DE SEGURO NEGOCIABLE EN URUGUAY EN TRES EJEMPLARES: Es FOB, el seguro lo ha de contratar el importador, por tanto no debemos aceptar la solicitud de dicho documento.

+ CERTIFICADO SANITARIO EN 01 EJEMPLARES Y 2 COPIAS: No hay ningún problema en obtenerlo.

+ CERTIFICADO DE PCP EMITIDO (ORIGINAL Y DOS COPIAS): Es un certificado de control de plagas, que se suele solicitar en este tipo de productos, no hay ningún problema en obtener dicho certificado.

3.4 + CONOCIMIENTO DE EMBARQUE LIMPIO A BORDO A LA OR-DEN DEL BANCO DE URUGUAY MONTEVIDEO INDICANDO FLETE PAGADO.

El banco emisor ha exigido que aparezcan a su nombre y cuando Importador le liquide el importe lo endosa a este. Como hemos indicado anteriormente el flete deberá ser debido.

3.5 No. Hasta noviembre de 2018, los campos 43P y 43T aparecen como campos de formato texto libre (hasta un máximo de 35 caracteres x); por tanto, simplemente tenemos que indicar que se entienda prohibidos o permitidos (sin importar el idioma).

A partir de noviembre de 2018, debe aparecer uno de los siguientes códigos: *ALLOWED, NOT ALLOWED o CONDITIONAL.*

La ausencia de estos campos en el mensaje SWIFT indicaría que están permitidos *(ALLOWED).*

3.6 – Poner la regla Incoterms correctamente, FOB PUERTO DE VALENCIA (INCOTERMS 2020)
– Indicar flete debido.
– Eliminar el certificado solicitado por Uruguay Import.
– Eliminar la solicitud de póliza de seguro.

3.7 El banco emisor realizará la modificación siempre y cuando todas las partes estén de acuerdo.

Española de la Piel indicará a Uruguay Import que no está dispuesta a realizar el embarque si no se realizan las modificaciones establecidas. Uruguay Import está de acuerdo en realizar dichas modificaciones y las indica a su banco. Al estar de acuerdo, el Banco de Uruguay procede a modificar las condiciones del crédito y envía mensaje MT 707 al Banco de Uruguay Madrid.

3.8 No. El riesgo político es relevante en cuanto puede ser una de las causas principales de impago o de frustración de los contratos en operaciones internacionales. Si el estado no permite la salida de divisas, vamos a tener un problema para cobrar el crédito documentario. Esto no ocurriría si el crédito fuera confirmado o si tuviéramos cubierto tal riesgo con un seguro de crédito a la exportación.

3.9 No. Si se produjera la quiebra del banco emisor, tendríamos un problema de impago del crédito documentario. Para que esto no ocurra siempre vamos a realizar nuestras operaciones con bancos internacionales de primera línea.

3.10 Si cobrará, pues el banco emisor asume los compromisos de pago del importador, asumiendo, por tanto, como propia la deuda.

3.11 La notificación al ordenante de que se ha notificado el crédito se puede hacer a través de un mensaje SWIFT MT 730 (Acuse de recibo de mensaje de crédito documentario).

3.12 Es un crédito documentario irrevocable y utilizable en las cajas del banco emisor mediante pago diferido a 60 días después del conocimiento de embarque. Pero tiene varios errores que hay que subsanar, pues si no se corrigen Española de la Piel no tendrá en su mano la obtención de algún documento y, además, existirían reservas en el mismo. No es habitual que nos encontremos con un crédito tan mal emitido y con tantos errores. En este caso, se han reflejado errores o documentos que no debe admitir el exportador, gracias al resultado de analizar muchos créditos documentarios; en cierto modo, se ha querido *forzar* la situación mostrando diversos errores que se pueden ver en un crédito documentario.

Soluciones caso práctico 4

Notificación a un segundo banco avisador

4.1 Mascuba.

4.2 Banco de La Habana.

4.3 El banco que va a notificar el crédito al beneficiario Lorbank (segundo banco avisador).

4.4 Porque el banco corresponsal del emisor es el Banco Español.

Al no tener el banco de La Habana (emisor del crédito) relaciones bancarias con Lorbank, utilizará un banco de su confianza (Banco Español) y al querer el beneficiario que el crédito sea avisado a través de su banco es necesario usar los servicios de un tercer banco (segundo banco avisador).

EL artículo 9c de las UCP 600 indica que el banco avisador puede utilizar los servicios de otro banco («segundo banco avisador») para notificar al beneficiario el crédito, el cual sería el banco del beneficiario, no coincidiendo con el banco corresponsal del emisor.

4.5   Podrían confirmar el crédito tanto el Banco Español y Lorbank (ambos o uno de los dos).

En caso de que el banco confirmador sea el Banco Español:

– MT700 aparecería en el campo 49 *(CONFIRM)*.
– MT 710 aparecería en el campo 40B *(IRREVOCABLE ADDING OUR CONFIRMATION)* y en el campo 49 aparecería *CONFIRM* o *WITHOUT* dependiendo de que confirme Lorbank o no.

4.6   El crédito es utilizable en Banco Español; por tanto, los documentos se deben presentar en este banco. A pesar de ello, lo más común sería que Lorca Export presente los documentos en Lorbank y que este, una vez revisados (por mero servicio a su cliente), los presente antes de la fecha límite en el Banco Español.

4.7   Como el crédito documentario no indica fecha de presentación de documentos, la fecha máxima de presentación de los mismos será 21 día después del embarque, siempre y cuando no supere el vencimiento del crédito, por tanto, la fecha tope para presentar los documentos es el 11 de julio.

4.8   Incoterms 2020 introduce en el apartado 6 de las notas explicativas de Incoterms FCA la opción «conocimiento de embarque con la mención "a bordo" en ventas FCA». Según las reglas Incoterms, «si las partes lo han acordado así en el contrato, el comprador debe dar instrucciones a su porteador de emitir un conocimiento de embarque con la mención a bordo para el vendedor». Naturalmente, el porteador puede acceder, o no, a la petición del comprador, puesto que solo está obligado y facultado para emitir tal conocimiento de embarque una vez la mercancía está a bordo en Valencia.

Esta opción supone un procedimiento farragoso y arriesgado que implica a terceros (porteador marítimo, ajeno al contrato de compraventa) y derivado de una irregularidad inicial como es requerir como prueba de entrega un BL on board cuando la entrega en FCA es previa (en el almacén del vendedor) y se probaría adecuadamente con el ejemplar 1 de la carta de porte nacional.

Además, supone exponerse al riesgo real de que por cualquier motivo no se acabe embarcando (siniestro entre el almacén del vendedor y hasta su embarque a bordo), lo que implicaría que no se emite el BL on board y, por tanto, a pesar de que el vendedor habría entregado en sus instalaciones no tendría derecho al cobro en el crédito documentario.

4.9   Es un crédito documentario irrevocable utilizable con pago a la vista en las cajas del Banco Español (corresponsal del emisor), que utiliza los servicios de un tercer banco (segundo banco avisador), para notificar el crédito al beneficiario.

En la práctica real, en ocasiones, el banco receptor del mensaje envía mensaje a una sucursal de su banco en la localidad del beneficiario y este se lo comunica directamente al beneficiario. Esto ocurre porque el beneficiario no le solicitó al importador la recepción del crédito documentario a través de su banco.

Soluciones caso práctico 5

Modificación de un crédito documentario

5.1   Proceso para modificar el crédito:

- Comercial XXX Limitada (beneficiario) solicita a Empresa Murciana SL (ordenante) la modificación del crédito documentario.
- Empresa Murciana SL, si está de acuerdo con la modificación, solicita esa modificación a Lorbank (banco emisor), que si está de acuerdo la emite a través de un mensaje MT 707.
- Al recibir el mensaje de modificación, el Banco Chileno le notifica a Comercial XXX Limitada la modificación del crédito y, si coincide con lo solicitado, la acepta e inicia el proceso de preparación de la mercancía.

5.2   Dado que los créditos documentarios son irrevocables, si cualquiera de las partes no está de acuerdo en la modificación, esta no se lleva a cabo. Por tanto, el banco emisor no está obligado a emitir la modificación, pero desde el momento en que la emite está irrevocablemente obligado.

5.3 Si no acepta la modificación debe solicitar la cancelación al banco emisor a través de un mensaje MT 707. En el campo 23S *(cancellation request)* se indica *CANCEL.*

5.4 El banco confirmador puede ampliar su confirmación a la modificación o simplemente puede optar por notificarla sin su confirmación. Si así lo hace, debe informar sin demora al banco emisor y al beneficiario en su notificación.

5.5 *PROPUESTA DEL MENSAJE 22A   ISSU*
El código *ISSU* se refiere a la emisión de la modificación.
Los otros códigos que podrían aparecer son: *ACNF,* que indica aviso y confirmación de la modificación, o ADVI, que indica aviso de la modificación del crédito.

5.6 a) Se utilizaría el campo 46B y se indicaría con el código *DELETE.*
b) Habría que hacer contar:

/DELETE/ + CERTIFICADO NIMF/ISPM15 DE TRATAMIENTO DE PALÉS

5.7 El campo es el 33B y se expresaría de la forma siguiente:

DISMINUCIÓN IMPORTE CRÉDIT   33B   EUR1560

5.8 El campo 71N identifica quién se hace cargo de los gastos la modificación. Se puede expresar con los siguientes códigos:
– *APPL:* ordenante.
– *BENE:* beneficiario.
– *OTHR:* otro que se especificará en modo texto.

Soluciones caso práctico 6

Preaviso de un crédito documentario

6.1 Cuando un banco emisor envía un preaviso queda irrevocablemente comprometido a emitir, lo antes posible, el instrumento operativo del crédito o la modificación en unos términos que no sean incongruentes con la notificación previa.

6.2   No, pero sirve para que el exportador tenga la garantía del banco emisor de que va a emitir un crédito a su favor.

6.3   No, simplemente es una información preliminar de apertura del crédito documentario. Los detalles completos están en el MT 700.
   Los campos que obligatoriamente tienen que estar en el preaviso son los siguientes:

   — Clase de crédito.
   — Número de crédito.
   — Lugar y fecha de vencimiento.
   — Ordenante.
   — Beneficiario.
   — Moneda de pago e importe.

6.4   El preaviso no es un instrumento operativo del crédito. A menos que se indique lo contrario, el banco emisor debe reenviar el instrumento de crédito operativo lo antes posible.

6.5   Aparecería en el campo 23, en el que haría referencia al mensaje de preaviso. Este campo debe contener el código *PREADV* seguido de una barra inclinada (/) y una referencia al aviso previo, que puede ser la fecha:

REFERENCE TO PRE-ADVICE. 23 PREADV/XX1013

6.6   El campo 79Z es un campo de texto en el que se especifica información adicional sobre el crédito documentario a emitir.

Soluciones caso práctico 7

Reembolsos interbancarios

7.1   Está sujeto a la última versión de las URR (reglas para reembolsos interbancarios, publicación 725).

7.2   MT 700: en la casilla 40A se pondría *UCP LATEST VERSION*.
MT 740: en la casilla 40F se pondría *NOTURR*.
En este caso se aplicará, al reembolso, el artículo 13 de las UCP 600.

7.3   Salvo por lo dispuesto en los términos de su compromiso de reembolso, el banco reembolsador no está obligado a atender una petición de reembolso, en cuyo caso debe informar al banco emisor sin demora.

7.4   La autorización del reembolso en el campo 71A (gastos del banco reembolsador) indica *OUR*, lo que significa que es el remitente del mensaje MT 740, es decir, el banco emisor *(ANCA BANK)*.

7.5   No forma parte de la cadena de bancos que intervienen en el crédito documentario, ya que es el banco que se utiliza para que el banco designado pueda obtener el reembolso de los pagos efectuados por la utilización del crédito. Por ello, el banco reembolsador no se ve afectado u obligado por los términos y las condiciones del crédito, aun cuando se incluya en la autorización de reembolso cualquier referencia a los términos y condiciones del crédito.

7.6   Es un crédito documentario irrevocable utilizable mediante pago a la vista en las cajas del banco avisador (LORBESMMXXX), el cual reclama el pago a la oficina de Ámsterdam de Barclays una vez se haya realizado la presentación conforme.

Los mensajes de reembolso han sido los siguientes:

– **MT 740:** el banco emisor (Anca Bank) envía la autorización de reembolso a la oficina de Ámsterdam de Barclays.
– **MT742:** el banco donde es utilizable el crédito (Lorbank) solicita el reembolso a la oficina de Ámsterdam de Barclays.

Soluciones caso práctico 8

Operación de exportación liquidada a través crédito documentario transferible

8.1   La diferencia es el beneficio del intermediario, en este caso Trading Murcia SL.

8.2 Para ocultar a Mascuba la identidad del segundo beneficiario.

8.3 El banco del exportador, Lorbank, que actúa como designado y transfiere el crédito al Banco de Almería.

8.4 Sí, porque las expediciones parciales están permitidas. Además, podría haber varios segundos beneficiarios siempre que las cantidades transferidas no sumen en total un importe superior al que aparece en el MT 700.

8.5 Para tener tiempo suficiente para sustituir la factura.

8.6 Las indicadas en el artículo 38 de las UCP 600:

– Período de presentación.
– Fecha última de embarque o el período determinado de expedición.

8.7 Como dicho campo no figura en los MT 700/720 del caso, todos los gastos, excepto los gastos de negociación y de transferencia, son a cargo del ordenante, tal y como indican los estándares SWIFT en el campo 71D.

Es recomendable que dicho campo siempre esté presente y que las partes se pongan de acuerdo con respecto a los gastos que va a asumir cada una. Lo habitual es que cada cliente asuma los costes de su entidad, pero cualquier otro acuerdo entre las partes es viable.

En la definición del campo 71D se indica que dicho campo se puede usar solo para especificar los gastos a cargo del beneficiario.

8.8 Es un crédito documentario irrevocable transferible utilizable en las cajas del banco avisador (LORBESMMXXX), el cual transfiere a un segundo beneficiario (Galindo SL) a través del Banco de Almería.

Galindo SL envía el producto A en la fecha indicada y presenta los documentos en su entidad bancaria (Banco del Almería) para que los presente al banco designado, el cual le pagará y los entregará a Trading Murcia SL, que modificará la factura y volverá a realizar la presentación para enviar los documentos al banco emisor, cobrando la diferencia entre el crédito original y el transferido.

El intermediario deberá elegir a fabricantes de reconocida solvencia para no tener problemas, ya que el buen fin de la operación está en manos del fabricante.

Soluciones caso práctico 9

Operación de importación liquidada a través de crédito documentario *revolving* con pago a la vista, utilizable en las cajas del banco emisor

9.1   No, pues, aunque es la modalidad de crédito emitida, los estándares SWIFT en el campo 40A solo permiten las siguientes opciones:

IRREVOCABLE	El crédito documentario es irrevocable
IRREVOCABLE TRANSFERABLE	El crédito documentario es irrevocable y transferible

Cualquier otro aspecto de las características del crédito no expresado en los distintos campos de los estándares SWIFT debe indicarse en la casilla 47A. En esta casilla se indica *revolving* (tal como está en el caso). Respecto a no transferible no hay que indicar nada, pues para que un crédito sea transferible debe indicarse expresamente.

9.2   No, porque no es acumulativo. En caso de ser acumulativo sí se permitiría.

9.3   Según las UCP 600, no se podría porque el artículo 32 no lo permite. Este artículo indica: «Si el crédito establece una utilización o expedición fraccionada en períodos determinados y no se utiliza o expide alguna fracción dentro del período correspondiente a esa fracción, cesará la disponibilidad del crédito para dicha fracción y las posteriores».

Si queremos que si no se realiza un embarque se pueda seguir utilizando, debemos indicar «*ARTICLE 32 UCP 600 IS NOT ACCEPTABLE TO THIS L/C*».

9.4   Debido a que no hay regulación especial, no haría falta indicarlo. Todo se debe especificar, si es necesario, en la casilla 47A. Al señalar en la casilla 43P «EMBARQUES PARCIALES PERMITIDOS» se pueden hacer tantos embarques como se quieran hasta cubrir el importe máximo o alcanzar la fecha límite indicada en la casilla 44C.

9.5   No, porque está prohibido y la mercancía está sujeta a un contrato de fletamento.

9.6 Es un crédito documentario irrevocable *revolving* no acumulativo con tres embarques previstos en fechas concretas, utilizable mediante pago a la vista en las fechas previstas en el propio crédito en las cajas del banco emisor (LORBESMMXXX), no regulado por las UCP 600, pero especificando las características de *revolving* no acumulativo en el campo 47A.

Manual de gestión aduanera. Normativas y procedimientos clave del comercio internacional

Pedro Coll

Manual de uso de las reglas Incoterms 2020

Alfonso Cabrera Cánovas

Economía circular. Un enfoque práctico para transformar los modelos empresariales

Rozanne Henzen, Ed Weenk

Manual de transporte para el comercio internacional

Cristina Peña Andrés

Indicadores económicos en el comercio internacional

Òscar Mascarilla Miró

FUNTRADERS Un juego para aprender comercio internacional

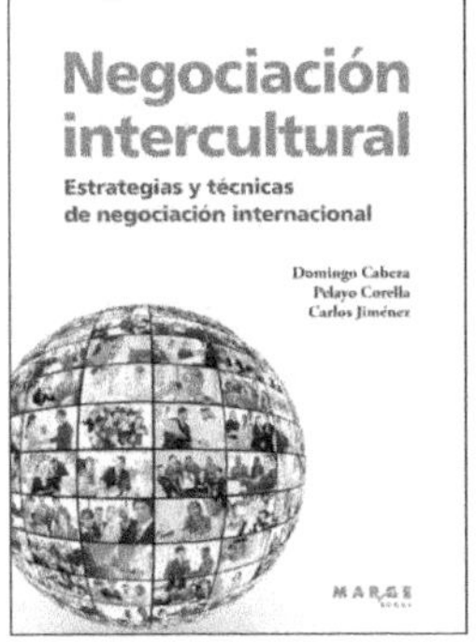

Cómo participar en ferias comerciales

Cristina Peña Andrés

Negociación intercultural. Estrategias y técnicas de negociación internacional

Domingo Cabeza, Pelayo Corella, Carlos Jiménez

El riesgo país y las garantías internacionales

Xavier Fornt Alsina